滄海叢刊

藝術類

中國近代通俗戲劇

陳龍 著

東大圖書公司

國家圖書館出版品預行編目資料

中國近代通俗戲劇／陳龍著.－－初版一刷.－－臺
北市；東大，民91
面；　公分
參考書目：面
含索引
ISBN 957-19-2653-1 (精裝)
ISBN 957-19-2654-X (平裝)
1. 戲劇-中國

982　　90022878

網路書店位址　http://www.sanmin.com.tw

著作人　陳　龍
發行人　劉仲文
著作財產權人　東大圖書股份有限公司
臺北市復興北路三八六號
發行所　東大圖書股份有限公司
地址／臺北市復興北路三八六號
電話／二五〇〇六六〇〇
郵撥／〇一〇七一七五──〇號
印刷所　東大圖書股份有限公司
門市部　復北店／臺北市復興北路三八六號
重南店／臺北市重慶南路一段六十一號
初版一刷　中華民國九十一年二月
編　號　E 98006
基本定價　參元肆角
行政院新聞局登記證局版臺業字第〇一九七號

ISBN 957-19-2654-X (平裝)

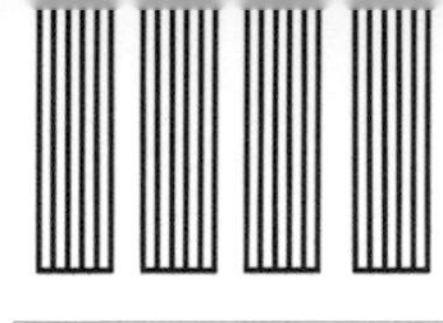

1 0 4

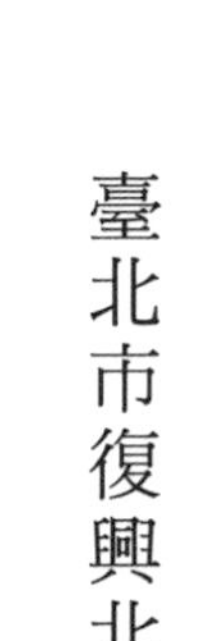

臺北市復興北路三八六號

三民書局股份有限公司收

廣 告 回 信

台灣北區郵政管理局登記證

北台字第１０３８０號

（免 貼 郵 資）

姓名：　　　　性別：□男　□女

出生年月日：西元　　年　　月　　日

地址：

電話：（宅）　　　　（公）

E-mail：

□□□

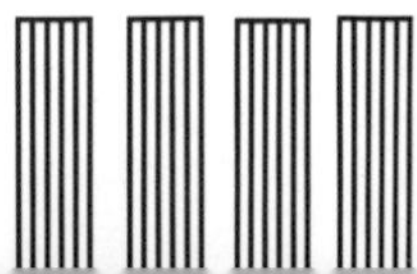

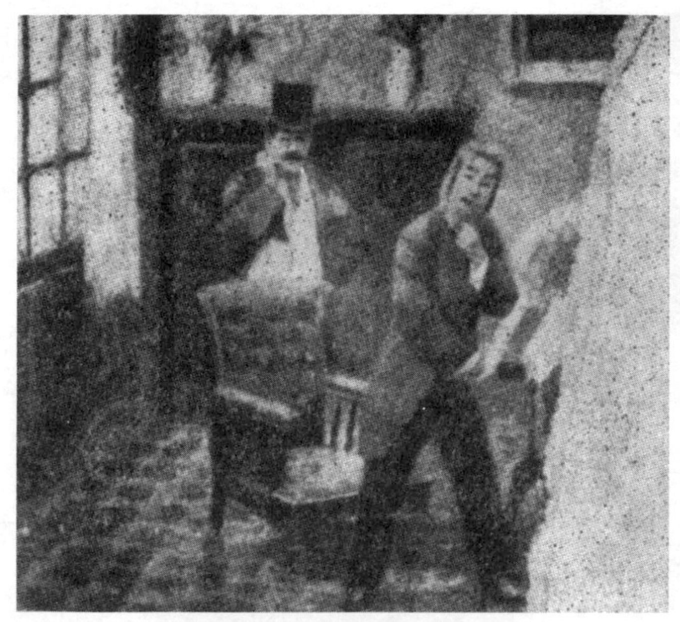

圖1　1905年春柳社上演《茶花女》

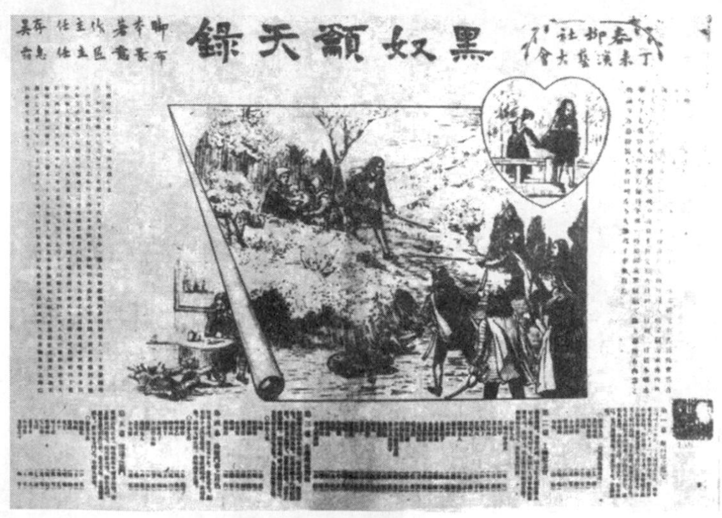

圖2　《黑奴籲天錄》廣告

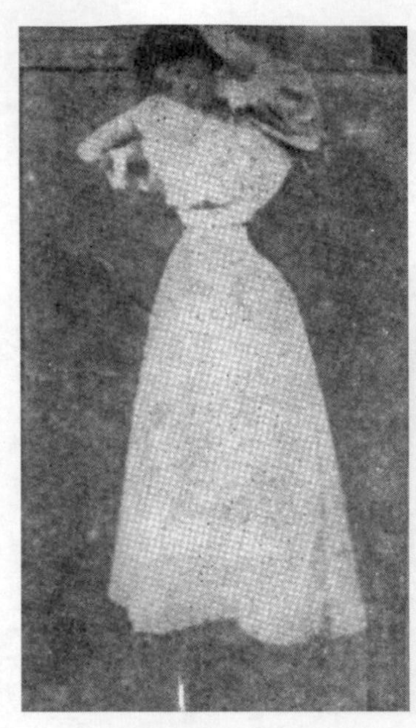

圖3　李叔同劇裝照

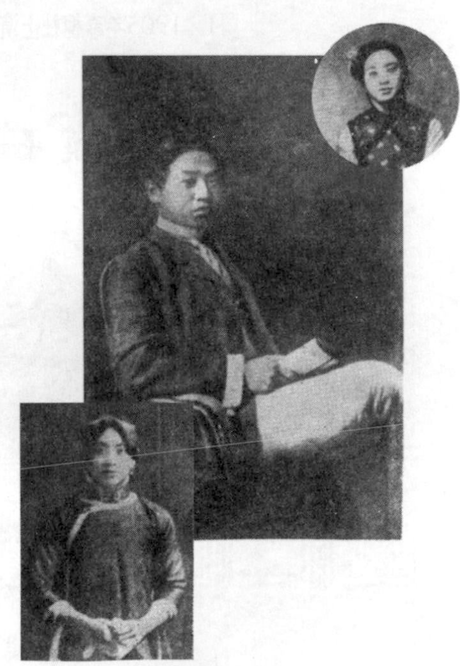

圖4　歐陽予倩便裝、戲裝照

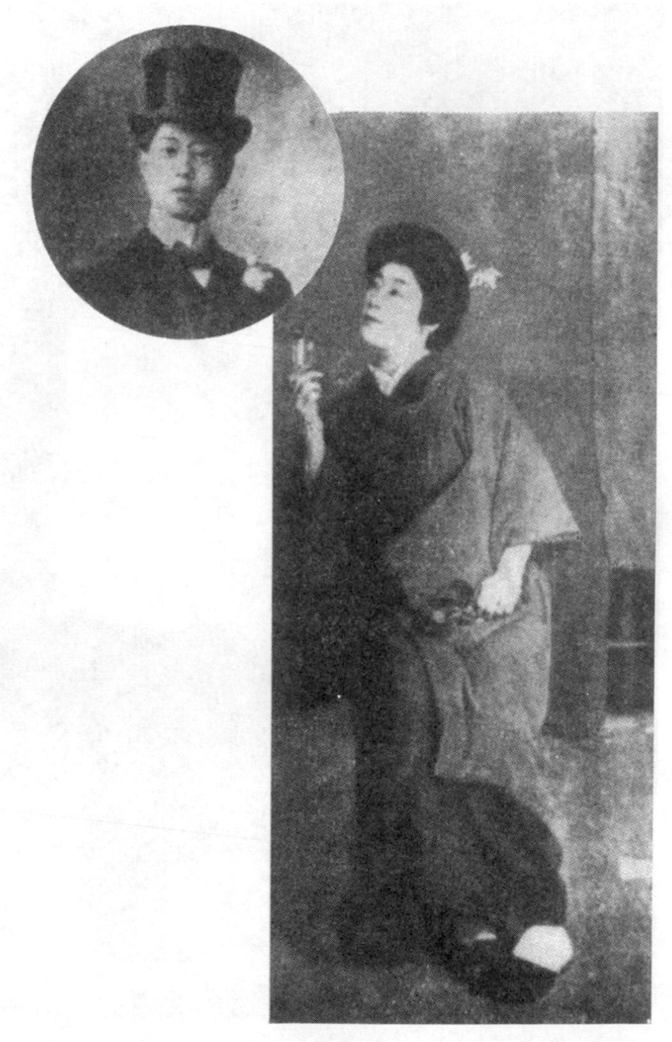

圖5　陸鏡若1911年便裝、戲裝照

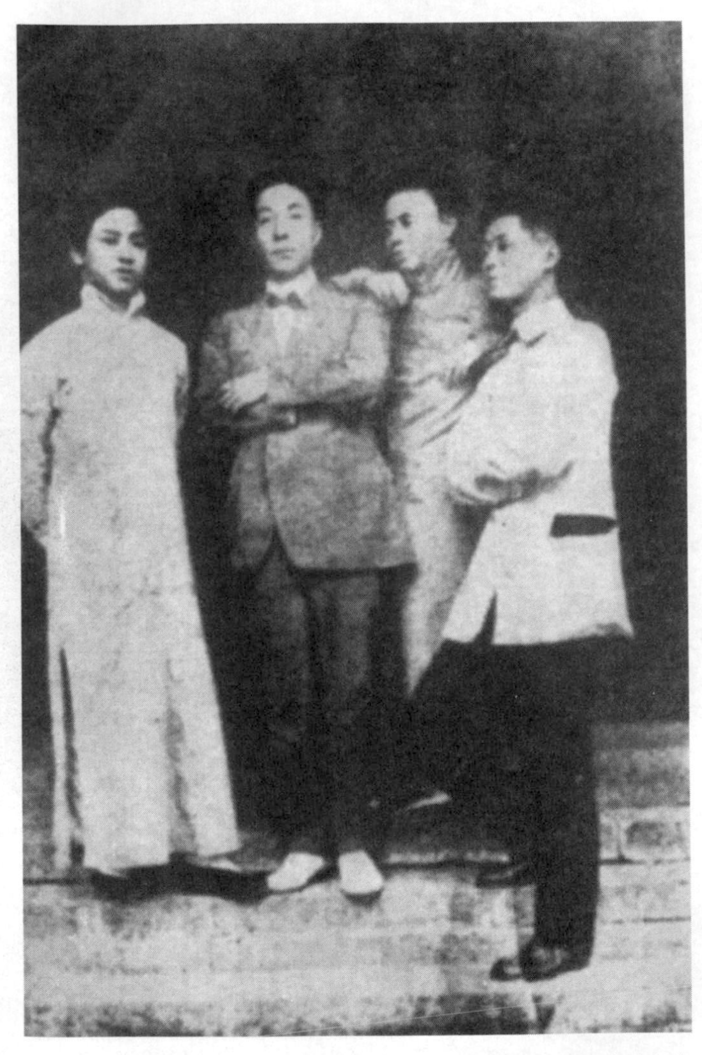

圖6　春柳四友：歐陽予倩、吳我尊、馬絳士、陸鏡若，1914年於上海

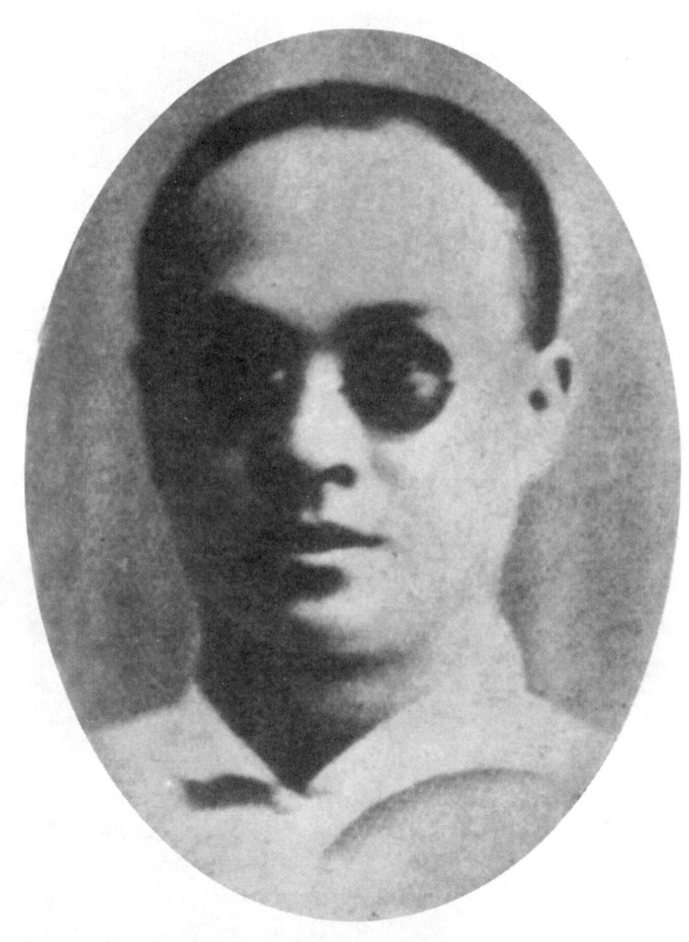

圖7　新劇名家汪優游

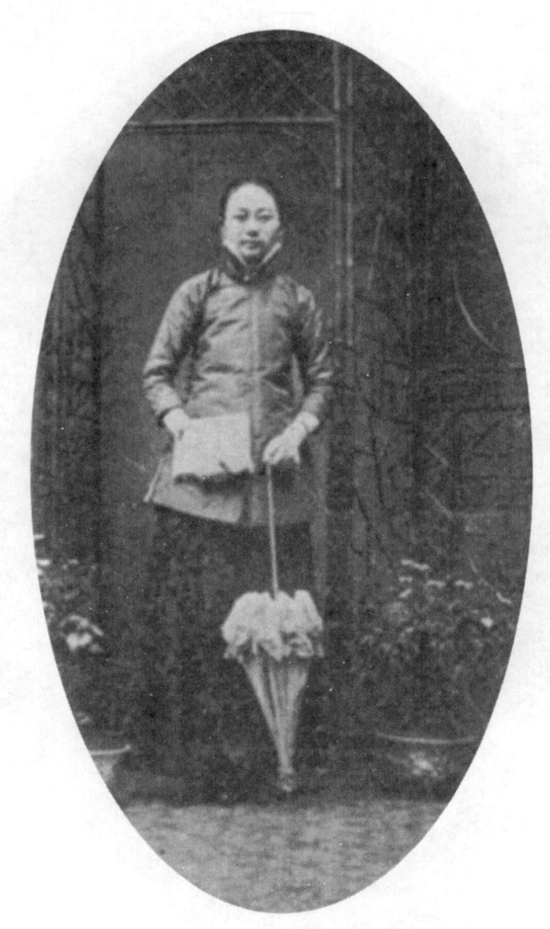

圖8　新劇名家徐半梅女裝照

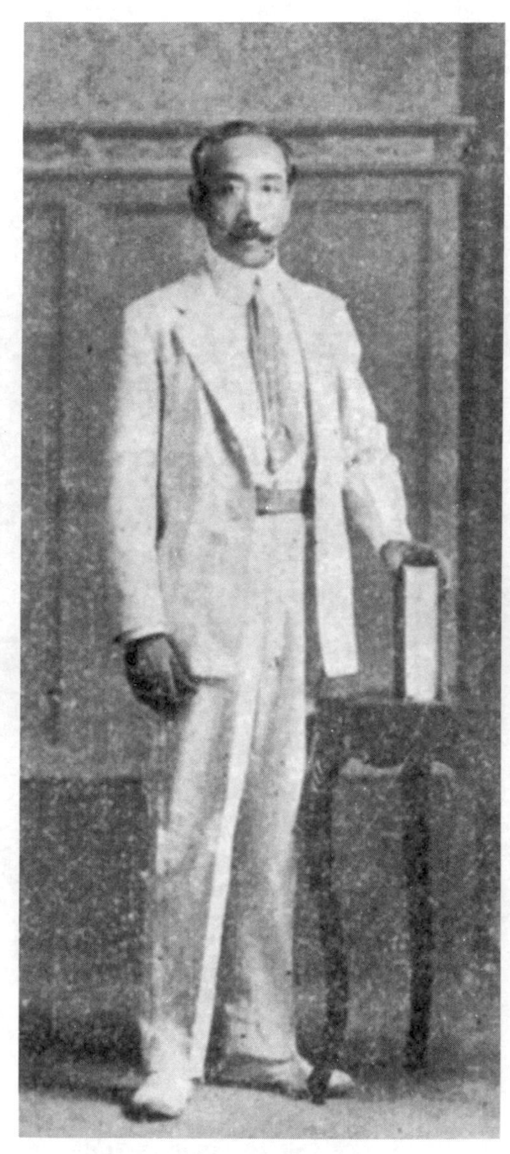

圖9　進化團創始人任天知

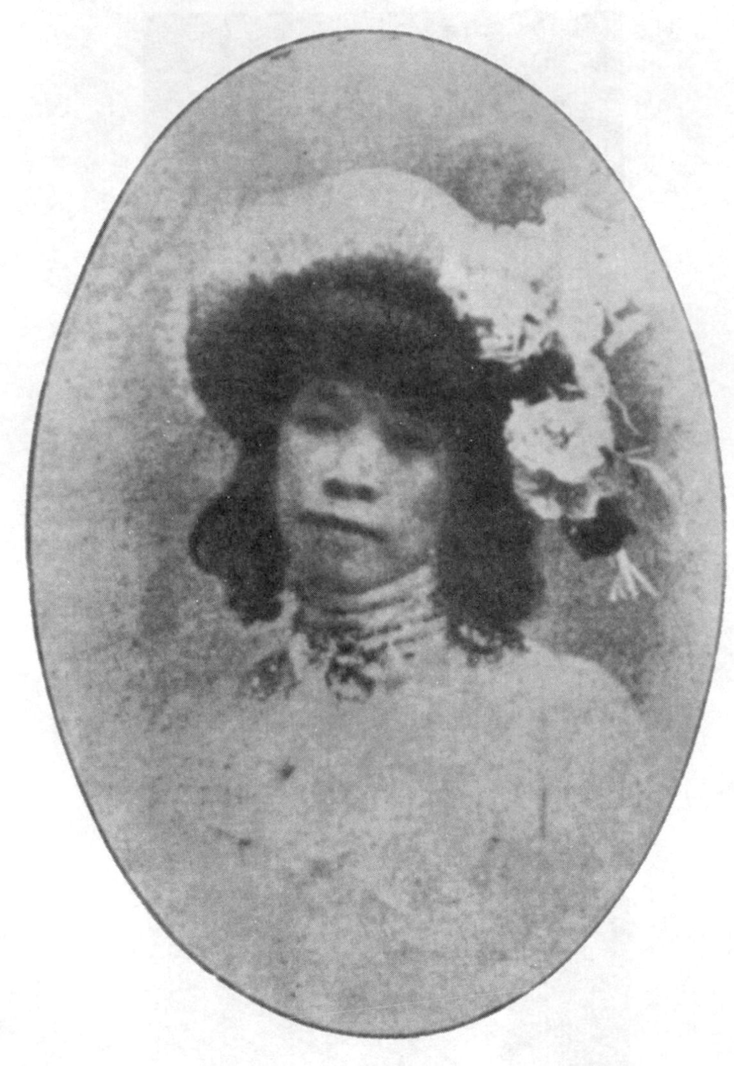

圖10　新劇名家王鐘聲

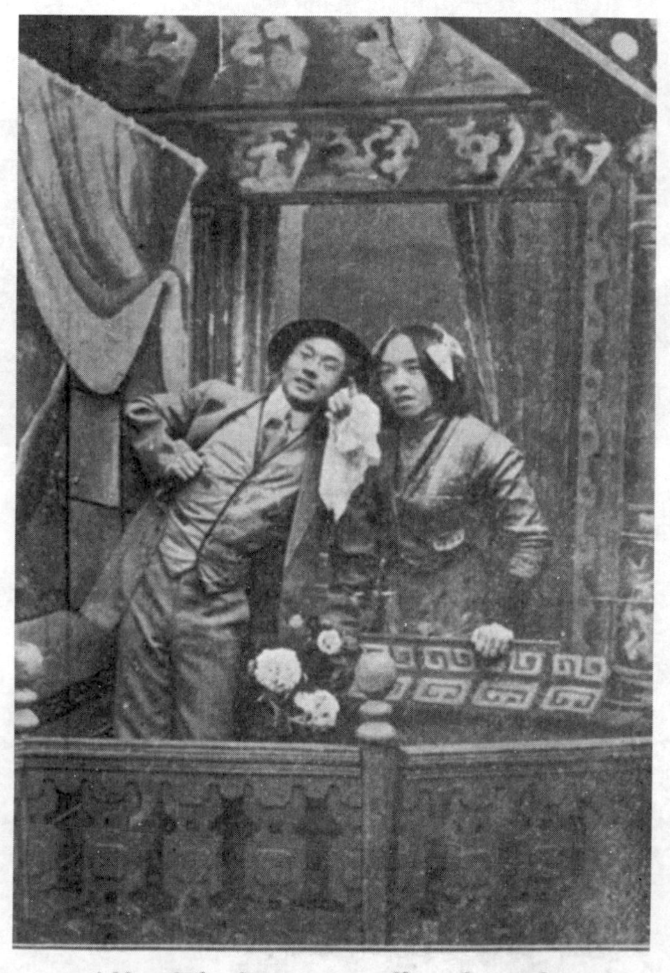

陳大悲　汪優游

圖11　陳大悲與汪優游

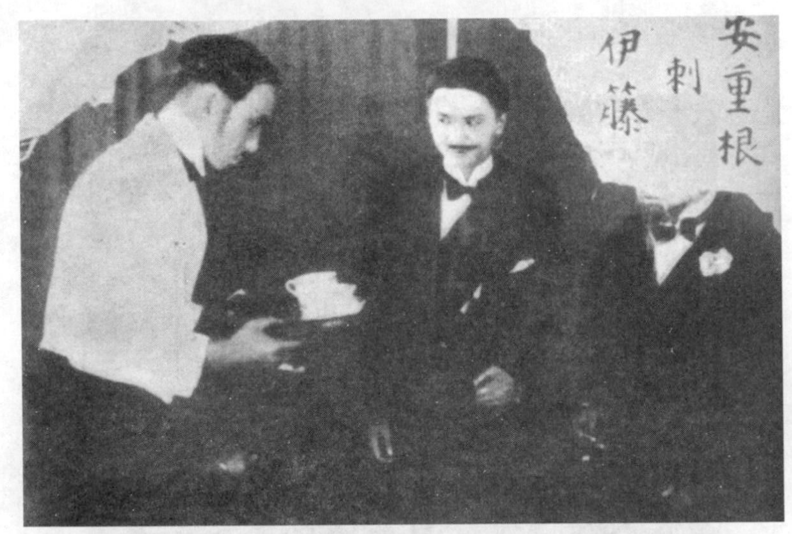

圖12　1911年進化團上演《安重根刺伊藤》

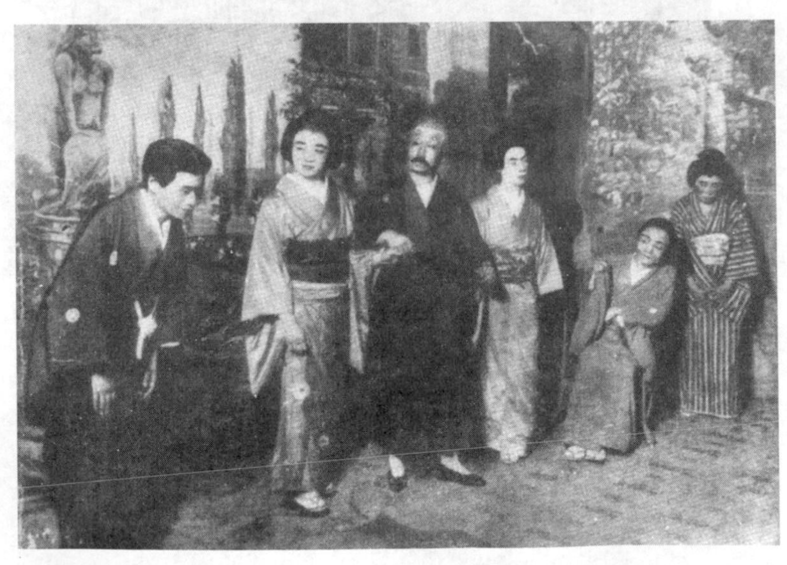

圖13　1916年上海笑舞臺演出《乳姊妹》

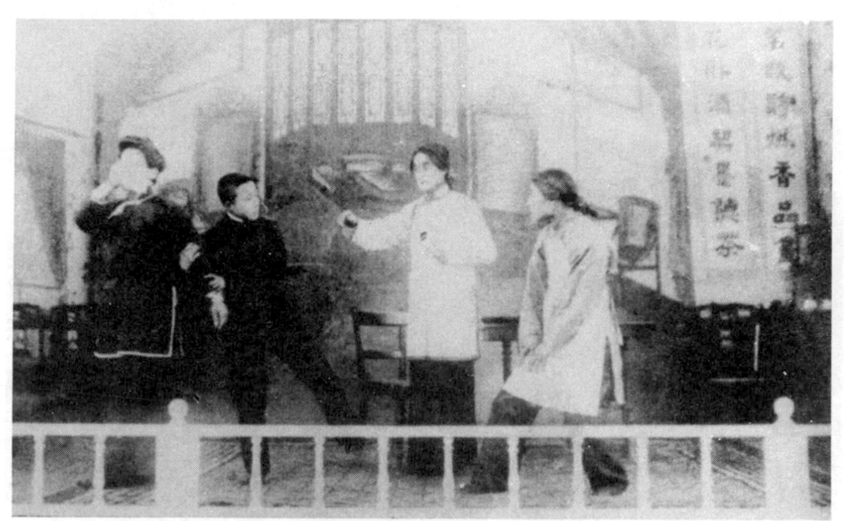

圖14 《華娥傳》劇照

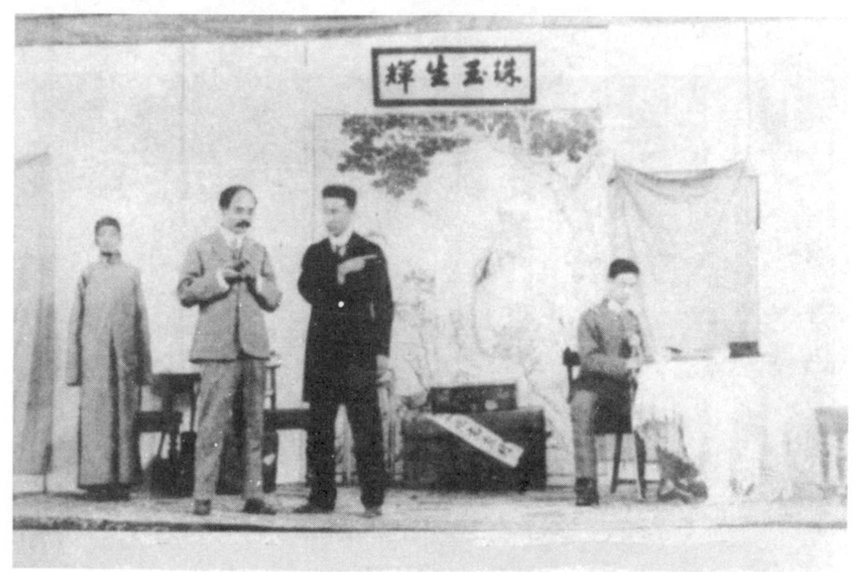

圖15 《新少年》劇照

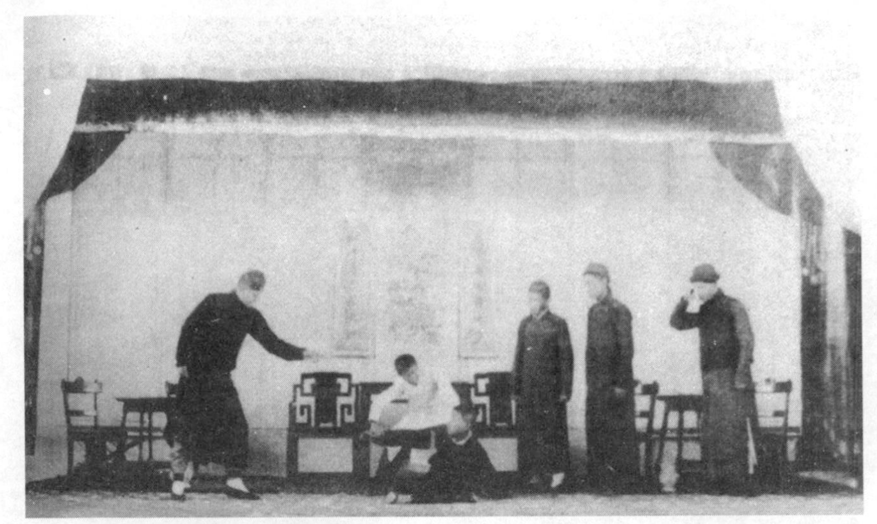

圖16 《恩怨緣》劇照

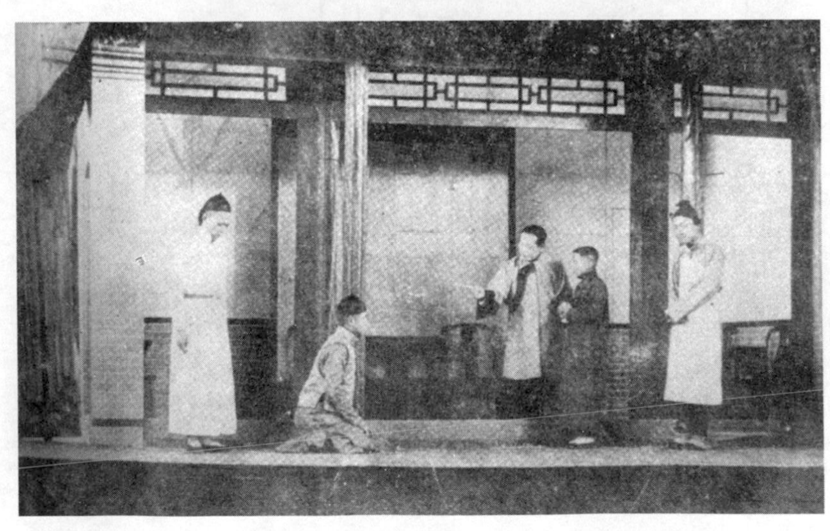

圖17 《一元錢》劇照

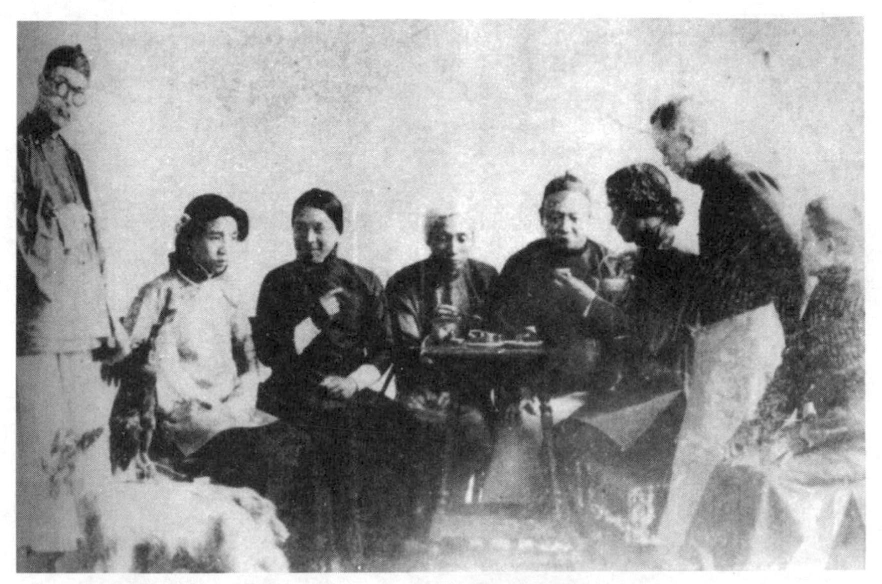

圖18　《仇大娘》劇照

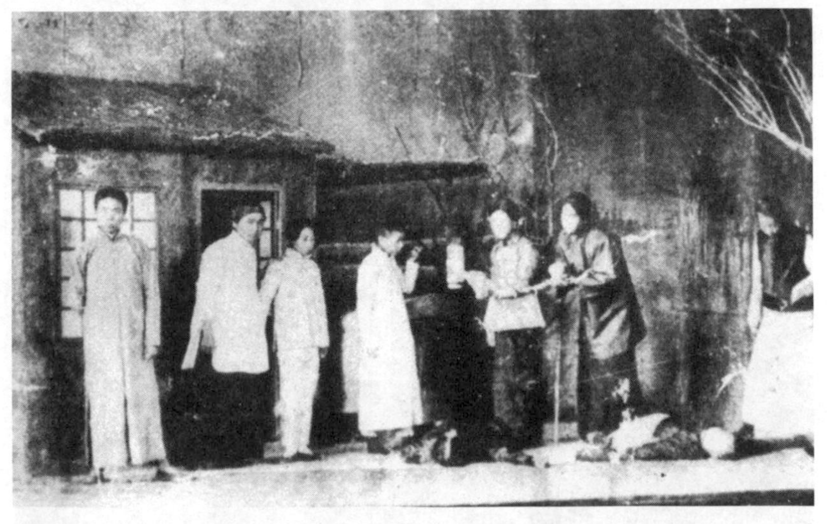

圖19　《一念差》劇照

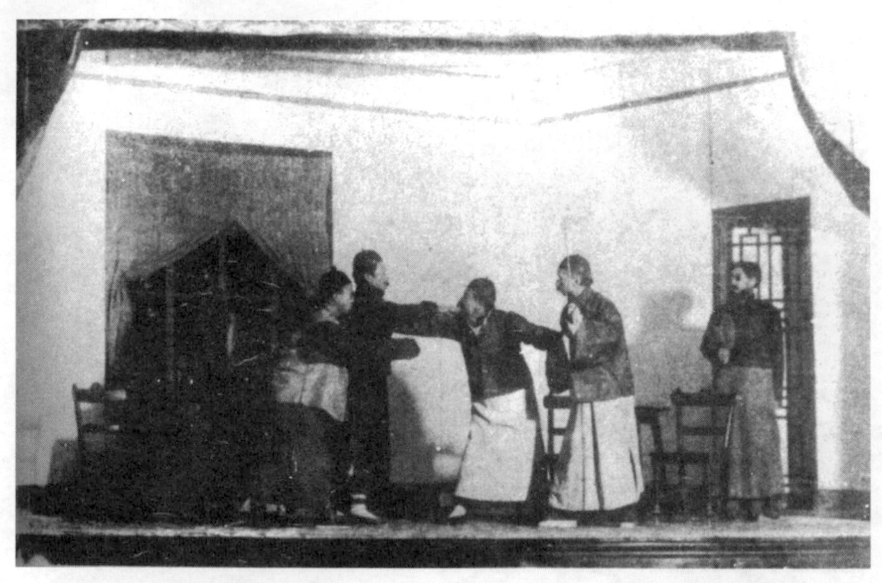

圖20　《新村正》劇照

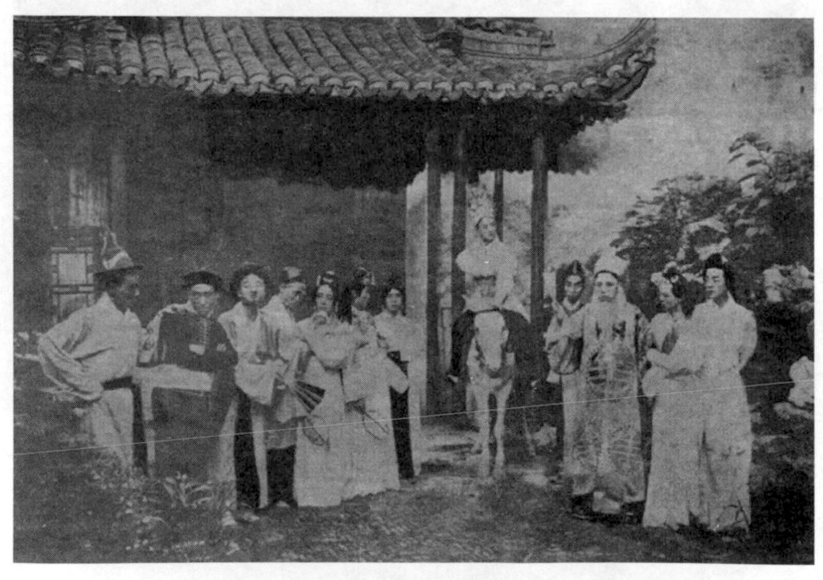

圖21　《花木蘭》劇照

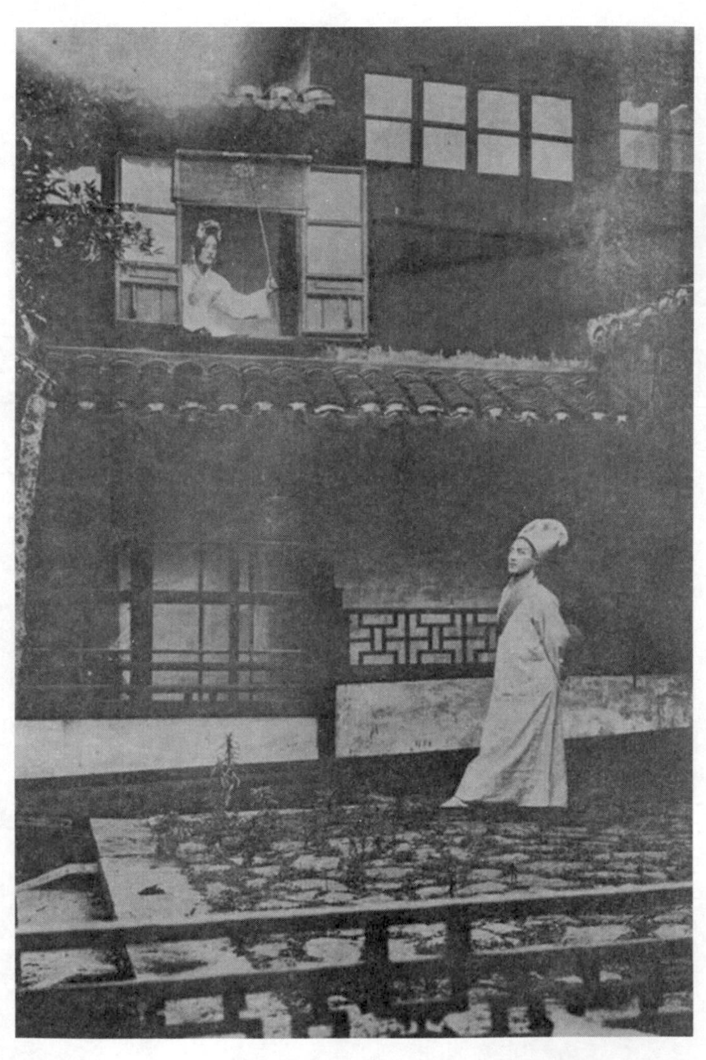

圖22 《挑簾》劇照

中國近代通俗戲劇

目　次

引　論

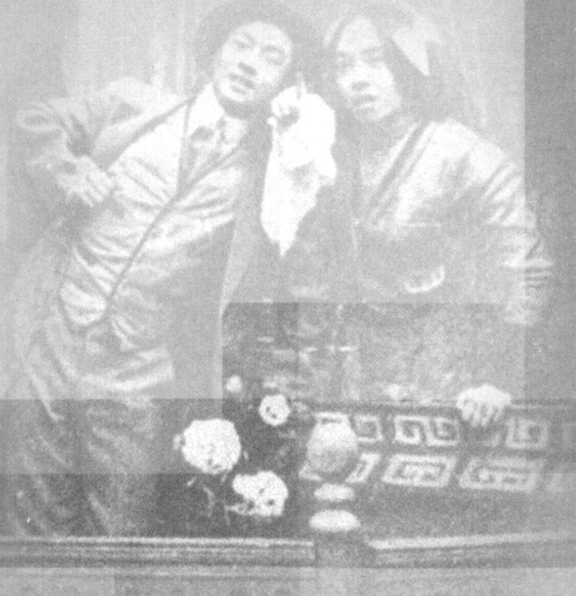

晚清末年至「五四」前，是中國話劇的發軔期，此時真正本體意義上的話劇在中國尚未完全形成。「新劇」在話劇本體於中國確立和使話劇觀念深入人心的過程中扮演了重要的角色，而「新劇」（文明戲）實際上是話劇的「中國化」、通俗化。中國傳統戲劇十分注重發揮戲劇的娛樂性功能，十分重視唱、念、做、打等技藝性因素，話劇一入中土即被納入這種中國舊的戲劇系統之中，話劇既無唱腔又無做功，全憑說白的形式要想擁有觀眾市場，只有突出其情節性因素，走通俗化道路。可以說，通俗是中國話劇的歷史選擇。

早在甲午戰爭剛結束時，就有人把偵探戲、家庭悲劇搬上舞臺，成為中國話劇的先聲。1907年春柳社在日本成立，隨之演出新劇的劇團大批湧現。從當時的社團演劇風格來看，春柳社、新劇同志會、春柳劇場基本上走的是為藝術而演劇的道路，但他們也編演過《家庭恩怨記》、《不如歸》、《愛欲海》等較有影響的通俗家庭劇。春陽社和進化團基本上走的是為革命而演劇的道路，他們雖以演《黃金赤血》、《共和萬歲》等鼓動革命的劇作最為擅長，但也演過《恨海》、《血淚碑》等通俗劇。南開新劇團把為教育而演劇視為自己的使命，但在他們的舞臺上，同樣也以通俗易懂、婦孺皆知的方式搬演過《一元錢》、《一念差》等揭示人倫、道德方面缺陷的通俗戲劇作品。到了「甲寅」（1914年）前後，新民社、民鳴社等社團更是把通俗戲劇作為自己的創作方向。他們演出的《空谷蘭》、《梅花落》、《西太后》等作品，深受當時觀眾的歡迎。

通俗劇作為「新劇」的一個發展方向，是為當時的演劇實踐所證明了的。春柳社、春陽社、進化團和新劇同志會等社團所演出的新劇中還帶有講演、說教等追求宣傳、教育效果的「反大眾」成分。以春柳社為例，歐陽予倩認為：「朱雙雲曾說春柳的戲陳意過高，不易為一般觀眾所接受，的確有些也可以說是陳意過高，但有些戲並不是陳意過高，而是某些部分，尤其是解決問題的方式，或者由於編者思想含混，或者就不大合乎中國風俗人情，跟一般觀眾有距離，而春柳同仁也的確不免多多少少有些關起門來自鳴高尚的味道。」❶從觀眾心理學角度看，當時的觀眾有著在傳統戲劇形式下養成的審美定勢，習慣於傳統戲曲中一些通俗化的表現內容和形式。這種遵從性和惰性的審美心理迫使新劇劇作家必須把自己的創作納入「大眾化」的模式。「大眾化」雖然不能等同於「民族化」，但二者的內涵卻有相通之處，它們是從不同角度提出了一個共同的問題——必須把外來戲劇形式「化」成中國自己的東西。早期的演劇實踐表明，「大眾化」是符合實際的選擇。據朱雙雲《新劇史》記載，1910年夏，王鐘聲、陸鏡若、徐半梅等組織「文藝新劇場」在上海張園演出《愛海波》、《猛回頭》，劇作「至為優美」，「惜以陳意過高，有違流俗，以致演不出匝月，遽爾長逝」❷。1911年春，進化團在南京、蕪湖等地演出《血蓑衣》、《新茶花》、《東亞風雲》等寓意性很強的戲劇，起初，這些地方的觀眾「以見所未見，故趨之若鶩」，但終了往往是「不得悉於其邑」，以致「觀者寥寥」❸。進化團等一批有實力的社團因為忽視了觀劇階層和觀眾心理的客觀實際，所以他們的演劇推行不廣。近代社會觀眾基本上還處在一種封閉狀態中，這就決定了他們整體的審美品味和藝術的期待視野是樸實的、低層次的，他們所需要的是更多的故事情節，是趣味人生，是大眾文化。

---

❶ 歐陽予倩：〈談文明戲〉，《中國近代文學論文集》（戲劇、民間文學卷），北京：中國社會科學出版社，1982年7月版，第310頁。

❷ 朱雙雲：《新劇史・春秋》，上海：上海新劇小說社，1914年8月版。

❸ 同❷。

大眾文化以消遣、愉悅為第一原則，人們注重的是滿足當下即刻的感官衝動，從作品中所要尋找的是現實的心理滿足，因此刨根問底式的闡釋批評在這裏就會顯得無用武之地。造成批評功能瓦解的原因是思想性和藝術性的終極價值的消失，這也就是美國學者傑姆遜所說的「平面感」和「深度模式的消失」。中國早期話劇曾試圖在「深度模式」上作出努力，幾經掙扎不得不走通俗化道路，標誌著這種轉變的是鄭正秋的家庭劇，「鄭正秋的家庭劇把戲劇的方向轉移了」❹。以家庭劇、言情劇為主體的近代通俗劇，放棄了對所謂「深度模式」的追求，轉而面向大眾的審美需要。作為切實可行的途徑，新劇在改編外國小說、劇本的同時，還大量地從古代小說、傳奇劇、彈詞中尋找題材，創作貼切大眾期待視野的作品。觀眾最關心什麼已成為近代通俗劇作家選擇藝術表現形式的依據。從戊戌變法到辛亥革命，近代西方社會的民主思想、改良思想已逐步深入人心，人們普遍關心個性解放問題、婚姻問題、家庭問題等，但又不習慣於那種當面的宣講形式。新劇產生之初，春柳社、進化團、新劇同志會注重直接灌輸革命思想，他們編演的《共和萬歲》、《新茶花》、《張文祥刺馬》、《秋瑾》從本質上說並不通俗，他們所走的自上而下的戲劇創作道路，最終使新劇處在「曲高和寡」的境地。通俗戲劇在表現方式上發生了質的變化，它採取自下而上的藝術思維方式，從當時觀眾容易接受的凡人瑣事、家長里短出發，通過細膩的筆法再現生活，讓觀眾從中體悟人生的真情性，辨清生活中的真假美醜，從而達到「寓教於樂」的目的。把娛樂性放在首位的通俗戲劇，從總體趨向上看，也表現了一些積極性主題，這些主題不是宣講的大道理，也不是慷慨激昂的說教，而是來自普通人的生活。近代通俗劇出現頻率較高的主題有：一、勸善懲惡；二、

❹ 曹聚仁：《聽濤室劇話》，北京：中國戲劇出版社，1985年4月版，第204頁。

宣揚個性解放，揭露舊家庭的罪惡；三、表現普通的人情、人性。當然還有些劇作客觀上宣揚了改良社會思想，揭露了一些投機革命的「新貴」和「暴發戶」的種種醜行。這些通俗戲劇的積極意義顯然是不容忽視的，正如有的學者所指出的那樣：「細讀他們筆下的生活面，就可以知道這種文學的存在是可以與新文學作品產生『互補作用』的。」❺至於其中的消極因素如宣揚因果報應、宗教輪迴思想等，則是大眾文化自身的局限性使然。

如果說表現嚴肅戲劇所疏漏、遺忘的生活面，是通俗戲劇積極性所在的話，那麼，使話劇觀念得以逐步確立是近代通俗劇最大的貢獻了。單就現存的「新劇」作品本文而言，我們尚不能看出話劇的發展脈絡，但從整體趨向看，近代通俗劇的發展歷程顯示出的恰恰是傳統戲劇觀念向近代寫實主義話劇「靠攏」的軌跡。甲午戰爭後，登場的「新劇」常常是寫意的表現形式與寫實的表現形式交雜在一起，「有時還有穿著西裝的劇中人，橫著馬鞭唱一段西皮……」❻。汪優游的《官場醜史》是在觀看了聖約翰學校的英語話劇之後類比創作的，但整齣戲並無多少話劇的成分，從頭至尾分別按照中國舊劇《送親演禮》、《人獸關》等的結構模式「湊合成功」的❼。陳大悲寫《浪子回頭》，劇本中除了有幕外戲穿插以外，還保留了「定場詩」、「下場詩」、「自報家門」之類的傳統戲曲的形式。這表明，新劇初始階段人們尚未掌握話劇的編劇方式。而使話劇的編劇方式為近代劇作家所熟悉的是那些翻譯劇本，其中包括日本新派劇作和西方一些悲喜劇的作品。當時的新

❺ 范伯群：〈通俗文學的回顧與展望〉，《中國現代文學研究叢刊》1995年第1期。

❻ 洪深：《中國新文學大系・戲劇卷・導言》，上海：良友出版社，1935年版。

❼ 汪優游：〈我的俳優生活〉，《社會月報》第1卷第1期，第93頁。

劇作家在改譯、編排《不如歸》、《愛海波》、《社會鐘》、《梅花落》等作品時接受了歐洲戲劇分幕安排劇情的形式。然而更為重要的是，一些劇作家從此認識了劇本的文學價值。翻譯的國外劇作也成為「摹本」，使模式化的作品成批湧現。通過大量模式化作品的編演，到了「五四」前夕，話劇藝術規範已經基本確立起來了。

近代通俗話劇在舞臺演出上，後期漸漸走向了商業化道路，幕表制盛行，因而在話劇藝術形態上沒有做出多大的努力，甚至有些方面是倒退了。此時的劇本創作與演劇是脫節的，徐半梅的《母》，劉半農的《戰後》，南開新劇團的《一念差》、《一元錢》等都是當時劇本創作的佼佼者，卻很少有演出記載，但卻在話劇藝術整體意蘊的和諧上達到了較高的水準。「甲寅」前的通俗劇在敘事策略上很少作出努力，往往採取章回體的敘述方式，原原本本，有頭有尾，其敘事風格與通俗小說大體相近。它注重事件的因果鏈、人物的性格鏈以及情節的豐富性、曲折性、完整性和趣味性。此時的通俗劇以鋪陳故事見長，《恨海》、《家庭恩怨記》前後都有七幕，《黃金赤血》竟多達十餘幕，可謂極盡鋪陳之能事。從某種程度上說，這種「鋪陳」也帶來了拖沓和臃腫的毛病。顯然，戲劇敘事上的這一特徵是與傳統戲曲「開放式」的結構佈局方式有關。「甲寅」後編寫的劇本則大有改觀，徐半梅的《母》前後只有兩幕，但其藝術性卻很高。這一時期劇作的戲劇性更為濃烈，《新村正》、《一念差》等劇都不再依靠巧合和人為的曲折來實現藝術的假定性，這些劇作與《惡家庭》、《空谷蘭》等早期家庭劇相比，有了很大的改觀。

通俗劇發展到後期，戲劇性增強了，這主要表現在以下幾個方面：

一、劇本的文學性受到了重視

劇作家在戲劇實踐中逐漸認識到戲劇文學性的價值，開始把劇本作為文學形式來進行創作。近代的一些文學刊物如《小說月報》、《小說時報》、《小說大觀》、《劇場月報》等刊載的劇本都極富可讀性，帶有明顯的「案頭」傾向，話劇劇本創作的一些基本元素如臺詞、靜場戲、舞臺提示等得到重視。以南開新劇團的《一念差》為例，劇中葉中誠發現自己害命奪官之後並不幸福，此舉既給李家帶來了巨大的痛苦，也送掉了兒子的性命，於是他陷入深深的自責，不能容忍自己的罪過，決定一死了之。葉中誠的自殺是在前場中就作了鋪墊的：

【慧珠下。葉徘徊室中，精神忙亂，大有欲狂欲瘋之勢。慧珠上，置筆硯、信紙於桌上，葉凝視作未見狀。慧珠視父作驚怪狀。葉忽舉首注視慧珠，若不相識。】

慧　珠　爹爹，你這是怎麼啦？吾不是女兒嗎？吾不是慧珠嗎？

【葉以手拍慧珠肩，作憐恤狀。】

葉中誠　吾的女兒呵！吾親愛的女兒呵！以後家裏的事，全仗著你啦。以後要好好地侍奉你的母親，你要安慰你的母親。你去吧。

慧　珠　【退一步】爹爹你給誰寫信？

葉中誠　你不要問。你去吧，你去吧。

【珠緩下，屢回首視父作戀戀狀，拭淚而入。葉復低頭往來室中作深思狀，久之，由抽屜內取出手槍，注視良久，置於衣袋內，然後伏案作書。】

從劇本所描寫的內容看，本劇作者對舞臺提示、對話、靜場戲以及戲劇情勢的發展等的把握已十分熟練，劇中人物的語言、行動與人的精神狀態相互映襯，一步步把戲劇衝突推向高潮。由於突出了戲劇文學的特長，劇作情節很富有藝術感染力。在包天笑的《燕支井》一劇中，舞臺佈景、道具的安排與人物的心理有機地融為一體。劇中每幕的開頭都對佈景的安排作了揭示，如第七幕，光緒皇帝在燕支井旁懷念死去的珍妃，劇本作了這樣的交代：「幕啟時，一輪明月在梧樹邊升起來，遠遠聞淒涼笛聲。」這一揭示內容，造成了強烈的舞臺氛圍，此情此景增強了劇作的悲劇效果。用舞臺佈景、道具來獲得作品的抒情性顯然是戲劇文學的特長，以戲劇手段「應用於文學內容」不能不說是通俗劇劇本的創作對於通俗文學的一大貢獻。❽

二、戲劇衝突更加凝練、集中

戲劇衝突是戲劇情節的載體，近代通俗劇前期的劇本創作有拖沓、頭緒繁多、衝突不夠集中等缺點，到了後期的劇本創作中，戲劇衝突變得十分集中。二幕劇《母》可算得上是一個典型，其情節十分緊湊，戲劇衝突經過不斷的積蓄、醞釀，最後，荔芬之死將平寶瑚與妻子、兒子的衝突推向了高潮，從而使劇作取得了較強的藝術效果。劉半農的《戰後》是一部構思精巧、結構嚴謹的「案頭」劇，該劇的戲劇衝突也是十分集中的，主人公素娘在戰後從戰場歸來的隊伍中未見到丈夫李敬修，開始產生疑竇，戲劇衝突開始產生；素娘從錢錦標的話中發現破綻，衝突加強；想起與丈夫的誓約，驗證背囊中有無皮夾，衝突達到高潮。這裏我們看到，該劇戲劇衝突不斷蘊積，水到渠成地渲染了劇作的悲劇性氛圍，這樣的劇作在「五四」前出現，標誌著通俗

❽ 黃遠生：〈新劇雜論〉，《小說月報》第5卷第1期。

話劇所達到的最高水準，即使放在「五四」新文學作品的行列也毫不遜色。

三、人物塑造走出了臉譜化、模式化的「怪圈」

早期的通俗劇由於受傳統戲曲的影響，人物一出場就帶有明顯的臉譜化特徵。如《空谷蘭》中的紉珠在劇情一開始就表現出溫順、軟弱的性格。後期的通俗劇的劇本創作則比較注重多方位、多角度地刻畫人物性格。《燕支井》中光緒的軟弱、珍妃的剛烈、西太后的殘暴等性格特徵都是在戲劇衝突中展現的。《新村正》中作者極善從人物的語言描寫上來揭示人物的心態，劇本的最後有這樣兩句對話：

> 馮　紳　現在你為村正啦，可別忘了吾，有什麼事，兄弟願意效勞，他們小孩子不行。
>
> 吳　紳　孩子就是會念念書，畢業以後，也不過是個教書匠，這一代的事沒有他們的，還得讓咱們。【說畢大笑】哈，哈。

兩句對話把吳紳的狡詐、得意忘形，馮紳的猥瑣的個性揭示得入木三分。《一念差》中通過人物複雜的心理描寫表現人物性格，極富代表性，當葉中誠感到自己罪惡深重，無以救贖時，他精神恍惚，語無倫次，直至最後極度痛苦，都表現了他既十惡不赦但又良心未泯的複雜性格。

以上劇本創作的這些特徵，反映了通俗劇當時的創作水準，也標誌著話劇藝術形態的成熟。

通俗劇的大量編演使話劇藝術形態日臻成熟的另一標誌，是悲、喜劇觀念的逐漸形成。中國傳統戲曲的悲、喜劇觀念是模糊的，自然也就沒有嚴格意義上的概念劃分。一部劇作中往往悲、喜劇成分交相摻雜。運用傳統戲曲方式創作的通俗劇也體現了這一特點，形成了通俗劇的兩種情節類型，即英國戲劇理論家詹姆斯·L·史密斯所說的情節劇「善勝惡敗」、「善敗惡勝」的類型。而事實上優秀的善勝惡敗的通俗劇如《肉券》、《鳴不平》是與嚴格意義上的喜劇十分接近的，優秀的善敗惡勝的通俗劇如《不如歸》、《恨海》等則完全可以視作嚴格意義上的悲劇作品。近代新劇中還沒有明確的悲劇概念，而只有「壯劇」、「慘劇」、「哀情戲」這類提法，這些提法很明顯帶有一種悲劇體裁意識。通俗劇的悲劇觀念常受制於傳統的戲曲觀念。如悲劇情境、氛圍時常為插科打諢的小丑表演所中斷，因此作品悲劇的社會性並沒能得到揭示，如《血淚碑》、《惡家庭》等劇便是如此。在《家庭恩怨記》中，悲劇性因素已開始減少。主人公王伯良娶了妓女小桃紅，引起了家庭中的矛盾風波，兒子重申遭繼母陷害，在無法辯白的情況下，開槍自殺，媳婦也因此而變瘋。情節至此本已掀起全劇的悲劇高潮，但小桃紅與李簡齋的遭懲罰，王伯良最終明辨是非，決心報效國家而重新踏上征程，似乎又使悲劇向著正劇靠近。儘管如此，劇作仍不失為一部完整的悲劇作品，從某種意義上說，該劇還帶有一點性格悲劇的色彩。《不如歸》、《恨海》是當時演出的通俗劇中最具代表性的「善敗惡勝」類作品，它們悲劇的社會意義十分強烈，所以演出的頻率較高，這些劇作在「善敗惡勝」類通俗劇向嚴格意義的悲劇過渡過程中具有較高的認識價值。而劇本創作中後期的通俗劇則完全執行了悲劇的模式，《姊妹》、《母》、《戰後》等都是按這一模式創作出來的，較之其他通俗劇，它們更接近悲劇藝術的本體。

與悲劇觀念發展相似，大量的通俗劇創作對近代喜劇觀念的形成和發展也起到了很大的作用。話劇剛被介紹進來時，人們對喜劇有誤解，認為喜劇就是逗笑，「於是演喜劇者，莫不以丑角為之」❾。喜劇與小丑的插科打諢等同起來了，其最終目標為「求悅乎里社」「得婦孺一笑」❿。笑的意義、喜劇性格與笑作為手段被本末倒置了。隨著外國喜劇的不斷譯介，特別是《肉券》、《遺囑》、《拿破侖豔史》等西方通俗喜劇被搬上中國舞臺，人們才對喜劇的臺詞提煉、喜劇性格的塑造有了直觀的認識。如果說通俗劇初始期的《共和萬歲》還帶有鬧劇色彩的話，那麼《運動力》、《皇帝夢》以及《戌獺》、《驗心》等劇在喜劇性創造上則有所改觀，這些作品對於推進「新劇」的進步以及喜劇藝術的成長，起到了不可忽視的作用。

從《迦茵小傳》奠定中國話劇「寫實」的雛形，到後期大量描摹生活的通俗劇的編演，中國劇作家們已初步摸到了話劇寫實化、生活化的特點，這為「五四」以後的話劇文學創作打下了堅實的基礎。可以說，沒有通俗話劇的過渡，中國話劇要發展到很熟練地採用西方現實主義的戲劇形式，就不會那麼容易。

---

❾ 公展：〈劍氣簫心室劇話〉，《新劇雜誌》第1期。

❿ 朱雙雲：《新劇史・半梅本紀》。

第一章　近代通俗戲劇生成的社會歷史條件

第一節　近代通俗戲劇誕生的社會心理基礎
——求新求異的時代使命感

一種文化現象的出現，歸根到底與經濟基礎的變化、政治的刺激、物質條件的相適應是分不開的。但經濟土壤與政治氣候並不直接產生戲劇。經濟的土壤「生長」出文化消費的欲求，而政治氣候則「召喚」宣傳工具的誕生。鴉片戰爭至辛亥革命的70年，是中國社會心理急劇變化的時期。中國封建社會延續二千餘年，社會心理相對穩定，變化的節奏相對緩慢，從總體上說變化的特點是一種漸變，鴉片戰爭西方列強的堅船利炮撕開了中國歷史發展的沈悶氛圍，刺激了社會心理以前所未有的速度變化。

審視鴉片戰爭以來的70年歷史，我們不難看出，後20年較之前50年，社會變革的節奏和複雜程度都有了明顯的不同，這一不同主要表現在對於君權神授以及與之相應的社會制度、固有的社會觀念開始產生懷疑。鴉片戰爭的失敗，在中國人民的心理上造成了一次極大的震動，《南京條約》、《望廈條約》、《黃埔條約》的簽訂，使億萬中國人在蒙受精神上的奇恥大辱的同時，又蒙受著經濟上的沈重壓榨，這種社會心理是太平天國起義與義和團運動開展的基礎。雖然這兩次農民運動以及後來的維新運動均以失敗而告終，但卻使社會變革思想深入人心，與此同時，也充分地挑動起廣大人民群眾參與時代變革的熱情。

一、通俗教育與鼓動革命的需要

20世紀初，一些具有愛國思想的知識分子，借鑒了西方民主革命的一些政治鬥爭的經驗，強調文藝的社會教育功能。戊戌前，維新派的知識分子儘管在揭露社會政治弊端和維新變法上竭盡了全力，但他們把維新的希望寄託在皇帝身上，用盡力氣，煞費苦心，屢次上書滿清封建統治者，都未獲得變革維新的成功。其癥結在於他們未能認識到人民大眾才是社會變革的真正力量。他們雖然對新思想的傳播十分重視，但他們注視的物件是最高統治集團和上層官僚集團，而不是廣大下層群眾。

19世紀末的中國社會，文化傳播已顯示出其獨特性，通過大眾傳播媒介書籍、報刊傳播的小說和通過舞臺傳播的戲劇，其作用、功能已越來越為人們所看重，戊戌變法失敗後，很多近代知識分子便開始認識到「開化」民心的重要，但要開化民心必須尋找到能為一般民眾接受的宣傳教育方式。因此，戲劇、小說是大眾最易接受的傳播方式。梁啟超在1897年《蒙學報演義報合序》一文中說：「西國教科書最盛，而出以遊戲者尤多；故日本之變法，賴俚歌與小說之力。」應當說，梁啟超這種認識在當時不是孤立的。同一年，嚴復、夏曾佑在〈《國聞報》附說部緣起〉中第一次闡述了小說與政治、民風、變革的關係。

> 夫說部之興，其入人心之深、行世之遠，幾幾出於經史上，而天下之人心風俗，遂不免為說部之所持……且聞歐、美、東瀛，其開化之時，往往得小說之助……❶

梁啟超在他的《新羅馬傳奇》序文中說，「立國」也好，振奮「國民精神」也好，必須「著了幾部小說傳奇，佐以許多詩詞歌曲，庶幾市儈使誦，婦孺知聞，將來民氣漸伸，或者國恥可雪」。1904年，陳獨秀以

❶ 《國聞報》，1897年11月18日。

「三愛」筆名寫了〈論戲曲〉一文，認為「戲曲者，普天下人類所最樂睹、最樂聞者也，易入人之腦蒂，易觸人之感情。故不入戲園則已耳，苟其入之，則人之思想權則未有不握於演曲者之手矣」。並進一步提出：「戲園者，實普天下大學堂也；優伶者，實普天下之大教師也。」❷王無生也認為：「今日欲救吾國，當以輸入國家思想為第一義；欲輸入國家思想，當以廣興教育為第一義；然教育興矣，其效力之所及者，僅在於中上社會，而下等社會無聞焉。欲無老無幼，無上無下，人人能有國家思想，而受其感化者，舍戲劇末由。蓋戲劇者，學校之補助品也。」❸

梁啟超、嚴復、陳獨秀等人對小說、戲劇作用的認識並沒有能立即轉為現實，因為一個現實的問題是小說、戲劇長期處在舊傳統、舊道德的精神體制中，無論是內容還是形式都存在許多弊端，不能擔負社會變革的使命。陳獨秀對於戲劇改良的功用說得更為明瞭：「現今國勢危急，內地風氣不開，慨時之士，遂創學校，然教人少而功緩。編小說，開報館，然不能開通不識字人，益亦罕矣。惟戲曲改良，則可感動全社會，雖聾得見，雖盲可聞，誠改良社會之不二法門也。」❹陳獨秀認定改良戲劇是改良社會的關鍵，他是要戲劇在通俗教育中發揮其急先鋒的作用。

隨著革命與改良浪潮的到來，文藝改良、文藝革命在這樣的時刻就顯得迫在眉睫。一時間「詩界革命」、「小說界革命」、「戲曲必改良」形成了文藝界的一股風氣。應當說在這股改良風氣中戲劇改良是開展

❷ 三愛（陳獨秀）：〈論戲曲〉，《新小說》第2卷第2期。

❸ 天僇生：〈劇場之教育〉，阿英編《晚清文學叢鈔・小說戲曲研究卷》北京，中華書局，1960年版。

❹ 同❷。

得有聲有色的。

政治家將戲曲改良作為政治變革的手段而竭力倡導，並從內容到形式提出了一系列主張。首先是要將戲中粉飾太平、麻痺民眾的內容改變成憂國憂民、針砭時弊的內容。1902年，梁啟超在《新小說》上發表了《劫灰夢》、《新羅馬》兩個傳奇劇本，隨之，一些反映時政，借中外歷史上民族英雄和愛國志士的事跡以喚起人們愛國熱情的新編傳奇、雜劇和亂彈劇本紛紛出現。接著有人在報刊上撰文呼籲戲曲藝人學習西方演員，演出能夠「激發國民愛國之精神」的作品，增加戲中的演說，以能夠更便捷地達到宣傳的目的。

戲劇改良的目標，是使戲劇拋棄束縛自身多年的枷鎖，以其通俗易懂的內容和形式為社會教育服務，使之成為通俗教育的一個組成部分。當時京崑和其他地方戲也都是朝著這個方向努力的。

從通俗劇本文學角度看，我們完全有必要回顧和審視一下起源於京崑及地方戲的戲劇改良運動歷程。

京劇的改革運動在上海開展得比較早且比較廣泛。其中影響最大的當首推汪笑儂，此外像夏月潤、夏月珊兄弟及潘月樵等也參加了京劇的改良。他們排演了時裝新戲《潘烈士投海》、《新茶花》、《黑籍冤魂》、《波蘭亡國慘》等，這些戲故事性強、戲劇性強、情節曲折，引人入勝。舞臺演出過程中，根據演劇的需要，這些劇作還使用了一些燈光佈景。辛亥革命後，梅蘭芳也在京劇表演領域進行革新活動，他編演了《孽海波》揭露娼僚惡霸的罪行，又編演過《宦海潮》等時裝戲揭露官場的黑暗。北京的戲曲演員田際雲，為了使改良戲劇在通俗教育中發揮作用，1905年率先演出時裝新戲《惠興女士》。1909年，他邀請新劇演員王鐘聲、劉藝舟到北京，並與之同臺演出一些宣傳進步思想的戲。

辛亥革命使得許多戲劇藝人自覺地淨化靈魂，以教育社會為己任，陝西戲劇界的一些開明人士認識到「社會教育感人最深、普及最廣者莫若戲曲」，他們發現，「舊的戲曲優良者固多，而惡蕩淫穢，足以敗壞風俗者亦屬不少」，於是「發起編演新戲，以補社會教育之不足」❺。西安的易俗社就曾在創辦之初立下改編上演劇目的原則，這些原則是：一、有借鑒意義的歷史戲；二、有教育意義的社會戲；三、有教育意義的家庭戲；四、宣傳科學知識及創造發明的科學戲；五、有教育意義的詼諧戲。他們根據這些原則創作和改編了一批很有教育意義的劇本，如《三回頭》、《櫃中緣》、《石姑賢》等。

易俗社作為以教育為己任的社團，其創辦宗旨就是當時資產階級民主思想的體現。易俗社積極投身社會改革和戲曲改革，以「補助社會教育」、「移風易俗」為辦團宗旨，主張「寓教育於戲曲」，「以戲曲為改良社會之利器」，認為可以通過編演新戲來「移正人心」、「開發民智」。這些觀點，顯然具有十分鮮明的近代資產階級思潮的特徵。易俗社在演劇內容上也作了規定，指出「社會戲曲」、「家庭戲曲」，「就習俗之宜改良，道德之宜提倡者編演之」，「就古今家庭得失成敗最有關係者編演之」❻，以此作為編劇的指導思想。

應當說，以戲劇為工具進行通俗教育並不是一種孤立的現象。在辛亥革命即將到來之時，廣東的知識界也在積極尋找社會教育的途徑，小說、戲劇被視為首選形式。當時廣東舞臺上上演的戲劇《鄭孝胥開差》、《吊李蓮英》、《李鴻章歸天》、《拿破侖歎烏》、《溫生才刺孚琦》、

❺ 楊公愚、姬穎：〈西安易俗社的四十七年〉，《中國近代文學論文集》（戲劇、民間文學卷）。

❻ 轉引自《中國近代文學研究百題》，北京：中國國際廣播出版社，1989年版，第340、341頁。

《火燒大沙頭》、《秋瑾》、《痛除四大害》等，都極好地傳播了近代社會革命思想，使得大批國民從沈睡中醒來。

1906年12月，朱雙雲、汪優游等「慨國勢陵夷，教育之不普及」，因而在上海召集各校演新劇的積極分子王幻身、瞿保年等組織了開明演劇會。他們為了達到宣傳教育的目的，明確規定了演出的內容：「政治改良」（破迷信），「社會改良」（禁煙賭），「家庭改良」（試盲婚），「教育改良」（嘲私塾）。

由於各地戲劇家均把社會通俗教育作為自己的一個重要使命，所以辛亥前後創作的戲劇作品，其思想性大多是積極的。

讓戲劇發揮社會教育、社會改良功能這種思想一直維持到「甲寅中興」時期，汪優游等率「迪智群」劇團輾轉於皖贛湘之時，曾創立「社會教育進化團」，「癸丑（1913年）九月，商務印書館張屏翰、趙筱儂、王起予、許夢覺、羅玉諸君，發起『通俗新劇團』，持其草章就商於周君劍雲。其宗旨欲組織一劇團，專赴鄉村等處，演劇以期普及教育，不取看資」❼。這裏我們可以看出，新劇產生之初，很多新劇的實踐者是帶著一種使命感和理想主義色彩把戲劇納入社會教育軌道的。

在利用新劇進行通俗教育方面，口號較為明確的是南開新劇團。南開新劇團從一開始就注重演劇的社會效果。南開學校最早提出話劇社會功效問題的是張伯苓。張伯苓從辦好教育的目的出發，提出編演新劇的宗旨在於「練習演說，改良社會」。在此基礎上，師生又提出了新劇有「改良人心，勸化風俗」❽的作用。周恩來在〈吾校之新劇觀〉

❼ 《鞠部叢刊・歌臺新史》，上海：上海交通圖書館，1918年版。

❽ 曾中毅：〈說吾校演劇之益〉，《南開話劇運動史料》，天津：南開大學出版社，1984年版。

中系統化、具體化地闡述了戲劇的功用問題，文章指出，新劇是進行通俗教育之利器。周恩來從「重整山河，復興祖國」的神聖使命出發，論述了對「貧極矣，智陋矣」的中國人民進行通俗教育的重要性，認為在通俗教育中，「演講則失之枯寂，書說則失之高深」，因此，他強調：

> 通俗教育最要之主旨，又在捨極高之理論，施以有效之實事。若是者，其惟新劇乎！………非然者，學校社會，虛圖其表，一任梨園優伶，駝舞騾吟，淫詞穢曲，醜態百出，博社會之歡迎，移世風之日下，則社會教育終無普及之望，而國家之精神，亦永無表現之一日矣。❾

〈吾校之新劇觀〉明確提出新劇「感錯聵」、「化愚頑」、「開民智」、「進民德」的社會功效。認為新劇作為有別於其他通俗教育的一種形式，其特點在於用舞臺藝術形象來教育人、感化人。這篇文章實際上也回答了話劇為何能在孫中山領導的民主革命前夜產生的問題。民主革命要求用最有效的通俗教育形式喚醒民眾，進行自下而上的思想啟蒙。

二、求新求異的變革時代要求

中國的文學運動，正如鄭伯奇所說，經過了「詩」的時代，正慢慢轉移到「小說」的時代，但同時「戲劇」的時代已經漸漸萌芽了。近代社會的巨變，最引人注目之處在社會大眾的逐步覺醒，大眾勢力從小農經濟的重壓下掙脫出來，開始有自己的文化需求，過去那些「載

❾ 周恩來：〈吾校之新劇觀〉，《南開話劇運動史料》，第11頁。

道」的文學，呻吟「自我」、歌詠愛情的風花雪月式的藝術，在大眾樸實的文化欲求面前顯得蒼白無力。描寫人生、申訴痛苦的作品，只能給「讀者」以間接的刺激，而不能自由地深入到大眾中間去，激勵大眾、組織大眾最直接而最有力的當然要推戲劇。

近代社會動蕩、政事複雜，西方各種思想輸入，社會風尚漸變，當時最普遍的社會心理就是密切關注政治形勢，思索變革、盼國家富強，尤其在西方各種科學技術、文化知識傳入中國後，人們更渴望瞭解中國的近況和世界各國的最新資訊，渴望瞭解國家政治經濟變革的最新動向，並希望通過戲劇獲得一種對於時局判斷的認同。小說等文學形式由於其弱時效性以及其文化限定性，決定了它的創作與接受終究是一種文化人的行為，而戲劇不同，它可以將時政事件隨時搬演，滿足各種層次觀眾的期待,而且最為重要的是它沒有文化水準的限制。

文學藝術是人的情感和創造力的顯現,精神世界是詭秘和奇譎的，情感世界的奔騰、翻湧，創造力的積蓄和激發，都在誘惑著人們去作大膽的嘗試。詩歌、小說作為近代主要的文學形式，已湧現了許許多多的創作天才，詩歌小說創作需要的是駕馭文學的功底和素質，有些人才其天賦並不表現在這一方面，況且以詩歌小說這樣的文學創作形式參與社會變革實在是一種太間接的形式，也已缺乏新鮮感。變換手段成了人們感興趣的焦點，話劇這一藝術形式在表達人的思想情感、發揮人的創造力方面顯示出無與倫比的優越性。早期話劇為什麼會有那麼多人參與，這是一個主要原因。很顯然，手段被目的化了，導源於清末政治的「師夷制夷」說的影子還在。

近代社會的焦點問題，是驅除韃虜、光復中華，外禦侵略、內誅國賊，實現共和等等，當時社會種種政治、精神宣洩的負擔，大眾化形式只有仰賴話劇來作直接的和最快捷的傳達，這樣便有早期《共和萬歲》、《黃金赤血》等作品的問世，然而由於話劇承受過重的政治負擔，也制約了中國話劇審美形態的選擇以及審美形式的發展。放棄對藝術的追求，放棄高雅的做派，走通俗化道路，實在是一種時代氛圍中的權宜之計。

東西方文化撞擊的結果，主要取決於接受者的前理解（即接受者頭腦中已養成的對外界事物的看法），接受者的前理解規定了視界融合的程度。傳統當然是在變，但變化的軌道最終還要受到傳統的制約。在中國近代文人的前理解中恒定的是其藝術的崇高感，這決定了他們對西方藝術的選擇。而這種崇高感的表露又得力於西方文化的催化。有學者指出：

> 如果以新文學運動的近代、現代、當代為縱坐標，以西方文學的浪漫主義、現實主義、現代主義為橫坐標，這個坐標系的軸心恰是啟蒙精神和悲劇格調，從中可見求實精神對於民族文化現代化流程的巨大影響。中華民族的求實精神，使新文學運動的崇高感作為借鑒四方的尺規，從而內在地規定了各文學思潮演進的程度和它們的興衰消長。一方面，西方思潮內在發展邏輯依歷史的順序而逐步譯介到東方，這或許表現出人們對於全面了解西方的積極性；另一方面，各流派的藝術結構形態依其理性容量而得到不同的評價，取捨的原因均在於表現社會美和崇高感。社會美理想、以真與善為中心和價值觀，決定了這次歷史抉擇的結果：崇高藝術運動始於抒情和政論，而最後流向了再現即理性化的認識。❿

❿ 章亞昕：〈現代化與崇高藝術運動的崛起〉，《蘇州大學學報》，1988年第2期。

居於崇高地位的前理解，又頑強地用和諧的感性來對抗崇高的理性，通俗小說、通俗戲劇的流行正是這樣一種文化背景下的產物。

第二節　近代都市的出現與觀劇階層的產生
——市民對政治的參與感轉化為對新劇的熱情

1840年-1842年的鴉片戰爭叩開了中國閉關鎖國的大門。1842年8月，英國軍隊逼迫昏庸腐朽的清王朝在南京簽訂了喪權辱國的《江寧條約》，規定了英國人可以攜帶家眷等「寄居大清沿海之廣州、福州、廈門、寧波、上海等五處港口，貿易通商無礙；且大英國君主派設領事、管事等官駐該五處城邑，專理商賈事宜」，上海正式宣佈被迫開放。這既是上海經濟半殖民地化的開始，同時也是上海城市近代化的起始點。

開埠以後，上海的原有經濟迅速被捲入了世界資本主義市場的漩渦。這種情形雖然是被迫的，卻使得近代上海工商業空前地活躍起來。隨著外資的初步投入，外國殖民當局把持著的工部局和公董局也逐漸將西方治理城市的管理方法和物質文明帶進了上海。與此同時，西方的生活方式，特別是文化生活方式也同時被帶了進來，租界內的馬戲、魔術、演劇、賭博等娛樂方式也開始盛行起來。這一切對於當時的中國人來說是非常新奇的，無疑它的吸引力也是很大的。

同近代上海經濟發展相伴隨的，是城市人口的大量增長。近代歷次戰亂，上海因是租界地故而免受其害，這使得上海成為一個理想的避難所，由戰亂等因素引起的人口機械性增長其速度是世界罕見的，而迅速膨脹的人口也促進了都市的繁華。

繁華的都市如同一只巨大的染缸，同化了每一個成員。它迫使每個成員放棄原有的生活方式以適應新的生活方式。由來自不同地域的異質人口所組成的市民階層，很快便適應了這種中西混合的大眾文化類型和氛圍。

雖然現代都市造成人際空間距離縮小，但由於都市中社會分工的細化、生活節奏的加快以及人格角色的多重性，使得人與人心理的距離拉大，過去在農村社會裏宣洩心理的方式和途徑沒有了。於是人們只好尋找新的宣洩途徑，互傳社會新聞是這種要求的初級表現；共同欣賞表演藝術，閱讀報章雜誌則是這種要求在當時的高級形態。因此都市的大眾文化被定位在工商經營之餘的休閑和心理放鬆上。同時由於觀劇活動是一種相對層次較高的文化消費，因此在某種程度上，它也是顯示身分、提高地位的一種方式。

都市形成之前中國市民就有觀社戲的習慣，傳奇、雜劇、京劇、地方戲，無論雅俗，都有一批忠實的觀眾。新劇是一種「幻覺化」的戲劇，其舞臺佈景、道具等完全模仿真實生活。這是一種全新的戲劇形式，中國觀眾面臨著一次接受行為的全新變革過程。原先看慣了崑曲皮簧戲的中國觀眾，他們的欣賞也隨著戲劇變革而發生變化。徐半梅很詳細地記載了戲劇表演系統所發生的變化：「當時上海的京班戲院，正盛行著一種所謂時裝新戲（亦稱時事新劇），這是採用現代的故事為劇情，而登場人物悉穿現代服裝，所用對白，拋棄中州韻，以京白與蘇白為主。有時亦用各地方言。劇中唱皮簧時，還是唱皮簧；不過唱得較少。劇本的編制和場事等等，完全與原有的皮簧戲無異；所不同的就是劇情不用古代故事，打扮不用古代衣冠，而說白不用中州韻。……在觀眾看來已頗與社會接近了。」⓫傳統戲劇以劇情與唱腔來吸引觀眾的傾向已變為主要靠新的劇情來吸引觀眾。那麼「時事新劇」的劇情為什麼會吸引觀眾呢?

我們知道，開埠後上海的社會變革加快了，在人們的周圍每時每刻都有新聞事件發生。人們也變得更加關心周圍生活中的人和事，以維護一種安全感和參與感，光緒末年「任順福案」就曾引起社會各階層的關注。從政治角度看，「當時正是辛亥革命的潛伏期，滿清政府腐敗達於極點，所以這些時裝新戲，如果是關於政治而諷刺滿清政府的，尤得臺下觀眾歡迎」⓬。市民對政治的關心與參與熱情，使得他們成為以搬演時事為內容的新劇的忠實觀眾。汪笑儂借時裝新戲《波蘭亡國慘》來影射、諷刺滿清政府，在當時「得到觀眾們熱烈的鼓掌」⓭；汪優游等的學生劇《惠興女士》(秋瑾事跡)、《黃勳伯》、《潘烈士投海》、《黑籍冤魂》等在當時也「造成一時風氣」⓮，其原因在於這些戲及時地傳達出了人們的政治情緒。

近代社會市民對政治的參與熱情很快就轉化為對新劇的熱情，於是具有革命思想的愛國分子與愛好戲劇的青年最早成為新劇最穩定的觀眾。而新劇與現實生活的貼近，也使得一些老觀眾轉移他們的欣賞口味和興趣。經過戲曲和話劇的逐步普及，以民眾為主體的觀劇階層開始形成。

⓫ 徐半梅：《話劇創始期回憶錄》，北京：中國戲劇出版社，1957年版，第6頁。

⓬ 同⓫。

⓭ 同⓫。

⓮ 同⓫。

第二章　外國戲劇的引進與新劇的濫觴

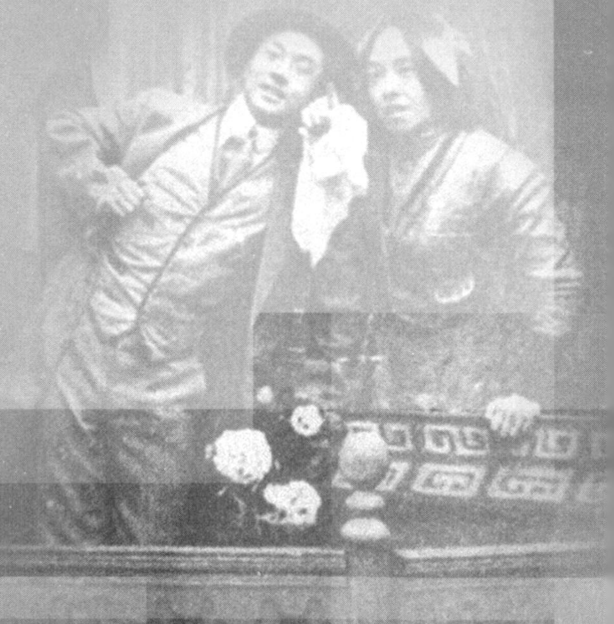

第一節　中國人眼中的西洋戲劇
——仿真表演歎為觀止

在中國近代戲劇接受西方戲劇的影響這一點上，一直缺少十分有說服力的證據。但為什麼近代戲曲改良所發生的時間不遲不早就在世紀之交呢？這不能不讓人考慮這其中的時代的因素。而從通俗性角度看，它有兩個動力：一、宣揚維新變革的思想需要通俗易懂，易於接受的媒介；二、戲劇運動也到了需要變革的時刻。中國人對於戲劇的熱愛有近千年的歷史，元雜劇明傳奇以來，戲劇無論內容還是形式都缺乏大的變革創新。而當近代政治動盪、思想流播、文化交遞的歷史關鍵時刻，那種拘泥程式、節奏緩慢的戲劇樣式已明顯不適應時代的需要。

改良戲劇又稱「時裝新戲」，即穿著生活時裝表演的戲劇。它的產生得益於對西洋戲劇的認知。「睜眼看世界」的中國知識分子，無不對西洋戲劇模仿真實生活的表演方式大加推崇。19世紀中葉以後，一些到過歐美的清代大小官吏、留學生幾乎在回國後都對西方的文明戲劇有過較高的評價，那種酷似生活真實情景的舞臺道具、佈景、燈光，以及穿著時裝，用日常生活語言行動表演的故事情節，令他們大開眼界。我們至今仍可從當時一些留洋者的筆記、劄記和遊記中感受到那種情景和新奇之感。張德彝在1866年左右所寫的《航海述奇》中，記述了當時在法國所見巴黎戲園的情景：

……樓之四面高懸煤氣燈，中一燈一千百枝，燈頭千盞，緣泰西戲皆夜戲也。……少頃，猛聽靜鞭數下，眾皆悄然，已卷簾開戲矣。其戲能分晝夜陰晴；日月電雲，有光有影；風雷泉雨，有聲有色；山海車船，樓房閭巷，花樹園林，禽魚鳥獸，層層變化，極為可觀。❶

在同一書中，他還記述了英國的演劇情形：

戲甚精奇，所演之劇，風雷有聲，雨雪有色，日月有光，電雲有影，樹木樓房，車船閭巷，火山冰海，遠近高低，非眼能辨。❷

曾遊歷英法等國的清代報人王韜在其遊記《漫遊隨錄》中也曾有這樣的記載：

其所演或稱述古事，或作神仙鬼佛形，奇詭恍惚，不可思議。山水樓閣，雖屬圖繪，而頃刻間千變萬狀，幾乎逼真。❸

王之春在《使俄草》中，對西方戲劇的服飾、佈景、幕的功用等，都有詳細的描繪。清代曾出使歐洲多國的戴鴻慈認為：

西劇之長，在畫圖點綴，樓臺深邃，頃刻即成。且天氣陰晴，細微畢達。觀者若身歷其境，疑非人間，歎觀止矣。❹

❶《中國話劇史料集》第一輯，北京：文化藝術出版社，1987年12月版，第253頁。

❷ 同❶，第493頁。

❸ 王韜：《漫遊隨錄》，長沙：嶽麓書社，1985年版，第89頁。

「給大眾以真實的幻覺」，這是西方戲劇的傳統，19世紀前，西方戲劇用展示代替敘述，當時的戲劇家都持相同的戲劇觀念，即戲劇是現實的模仿。在現實主義戲劇舞臺上，史詩性的敘述因素遭受排擠。空間必須依靠舞臺佈景與道具將舞臺直接轉換成虛構場景，時間則寄寓在情節發生的順序中。劇場中一旦出現同一的時空經驗，舞臺由現實時空轉化為虛構時空，真與假的界限或現實與虛構的界限就變得模糊起來，劇場經驗就會進入一種以假當真的幻覺。19世紀末西方劇壇對於幻覺的追求達到頂峰，具體表現在演員與劇中人物、現實場景與舞臺場景的相互認同和相互轉化上，到了斯坦尼斯拉夫斯基時代，更視之為一種創作原則。

「舞臺上演出的戲必須再現它所表現事物的形式——不多，也不少。」❺這一觀點成為當時歐洲劇壇的一種時尚。19世紀70年代後薩塞寫《劇場四十年》時仍把「真實的幻覺」作為戲劇的理想。19世紀最後幾十年裏出現的易卜生的《玩偶之家》、《群鬼》；斯特林堡的《父親》與《朱麗小姐》；蕭伯納的《華倫夫人的職業》和《武器和人》等劇作，都是通過舞臺再現現實生活幻覺的。1876年易卜生在德國柏林觀看其劇作《覬覦王位者》演出時，為劇場中「暴雨般的掌聲」所激動，但他很清楚，觀眾讚美的掌聲，多半是送給公爵梅甯根的劇團的，該劇團在表演中動用了各種可能使觀眾產生幻覺的手段，包括舞臺、道具。此後，無論是安托萬還是斯坦尼斯拉夫斯基都曾作過更為深入的追求，安托萬在「自由劇院」裏廢除了腳燈，讓演員像平常說話那樣念臺詞，設計逼真的道具與佈景，使舞臺看上去像是一個拆去了第四堵牆的房間。

---

❹ 戴鴻慈：《出使九國日記》，長沙：嶽麓書社，1986 年版，第 358 頁。

❺ 尼柯爾：《西歐戲劇理論》，北京：中國戲劇出版社，1985年版，第35頁。

從易卜生的《玩偶之家》到斯坦尼斯拉夫斯基的《沙皇費多爾》，近半個世紀的西方現實主義藝術實踐使近代中國人大受啟發。尤其是這種缺少間離的寫實性戲劇，實現了舞臺與觀眾的交流，這種戲劇的現實功能要比寫意性的戲劇強，特別是其表達現實命意時更為直接。傳統中國戲劇搬演的劇目雖有其一定優勢，但在搬演時事內容方面卻常常顯得力不從心。這種狀況，一方面促成了戲曲改良的進行，另一方面就是話劇的引進。

第二節　對新劇要素的評價與誤解
——起步時的不得要領

「新劇」是改良戲曲與話劇的統稱。新劇之「新」主要是與傳統戲劇之「舊」相對應的。主要表現在：一、新劇以「說白」為主，不講究「唱工」、「做工」、「身段」；二、新劇穿時裝，演時事；三、新劇分幕且重舞臺效果。

傳統的京、崑、地方戲都很強調演員的唱、念、做、打四功，這顯然有一定的先天條件限制，也要有一定的後天努力和經驗積累，不是每個人都能登臺演出的。而新劇則不講究這些。

「無唱工」、「專取說白傳情」、「全恃言論以述意」❻，這是當時人們對於新劇的普遍認識，連當時的新劇早期實踐家汪優游也持同樣看法，他在看了聖約翰學校排演的《官場醜史》後認為：「這種穿時裝的戲劇，既無唱工，又無做工，不必下工夫練習，就能上臺去表演。」❼

❻ 周劍雲：〈新劇評議〉，《繁華雜誌》第5、6期。

❼ 汪優游：〈我的俳優生活〉，《社會月報》第1卷第1、2、3、5期。

「說白」在新劇中成了主要的因素，但說白的作用、價值，以及如何說、如何白，對此的認識往往不得要領。較早的新劇家對話劇中「說白」的理解，還是戲曲的一套做法，在舞臺上表演起來拿腔捏調很不自然和協調，就說白的內容來看，有時仍舊念上場詩、通名字、打背躬，說白過程有時也加幾句皮簧唱腔。這種狀況後來發生了變化，當話劇與改良戲曲發生分野之後，人們對新劇的說白又有了新的認識。有人提議在劇中加「演說」，因為話劇就是「說話」的劇，剛剛接觸「無唱」之戲的觀眾也「均以新戲為演說一流」❽。不但觀劇者如此，辛亥革命後，在新劇界頗負盛名的任天知等，也非常看重劇中之「演說」的作用，並據此創立了所謂「言論派正生」一類的角色類型。

在話劇藝術中，說白、對話即臺詞，被視為一種戲劇動作即言語動作，是一種最重要的表現手段。它包括劇本和演出中的對話、獨白、旁白。對話是人物之間交流的一種方式，是戲劇外部衝突賴以存在的一種基本途徑。「獨白」與「旁白」都是劇中人物的自言自語，前者是人物孤身獨處時的「自語」，後者則是在眾多人物對話中，某一人物的「自語」，它們是戲劇內部衝突賴以存在的一種基本形式。勞遜指出：說話也是動作的一種形式，「對話可以使劇作者在廣大的事件範圍中展開動作，從而構成戲的背景。關於其他事件的報導（觀眾從對話中知道或意識到），雖以增加情緒的緊張，導向壓縮和爆發，這一切便構成動作」❾。戲劇的內容是在戲劇的動作中展開的。新劇在中國嘗試的初始階段，人們對言語動作表現戲劇內容這一功能並沒有認識，在實際上是對戲劇性的認識還不太明確。在當時的許多作者與觀眾看來，

---

❽ 義華：〈戲劇雜談〉，《民權素》第2集，1914年版。

❾ 勞遜：《戲劇與電影的劇作理論與技巧》，北京：中國電影出版社，1979年11月版，第359頁。

說白即是「演說」。周劍雲認為，新劇以「言論」達意，「然胡言亂道，非言論也，尋常說白非言論也。必其一言既出，四座傾聽，奧妙蘊蓬，含蓄深閒……惟此皆由學問而來」[10]。把「說白」當成是「言論」，本身就是一種誤解，把「言論」作為新劇「達意」的唯一途徑，則更是一種偏執。在這裏，周劍雲否定了「尋常說白」即對話傳情達意的可能性，強調戲劇的全部價值所在乃是「一言既出，四座皆驚」，而對言論功夫的強調，實際上是對演員演說本領的要求，演員演說「由學問而來」，也就是說，要靠平時的讀書積累。這裏周氏把戲劇藝術與演講藝術畫上了等號。

言語（對白、獨白、旁白）作為「戲劇動作」一般具有三種性能：一、非直觀的揭示性，即能夠揭示人物隱秘的思想、感情、意志和意識等心理內容。二、「對話」是戲劇性的載體，它要求能夠給予聽話者以一定的衝擊或影響。這種衝擊力一般表現為「衝突」，也就是說，「衝擊」性的對話是體現「衝突」的一種方式。三、對話會推動對話雙方相互關係的發展變化。這三點是區分戲劇性語言與非戲劇性語言的關鍵。

由於新劇劇作家、評論家對新劇說白的認識上的偏差，造成了對「言論學問」追求的畸型戲劇時尚。新劇實踐過程中認識到新舊劇的區別在於舊戲靠唱腔、做功吸引觀眾，而新劇則靠說白贏得觀眾。這一點在某種程度上說是正確的，但把戲劇「說白」歸之於言論——演說，就使之導向了歧途。可見新劇創始期的實踐者對於戲劇本質的認識是模糊的。汪仲賢曾對當時的新劇有過這樣的概括：「現在流行之新劇，大半無一定腳本，所有劇中言語動作，全恃演者之一點小聰明，隨意發揮。」[11]這是當時一種頗為典型的觀念，也正是這種觀念在起作

[10] 周劍雲：〈新劇評議〉，《繁華雜誌》第5、6期。

用，使得很大一部分人認為新劇易學易演，以致不重劇本寫作、錘煉，從而造成後來的幕表戲流行。

新劇最早登場之時就與社會功利結下不解之緣，這與當時的政治形勢有關。急劇動盪的國家形勢在大眾心中產生了巨大的反響，人們急需要用一種藝術的表現形式將它表現出來，戲劇充當了這一時代的急先鋒，所以創始期的新劇大多表現時事內容。新劇演劇「以肖真為主」，因此裝扮要隨時更換，「惟舊戲，『淨』雖盛夏必擁厚絮；『貼』雖隆冬必僅夾衣……豈古人皆冬不裘而夏不葛耶?」⓬當時的戲劇家對於舊戲角色服飾的不合理性已有所認識，在此基礎上萌生的「時裝」意念並不完善，「演新劇者雖略有今昔之別」，意識到了時令的變換，「然大都以滿清服飾為最多」⓭。甚至有時演明代生活的戲亦穿滿清服裝⓮。對於這一現象，當時的新劇家沈所一有過解釋：「新劇僅有滿清服裝，實為大詬病，原其所以然者，限於經費耳。彼觀劇者，對於《珍珠塔》、《三笑》等劇，非不知滿清服裝之不適用，然而未嘗一言者能原諒此苦衷也。今者新劇日益隆盛，幾幾與舊劇相抗衡。苟仍因陋就簡，恐非持久之道也。」⓯由此看來，當時新劇界對於穿時裝演戲有著認識上的差異。有一部分演劇家之所以穿時裝，並不完全是劇情需要，而是想利用穿時裝所造成的荒誕感、新奇感來吸引觀眾。有一部分演劇家則認識到人物的服飾必須與劇情相吻合，但由於經費不足而只能「因陋就簡」，這種狀況在後來的演劇中得以改變，我們看到在

⓫ 仲賢：〈新舊劇之異點〉，朱雙雲《新劇史・雜俎》。

⓬ 王夢生：《梨園佳話》，上海：商務印書館，1915年版，第158頁。

⓭ 張霆瀾：〈今日新劇家之十要件〉，《戲劇叢報》第1期。

⓮ 沈所一：〈覆友人論新劇書〉，朱雙雲《新劇史・雜俎》，第22頁。

⓯ 沈所一：〈滬人觀新劇之心理〉，朱雙雲《新劇史・雜俎》，第20頁。

《木蘭從軍》、《武松殺嫂》等劇中人物的服飾已與劇情非常協調了。

對於新劇中另一外在要素佈景、道具的認識還很膚淺。很多新劇家對佈景、道具的設置與劇情的關係，不甚了了，有些還停留在「依樣畫葫蘆」階段。在當時的一些劇場，佈景通常是以「尋常之畫」來代替的⑯。馬二先生在他的〈戲學講義〉中曾講述這樣情況：「佈景中所繪畫者，往往與劇情有衝突。如演劇人著春服，而佈景上畫有冬令之花木。」「每見所演各劇佈景中除桌椅而外，一無所有，甚至桌椅之位置多不入款式，往往佈房間景以臺口為房門，以佈景上之小門為內室之門，於是外來之人，每自牆縫中出入，此大不通也。」⑰於此可見對於佈景、道具在戲劇性創造中的作用，當時的新劇家還有許多模糊認識。「新劇家」顯然也隱約覺察到佈景要素是新劇區別舊劇的重要因素，新劇舞臺不能沒有佈景，但把佈景僅僅視為一種有必要存在的擺設，而不去探尋其與戲劇性、劇情之間的關係，則是新劇實踐者的一個誤區。造成這一現象的根源在於新劇傳播的不深入。新劇家所獲得的新劇資訊基本上還是前清使者的一些國外觀感以及外僑演劇所傳遞的，沒有系統的西劇知識的介紹和訓練。因此對於佈景的認識，也只能停留在清臣戴鴻慈等的「畫圖點綴」一類上，以致當《新茶花》一劇上演時，舞臺上「開來闔去，不過一幅村落之油畫」作為佈景⑱。

道具、佈景游離於劇情或與劇情不相干的這種狀況到了南開新劇團演劇時，就發生了根本的改觀。

南開新劇團在演《新村正》一劇時，其新劇創作已在寫實主義道路上向前邁出了一大步。此時，人們看到劇中的道具、佈景等要素已

---

⑯ 優優：〈佈景之為物〉，《戲劇叢報》第1期。

⑰ 馬二：〈戲學講義〉第五章，《遊戲雜誌》第12期。

⑱ 遠生：〈新茶花一瞥〉，《遠生遺著》，北京：商務印書館，1984年版。

與戲劇情節渾然一體，共同為戲劇性服務。當時的觀者對於「我校佈景」之特色有過記述：

> 既而振鈴開幕，則客廳一所，幾椅咸備，中設一榻，榻後横几，几一端置瓶，一端置石鏡，而玉如意位其中。榻有琴几，別左右。南面上有額，曰「務本堂」，旁有聯一副。左有門通書室，入右轉後，則達內室焉。驟視之，無不驚異，此即富翁周味農之家也。第二幕之佈景，則為一荒村。樹林陰翳，黃茅紫叢生於其間。敗屋數間，皆毀瓦頹垣，楹柱皆不完。而竹籬喬木，儼然一野景也。天色蔚藍，以竹為篷，糊以紙，塗以青，而以藍色之電燈反映之，如真天然，而鮮麗之色有加焉。⓳

19世紀末20世紀初傳入中國的新劇，其寫實性已為當時戲劇家所認知，但在劇本創作與舞臺表演上仍不得要領，往往是新劇中夾雜著一些舊劇程式。直到辛亥革命以後仍未改觀。任天知的《共和萬歲》就揉合了中國戲曲傳統的編制方式，在幕與幕換景之際，加演了一些幕外戲，類似中國戲曲中以丑、副末或龍套所演的過場戲。姚鵷雛編的《炊黍夢》用佈景、分幕、人物著時裝，但劇中主人公李端五深夜到趙言府上求見，打門，隔門說話，家人通報等全都襲用戲曲「虛擬」的表現方法。與這種對「寫實」不得要領的情況相對的是機械地理解新劇中的「真實」、「肖真」。徐天嘯發表在《小說叢報》第1至第4期上的劇本《自由夢》中，第一幕有主人公在舞臺上吃點心的情節，要等吃完後才有別的情節表演。早期新劇創作中不少人片面地認為寫實就是生活化，把生活中的行為直接搬上戲劇舞臺。這種缺乏藝術提煉的

⓳ 汪優游：〈我的俳優生活〉，《社會月報》第1卷第1期。

戲劇情節，是新劇喪失觀眾的一個重要原因。

第三節　外僑與學生演劇活動和話劇的啟蒙
——中國早期話劇的萌發

早期話劇的產生導源於多方面的因素，既有戲曲改良、戲曲變革的因素，也有外來因素的影響。在外來影響因素中，我們不能不提及19世紀末的外僑及學生演劇活動。

關於外僑及學生演劇，許多早期戲劇實踐者都提供了有力的佐證。鴻年在《二十年來新劇變遷史》中指出：「中國式之新劇，如今日所演者，其發源之地則為徐家匯之南洋公學，時為前清庚子年。」⑳管義華在《六年來海上新劇大事記》中寫道：「海上之有新劇，由來久矣。其初始於各學校，而創辦劇場，實任天知之開明社為之倡。」㉑朱雙雲在他的《初期職業話劇史料》一書中談及話劇的起源時也說：「中國之有話劇，始於西曆1902年，即光緒二十八年已亥，創始者為上海約翰書院。風氣一開，於是徐匯公學、南洋公學、民眾中學、南洋中學等各學校，紛紛繼起。」㉒歐陽予倩在《談文明戲》一文中也認為「上海是新劇的發祥地，遠在1889年就有教會學校聖約翰書院學生演出的《官場醜史》。1900年（光緒二十六年）有南洋公學演的時事新劇《六君子》、《經國美談》、《義和團》等三個戲」㉓。汪優游的〈我的俳優生活〉

⑳ 《戲雜誌》嘗試號，1922年4月。

㉑ 《鞠部叢刊》，上海：上海交通圖書館，1918年版。

㉒ 朱雙雲：《初期職業話劇史料》，重慶：獨立出版社，1942年版，第1頁。

㉓ 歐陽予倩：〈談文明戲〉，《1949–1979中國近代文學論文集》（戲劇、民間文學卷）。

對聖約翰學校的演劇也有詳盡的描述。儘管上述早期話劇實踐的親歷者的表達各有差異，但無庸置疑地是他們都把1900年庚子賠款前後的上海學生演劇視為早期話劇運動的開端。然而上海的學生演劇又是發端於何方呢?

很顯然,學生的演劇活動源於滬上西方人所辦的學校演劇的影響。19世紀末上海的教會學校有徐匯公學、清心中學、中西書塾、格致學院、聖約翰書院等20餘所。這些學校為培養學生的情操和演說能力，在節假日，經常組織學生演劇。他們的形式與職業劇團完全相同。所不同的僅僅是劇本由教員和學生自己編寫，一般都在校內演出，招待家屬或親友。外國僑民尤其是歐美僑民組織的A.D.C.劇團演劇活動在當時也頗具影響。然而，教會學校和外國僑民的演出在當時畢竟屬於新生事物，當時的中國人對這樣一種藝術形式是比較隔膜的。朱雙雲在記述當時的情景時寫道:

> 素人演劇，盛行於歐西。吾國積習相沿，多以戲劇為陶情悅性之具，且多薄視伶人，不恥士類。故素人演劇，常寂然無所聞見。……歲己亥 (1899) 冬十一月，約翰書院學生於耶穌誕日，節取西哲之嘉言懿行，出之粉墨，為救主復活之紀念，一時聞風踵效者，有土山灣之徐匯公學。然所演皆歐西故事，所操皆英法語言，苟非熟諳蟹行文字者，則相對茫然，莫名其妙也。㉔

儘管用英法語言演出西方故事，懂的人也很少，但其影響卻是巨大而深遠的。首先它提高了「素人」演劇的地位，為上海學生演劇掃除了障礙，打開了閘門。這些教會學校在校方支援下，於莊嚴的耶穌誕辰

㉔ 朱雙雲:《新劇史・春秋》。

之日由教師和學生共同運動演出戲劇，這對中國社會，特別是教育界來說，影響是很大的。「學校中這樣公然提倡學生演劇，在當時很頑固的社會裏，真是驚人的創舉。」㉕這一方面使人們認識到演劇並非下賤之事，而是進行社會教育，培養學生情操，練習講演能力的絕佳工具；另一方面演劇也能使學生獲得對於西洋藝術形式的感性認識。於是庚子年南洋公學及民立中學聞風而起，編演時事新劇《六君子》、《經國美談》、《義和團》三個戲。而南洋中學（當時名為育材學堂）演出了《張文祥刺馬》、《英兵擄去葉名琛》、《張廷標被難》、《監生一班》四齣戲。1905年汪優游兄弟組織文友會，演出了《捉拿安德海》、《江西教案》兩齣戲。1906年春，滬學會、群學會也組織演劇。隨後明德中學、南市商學堂、青年會、開明演劇會、益友會紛紛演出新劇。學生演劇在滬上一時蔚然成風，據朱雙雲《新劇史》記載，1899–1904年，上海、廣州、蘇州等地的教會大學，還上演過一些莎士比亞和莫里哀等人的作品。

其次為早期戲劇創作培養了人才。聖約翰書院和徐匯公學的大部分學生是中國人，兩校的演劇活動，客觀上為早期話劇儲備了人才。早期話劇創史人之一的汪優游，也正是從學生演劇逐步走向戲劇生涯的。其他諸如朱雙雲、許黑珍等人均是如此。

從早期學生演劇的劇作內容來看，均體現了反清愛國的革命色彩，娛樂性、傳奇性與政治性已緊密地集合起來，這與自娛性的西方聖誕演劇有了很大的差別，可見青年學生中早已醞釀著一股干預時事的激情，而新劇恰逢其時，很自然地成為一種表達公眾情緒的手段。

這裏值得細說的是A.D.C.劇團。這個劇團大約是1866年前後開始組織起來的，由於表演者與觀賞者均為英美僑民，所以使用的是英語。

㉕ 徐半梅：《話劇創始期回憶錄》，第7頁。

中國學生前去觀看者不乏其人。徐半梅回憶當時情形時寫道：

> 他們每年必定演劇三四次，每次演期，大概總是三天光景，全是夜場。而這個A.D.C劇團演劇，總是在蘭心演的。A.D.C.與蘭心，有很密切的關係。A.D.C.每次演劇的戲單上，總把歷年來演過的戲名，一一附印著，而且還有開演時期。在四十幾年前，我看那戲單時，已曉得它有四五十次的演出歷史了。所演的也都是世界有名的劇本，當然有相當成績。㉖

徐半梅認為A.D.C.這樣的外國劇團對中國劇壇的影響是很小的，這只是從內容上講的，其實很多新劇創始人對於話劇演劇形式的感性認識則是始於這種劇團。所以陶報癖對A.D.C.劇團的演出非常欽佩。他回憶道：「昔記者作客申江，英友格弗蘭君，嘗介紹至其俱樂部，參觀新劇，演喜劇則令人拊掌失笑，演悲劇則令人掩面啜泣，演壯劇則令人眉飛色舞。不啻神遊其境，親握其人，其感化刺激之魔力有如此者。」㉗陶報癖很明確地談到了看A.D.C.劇團演出所得到的關於悲劇、喜劇、壯劇的感性認識。應當說外僑演劇客觀上是產生了一定的影響的。

但A.D.C.劇團對中國通俗劇的影響此時也已種下某種基因。A.D.C.劇團是歐洲近代社會土壤中孕育，而在中國生長的，背景仍然是歐洲社會文化。近代歐洲資本主義向壟斷階段發展，大量的社會財富向貴族、資本家集中，大量的不義之財使貴族和資本家過著養尊處優、驕奢淫逸、遊手好閒的寄生生活。他們當中的男男女女，為了追求享樂而把大量的時間消磨在無休止的聚會、求婚、傳播醜聞上。除此之外，

㉖ 同㉕，第4頁。

㉗ 陶報癖：〈餘之新劇觀〉，《繁華雜誌》第4期，1914年。

他們還要求夜晚到劇院去尋求娛樂。在這種「供求」關係槓桿的支配下,便出現了一批專為滿足英國上流社會消遣娛樂需要的劇院和劇目。英國學者休・亨特曾對此作過較為詳盡的描述:「中產階級財富日增,閒暇日多,這使戲劇觀眾的組成成分和態度發生了變化,也使戲劇娛樂組織發生了重大的改變。到劇院去看戲變成了一種迷人的社交活動,如同到教堂去做禮拜一樣。人們很講究衣冠,劇場正廂前排的觀眾和花樓包廂裏的觀眾必須穿正式晚禮服。到劇場去看戲成了舉辦家庭晚會和聯歡會的一種方式。」在富人聚居地的倫敦西區,除了原有劇場外,還建造了25座新劇場,「為了滿足這種有教養的觀眾的需要,建造了不少新劇場,也改建了不少老劇場……新建的劇場和改建過的老劇場足以證明觀眾更加要求舒適和禮貌」[28]。

倫敦西區劇院上演的劇目大都是描寫中產階級日常生活的「佳構劇」(即情節劇、通俗劇)[29],舞臺上的場景常常為中產階級家庭的豪華客廳,所以也有稱之為「客廳劇」、「家庭劇」。19世紀末,英國的劇場基本上被「娛樂觀」所統治。當時的劇作家們寫的大多是笑劇、喜劇、情節劇、佳構劇,其共同的特點是刻意追求情節的離奇巧妙、曲折多變,而且大都運用計謀、誤會、喬裝、巧合、意外發現和逆轉等手法來製造懸念和情節的轉折。劇中的主人公大多是帝王將相、才子佳人或中產階級的上層人物,題材多是愛情婚姻之類的糾葛或具有異國情調的冒險故事。劇終時或揭開謎底,或澄清誤會,或使壞人受懲、好人得勝,或有情人終成眷屬,總之基本不觸及社會問題,只是以娛樂觀眾為目的。如倫敦西區被尊稱為「英國第一流劇院」的「蘭心劇

---

[28] 休・亨特:《近代英國戲劇》,北京:中國戲劇出版社,1987年版。

[29] 李醒:《二十世紀的英國戲劇》,北京:文化藝術出版社,1994年版,第58頁。

院」(Lyceum Theater)便有一整套劇目，其中有情節劇和佈景優美的浪漫詩劇，還有經過細心準備重新上演的莎士比亞的戲。當時在倫敦最賣座、最賺錢的兩部戲是情節劇《鐘聲》和《里昂來信》，這些情節劇多在追求佈景的豪華、服裝的華麗、風格的優美上下工夫，以滿足人們感官上的愉悅。

作為中國近代早期旅滬的英美人，他們也試圖在中國的上海恢復他們在倫敦時的娛樂形式，於是也就有了同樣名稱的「蘭心劇院」，演劇體制照搬倫敦劇場的，不過其「佈景的逼真」也確實讓徐半梅、陶報癖等中國戲劇初創者歎為觀止了。而從所演的劇目來看，開埠後上海英僑創辦最早的「新劇院」上演的劇目有《勢均力敵》(Diamond Cut Diamond)和《梁上君子》(Roofscrambler)、《愛情、法律和瀉藥》(Love, Law and Physic)、《合法繼承》(Heritage Law)、《樓梯下的高等生活》(High Life Below Stairs)、《筋疲力竭》(Used up)等等，均是典型的情節劇。上海觀眾把當時看到的「西劇」分為兩種，「一演各種故事，一演各種幻術」[30]。其實上海觀眾所直接感受到的正是西方通俗劇的一個普遍特徵。西方情節劇的娛樂性是給當時的上海觀眾留下深刻的印象。

第四節　日本新派劇：中國新劇的早期範本

——以社會思想變革和現實功利目的為內因

清末學生演劇在國內開展起來的同時，在日本的中國留學生的演劇活動也開始活躍起來。由於日本對西方文化的學習較為開放和全面，日本戲劇界學習接受西方戲劇也較為徹底，這使得中國留學生能更深

[30] 胡祥翰：《上海小志》卷七，上海：上海傳經堂書店，1930年版。

入細緻地瞭解西方戲劇，從而提高了學生演劇的水準。

在上海學生演劇活動中湧現的滬學會新劇部，其主持人為李息霜（叔同）。他曾編撰出版了新劇《文野婚姻》，並由新劇部演出。1906年，他東渡日本，就學於東京美術學校。他一到日本，就與同學曾孝谷等共同發起了一個中國留日學生的綜合性的文藝團體——春柳社。由於條件的局限，春柳社創辦之初，只設立了演藝部，在留學生中開展演劇活動。

春柳社成立之日，正是日本新派劇興盛之時。明治維新時代，日本戲劇界吸收西方近代演劇的形式，對傳統的歌舞伎加以改造，創造了新派劇。新派劇保存了歌舞伎的一些特點，如女優和旦角並存，常有大段的武打場面，但劇目已具有時事性，還改編移植了一批西方戲劇。1891年，新派劇傳入東京，在中日甲午戰爭中，為了鼓動民族情緒，編演了許多新劇目，發展迅猛，成立了職業劇團，出現了伊井蓉峰、河合武雄、藤澤淺二郎等名角。此時，中國的留學生正一批又一批地來到東京。他們常去看新派劇，學習語言，瞭解日本社會。有的與日本戲劇家結下了深厚的友誼，春柳社後期活動的領導人陸鏡若與藤澤淺二郎交往甚篤，這位日本藝人對春柳社的活動有過直接的影響。同時，春柳社的許多成員皆通西文，可以直接閱讀、學習西方戲劇。

1907年，《北新雜誌》第30卷全文刊載了〈春柳社演藝部專章〉，明確提出向歐美戲劇和日本新派劇學習的宗旨：「演藝之大別有二：曰新派演藝（以言語動作感人為主，即今歐美所流行者）；曰舊派演藝（如吾國之崑曲、二黃、秦腔、雜調皆是）。本社以研究新派為主。」[31]那麼，是什麼促使當時中國知識分子青睞日本新派劇的呢？

新派劇肇始於角藤定憲倡導的「壯士劇」（壯士芝居）和川上音二

---

[31] 阿英編：《晚清文學叢鈔・小說戲曲研究卷》。

郎所發起的「書生劇」（書生芝居）。而所謂「壯士」、「書生」，原本是一些政治熱情高漲的青年，他們採用演說、著文以及「落語」、「和歌」等形式，宣傳自己的自由民權思想，戲劇是他們經常使用的有力武器。1888年，角藤定憲與一部分自由黨「壯士」在大阪組織了「大日本壯士演劇會」，不久，川上音二郎又打出了「書生劇」的招牌，他們演劇採取的是日本傳統歌舞會形式，但以宣傳鼓動為主要目標，劇中加入大量宣傳性演說，內容與歌舞會完全不同，新派劇反映的都是當時最迫切的政治問題。受西方戲劇影響，其藝術規範也有所突破，由於與現實生活結合密切，所以在社會上引起強烈反響。以後繼起的一些演劇團體，按照這一方向發展，逐漸形成了有別於傳統歌舞會的表現方式和風格，所謂新派劇，就是這樣發展起來的，而移植於西方的話劇在日本叫新劇，與新派劇不同。一般認為，日本新劇運動正式興起於1909年。春柳派誕生之時正是日本新派劇全盛，新劇醞釀和萌芽的交替時期，因此在變革動機、觀念意識、藝術規範上，都受日本新派劇影響。

陳獨秀在他的《論戲曲》中倡導「採用西法」，而他所看中的是「戲中有演說」，這是日本新派劇的做法，因此，「西法」實際上是「東法」。當時有人曾對日本新派劇產生過這樣的觀感：

> 觀其所演之劇無非追繪維新初年情事。是時國中壯士，憤將軍之專橫，悲國家之微弱，鎖國守陋，外人交侵，士氣不振，軟弱如婦人女子，乃悲歌慷慨，欲捐軀流血以挽之，腰折白布巾，橫插雙劍，一以殺人，一以殺己，遍走諸侯王，說以大義……日本人且看且淚下，且握透爪……莫不曰我輩得有今日，皆先輩烈士為國犧牲之賜……32

與其說這是對日本戲劇情形的描繪，不如說是對中國戲劇變革的呼喚，從中也透露了「壯士芝居」的面影。最早演話劇《茶花女》的李叔同在演出之後賦詩一首：「東鄰有女背佝僂，西鄰有女猶含羞。蟪蛄寧識春與秋，金蓮鞋子玉搔頭。誓度眾生成佛果，為現歌合說法身。夢旃不絕吾道孤，中原滾地皆胡塵。」㉝借戲劇舞臺，興行「教化」之職，成為蘊積在戲劇變革者胸中的一股浩然壯氣，它既與傳統文化的感時憂國精神相貫，又與「壯士芝居」的氣概遙相呼應。

中國留日學生除演出了《茶花女》外，還演出了《黑奴籲天錄》、《熱淚》、《金色夜叉》等劇目，這些劇目具有強烈的民族意識，它與彌漫在中國留學界的反滿革命思想產生了共鳴。在政治上產生了積極的效果。這些劇作的搬演，一招一式甚至連舞臺情緒氣氛的營造都與「壯士芝居」極為相像。

眾所周知，西方「話劇」雖然有強烈的現實批判精神，但藝術規範謹嚴，一般沒有直接的行動性，特別是早期話劇時期介紹進來的浪漫派戲劇，藝術氛圍相當濃厚，有較強的「唯美主義」色彩。日本新派劇與此有所不同，在它的自身發展過程中，無論是在劇本創作、劇場藝術，或是表演藝術等方面，都越來越接近現實主義的創作方法和表演藝術。但是，日本新派劇也有一個發展過程，它的初始形態和成熟期的風貌還有不小的差別。隨著新派藝術的發展，鼓動它發展的那些「壯士」精神和情感，已逐漸消弭和內化為演員的藝術個性，戲劇規範和技巧的研究越來越佔據重要位置。春柳社模仿的是它成熟階段的產物，歐陽予倩說，他們有些「藝術至上主義」㉞，可是他們的戲

㉜　〈觀戲記〉，阿英編：《晚清文學叢鈔・小說戲曲研究卷》。

㉝　〈春柳社演藝部專章〉，《北新雜誌》第30卷。

在日本很受歡迎，影響很大，在國內卻一直處於「曲高和寡」的境地。

其實，日本新派劇，特別是「壯士劇」，對中國戲劇影響最大的戲劇團體，不是有思想藝術追求的春柳社，而是直接行動性強的進化團。

任天知在日本就曾有心從事戲劇活動，回國後他組織進化團時，先稱「進行團」，後因字眼對當局有刺激性，遂改名為進化團。他們在長江一帶各碼頭演出，所到之處，往往插上一面大旗，大書「天知派新劇」字樣，用「壯士芝居」化妝講演的方式，演出《黃金赤血》、《共和萬歲》、《黃鶴樓》、《東亞風雲》等宣傳社會革命和反映現實問題的劇目，並因此在新劇中創立了「言論派老生」這樣的角色，自立一派。辛亥革命時期早期話劇的第一次勃興，多少與「天知派」的崛起有關。曾是進化團成員的陳大悲說：「當那真專制絕命假共和開始之時，投身新劇界的人，大半是冒了『大不韙』」的，當時所演的戲，「幾乎沒有一齣不是罵腐敗官吏的，甚麼娶姨太太咧，吸鴉片煙咧，怕手槍炸彈咧，哪一件不是一拳打到老爺心坎中去的？所以民國元年以前，社會對新劇的心理中，終有『革命黨』三個字的色彩在裏面。」㉟參加新劇活動的人，也確有相當數量是懷著革命激情而投身於新劇運動的。「上海攻打南昌廟製造局的一夜」，王鐘聲到後臺「借了一身軍裝，一把指揮刀，就此打扮起來，投筆從戎了」㊱。後因在天津鼓動革命事洩被害。進化團的副團長錢逢辛，在黃浦江上巡夜，不幸中彈身亡，許多進化團的成員也都在辛亥革命運動中犧牲了。說他們是中國革命的「壯士」、「新劇界的英雄」，想必也不過分。進化團成員的人生歷程與日本新派劇的「壯士」行為何其相似乃爾！

㉞ 歐陽予倩：〈回憶春柳〉，《中國話劇運動五十年史料集》第1輯，第41頁。

㉟ 陳大悲：〈十年來中國新劇之經過〉，《晨報》副刊，1919年11月15日。

㊱ 徐半梅：《話劇創始期回憶錄》，第43頁。

「壯士劇在日本戲劇史上第一次把藝術和當時的政治活動直接聯繫起來……是一次新的創舉，也是……壯士劇的光榮一頁。」[37]歐陽予倩在評價「天知派新劇」時也說：「若論對當時政治問題的宣傳，對腐敗官僚的諷刺，對社會不良制度的暴露，還有對於擴大新劇運動，擴大新劇對社會的影響……進化團採用野戰式的作法，收效是比較大。」[38]誠然，無論是日本的「壯士芝居」，還是中國的「天知派新劇」，藝術造詣都不高，但又都為各自的戲劇變革打開了進一步發展的通道。由於有「壯士」的氣概和獻身精神，早期話劇的嚴肅追求者們在社會上提高了自己的聲譽，這使他們的自我意識與傳統戲劇從業人員有所不同，「無論遭遇什麼不好，從不肯自命為淪落以顯其頹廢的美。就是走江湖跑碼頭演戲，也不覺得是流浪」，因為他們「擔負的悲哀或者……有甚於天涯淪落」[39]。以「天知派」為代表的早期話劇仁人志士，繼承了近代戲劇變革的社會責任感，從「壯士芝居」中受到啟示和鼓舞，以「非戲劇」的意識，切入和衝擊了傳統戲劇觀的斷垣殘壁。雖然「滿口灑血」的化妝演說，宣傳活報劇式的「新劇」，在辛亥革命高潮過後很快就失去了觀眾，但它卻為中國話劇的進一步完善和發展，提供了一個新的起點。隨之而來的「家庭戲」興盛，某種程度上總結了「言論派老生」做法的教訓，把過於偏重政治目的追求的傾向，多少有意識地引向了話劇藝術的研磨，這裏便有「天知派」的經驗在起作用。據此，我們肯定「天知派」的演出熱情，肯定「壯士劇」對中國新劇的積極影響，但不容否認的是自此開始了話劇與政治緊密結合的先河，

---

[37] 王愛民、崔亞南：《日本戲劇概要》，北京：中國戲劇出版社，1982年版，第93頁。

[38] 歐陽予倩：《自我演戲以來》，上海：神州國光社，1939年版。

[39] 同[38]，第76–77頁。

「五四」以後的話劇走向即證明了這一點。「天知派」後來演出的處處碰壁，正是其不走大眾化道路的結果。

如果中國話劇的起步，能與日本新派劇這一重要外來參照模式取同步姿態，似乎在跨越某種初始階段形態的可能性，然而「影響」沒有選擇簡便的捷徑，春柳社「想演正式的悲劇、正式的喜劇」的路子，並沒有行得通[40]，倒是進化團式的翻了日本新派劇的老套數，才打開了一個新局面，這能給我們什麼啟示呢?「天知派新劇」藝術得失，早有定評，無需贅述，現在需要我們思考的是，早期話劇的典型形態是不是還有某種必然性呢？不可否認，日本新派劇的形態和發展道路給了早期中國話劇以莫大啟示，但是決定這種啟示的具體物件和發生影響的具體因素，卻來自於中國戲劇變革的自主選擇。文學藝術的發展有其內在規律，受時代意識中心制約，與時代情趣相同步，也是其內在規律的一種。一個社會一個民族面臨的最大實際社會問題，往往也是其藝術美感傾向和審美情趣的集中點。

早期中國話劇發展，首先從社會思想意識和現實功利目的追求入手，然後帶來了藝術形式的一系列變革。中日近代戲劇變革的錯位同構現象，是歷史發展規律起作用的結果。從戲曲改良開始，中國戲劇變革追求的目標便是寫實:「寫實」這一用語正來自日本。中國人理解這一用語時，把它看成了是與傳統中國戲劇有別的國外近代劇的共同特質，在看慣了傳統中國戲曲的人眼裏，真正意義上的西方近代現實主義「話劇」是寫實的，與中國傳統戲劇的「寫意」相比，有著很大的不同。日本新派劇也是寫實的。這一方面是因為日本新派劇是在寫實的號召下發生的，並有朝向現實主義邁進的趨勢；另一方面也是因

[40] 歐陽予倩:〈回憶春柳〉,《中國近代文學論文集》(1949–1979)(戲劇、民間文學卷)。

為，它的表現形態原來就與中國有別。如上所述，日本新派劇是在歐美文化影響下，對傳統歌舞會進行改造而成的一種戲劇樣式。日本歌舞伎與傳統中國戲曲有很多相似之處，如分行當，表現手法的虛擬化、程式化等；但又有許多與傳統中國戲曲不同之處，演員在舞臺上只有對白和形體動作，歌唱由合唱隊擔任，舞臺佈景也很講究。新派劇借用了它的一些表現手法，戲劇題材直接觸及現實，佈景、服裝、道具進一步趨於「寫實」，表現形式也增加了西方近代劇的因素，如在舞臺上出現槍炮煙火效果等。「中國的留學生們，一向只看慣皮黃戲劇，現在時常看了他們的演藝，覺得處處描寫吾人的現實生活，而且還有我們從未見過的佈景燈光襯托著，自然格外動人。那些看好戲劇的留學生們，不免技癢，頗有人躍躍欲試了。」㊶當日本新派劇團演出《無名氏》時，「審問黨人臺上佈置，悉仿歐洲古代建築，各角色扮妝極慘澹經營之致」，演出依田學海的《政黨美談淑女操》等劇時，幕布一打開，就聽到後臺的效果：汽車喇叭聲、鐘聲擺動聲、報童叫賣聲，幕間使用洋樂器演奏樂曲等等，令中國人讚歎不已。《娛閑錄》專門登了一幅照片，「願有心人為參之也」㊷。新派劇的舞臺追求顯然是受當時歐美現實主義戲劇的影響，斯坦尼體系下戲劇舞臺要求要創造逼真的「生活幻覺」，這種「生活幻覺」易引起觀眾的共鳴。顯然，中國人把它當作話劇的楷模來追求了。這種摹倣和影響物件的誤解，對我們瞭解早期中國話劇形態的若干特性是有幫助的。

中國新劇的早期實踐者們對新派劇的歌舞的認識也存在許多誤解。每場戲必加歌舞內容。例如在《黑奴籲天錄》的演出中，就有一個跳舞唱歌的場面，其實這與劇情的關係並不大，加入這樣一場戲，

㊶ 徐半梅：《話劇創始期回憶錄》，第12頁。

㊷ 衷：〈本期新舊派演劇照片說明〉，載《娛閑錄》第9期。

潛意識中所要求汲取的便是歌舞的表現性，這樣做也確實收到了一些效果，但從話劇形態和藝術規範的掌握看，卻並不足取。他們之所以這樣做，固然與當時人們對中國戲劇變革的道路認識相關，可又與日本新派劇的模式啟示來源有聯繫。日本新派劇演員仍很注重「舞蹈」、「打鬥」等的訓練，早稻田《文藝協會演劇研究所規定》第四條對此便有明文規定。早期中國話劇演員也不無目的地學唱傳統戲曲，這樣當他們有了相當的舊戲修養之後，在新劇中偶爾插唱一段「皮簧」就不足為怪了。如果說這些是在國內「文明戲」走下坡路時才顯露出來的傾向，還可另當別論；然而「模仿青衣」，「端坐操琴」，「學唱皮簧」，「舞蹈唱歌」，都是春柳社在日本演話劇時就出現的，而且他們的演出有時有日本新派名優做指導。因此對早期中國話劇的過渡性質就不能僅從自身找原因，日本新派劇的模式啟示，對它典型形態的形成起了莫大的促進和催化作用。顯然，對非劇情成分與戲劇整體美學效果之間的關係，新劇實踐者並不十分清楚。

日本新派劇演員，其表演與中國舊戲演員相類似，一舉一動都有規矩可循，當然與近代西方現實主義表演體系的要求有相當距離。注重對角色的體驗，特別是女性角色常由男性演員擔任，新派劇的男性演員對女性的模仿是極認真極下功夫的。這一點也對歐陽予倩、李息霜產生了很大的影響，有美髯公之稱的李息霜為演《茶花女》中的女主角，竟剃去髫鬚，自製幾套漂亮的女西裝，刻意地模仿，達到惟妙惟肖的地步。早期中國話劇受日本新派劇的薰染，有些人又帶有濃重的傳統意識觀念拜師學藝，這樣就不自覺地認同了新派劇的某些藝術技巧。「演《不如歸》之山本兵造，必禿頂，而《猛回頭》之金剛必赫面」，原因是「坪內逍遙所傳如是，既他人演之亦如是」[43]。有些演員

[43] 馬二：〈評戲雜說〉，《鞠部叢刊》，上海：上海交通圖書館，1918年版。

喜歡哪一新派劇演員便有意摹倣和學習，陸鏡若「多少有伊井蓉峰的派頭」，歐陽予倩喜歡河合武雄「所演的那路角色」㊹，馬絳士受喜多村綠郎的影響不小㊺，劉藝舟「模仿」日本某名演員㊻等等。所以當他們登臺演劇時，「往往不知不覺在節奏和格調方面或多或少流露出日本新派演員的味道」㊼。當時曾有人把話劇的表演分出許多派，每派都有一定的體貌特徵和行為規範，如「低頭下氣，足進趑趄，口言囁嚅，是為寒酸派」㊽。傳統中國戲劇也分行當，每一行當也有大致的行為規範，早期話劇在「派別」劃分和類型意識上，與其有千絲萬縷的聯繫，但僅從這一角度來考慮，也不能完全解釋這一現象。當時已有人明確指出，「類型化」為舊劇一大特徵，演新劇則不能用此法，人物的行為舉止怎樣才能切合劇情，「全由學者暗中摸索」，靠循規蹈矩「磨煉」不出新劇家㊾。耐人尋味的是，提出這一觀點，呼喚「一種新劇專門學出現」的，並不是得風氣之先的所謂新劇中的「洋派」，而是土生土長的新劇從業者。這使我們不得不考慮，是不是由於對日本新派劇的傾向和摹倣，反倒阻遏了「洋派」的思維觸角？在對春柳社早期作品的掃描中不難發現，留日學生亦步亦趨地模仿新派劇，使春柳社的劇作缺乏形式與內容的創新。而回到本土的春柳劇場則有很大的改觀，至少是日本新派劇演員訓練方法和藝術表現的某種西方化和

㊹ 歐陽予倩：《自我演戲以來》，第29–30頁。

㊺ 歐陽予倩：〈回憶春柳〉，《中國話劇運動五十年史料集》第1輯，第42頁。

㊻ 梅蘭芳：〈戲劇界參加辛亥革命的幾件事〉，載《戲劇報》，1961年第17、18期。

㊼ 同㊺，第39頁。

㊽ 朱雙雲：《新劇史・派別》。

㊾ 仲賢：〈新舊劇之異點〉，《新劇史・雜俎》。

模式化傾向，與傳統中國戲劇的某些特點相契合。在傳統與外來因素的雙重制約下，產生了早期中國話劇的特殊形態。

日本新派劇全盛時期，有一支專門的作者群，他們大都從日本民族生活中取材，寫一些「義理」和「人情」的家庭悲劇。這些作品的悲劇性與歌舞會的道德標準沒有什麼更大的出入，只不過是時代風尚不同而已；然而卻非常受大眾歡迎，新派劇也以此立定了腳跟，形成自己的傳統題材領域和風格[50]。日本新派劇受西方戲劇很大影響，本質上卻是日本民族文化的結晶，其代表性作品表達了日本人特有的思想情感傾向，具有濃重的傳統風格情調。這些特殊的思想情感傾向和風格情調一度也成為中國早期話劇的表現內容。特別是其「社會劇」、「家庭劇」，幾乎成了早期中國話劇的定型模式。

《不如歸》可能是對早期中國話劇影響最深遠的日本劇作[51]，徐半梅的《母》也能看出受日本新派劇影響的影子。除此之外，佐藤紅綠的《潮》（譯名《猛回頭》）、《雲之響》（譯名《社會鐘》）也是翻譯較早、很有影響的作品。貧苦農民石山老漢為了給孩子充飢，偷了人家一瓶牛奶，自己囚死獄中，他的三個孩子也因此遭受別人的冷眼，最後逼得石大走投無路只好殺死弟妹，自己也撞死在大鐘下面，這是《社會鐘》所寫的故事。《猛回頭》與此稍有不同，它的主人公是一個被迫當了強盜的哥哥，最後被妹妹殺死，和《社會鐘》一樣，「劇中人的一些想法和處理問題的方式方法是日本式的」[52]。偷一瓶牛奶，固

[50] 田本相主編：《中國現代比較戲劇史》，北京：文化藝術出版社，1993年版，第60頁。

[51] 袁國興：〈《不如歸》與早期中國話劇的「家庭戲」〉，載《戲劇》，1991年第2期。

[52] 歐陽予倩：〈回憶春柳〉，《中國話劇運動五十年史料集》第1輯，第39頁。

然要受到一般社會倫理觀念的責難，但不一定逼得人家破人亡。這種過於殘酷的「懲罰」，主要不是來自於社會的法律條文，而是人們的習俗和道德約束，它不是無節制的想像和誇張，也不是刻意追求「小事件」中的微言大義，悲劇的形成與日本民族對世界的獨特感受方式和心理承受能力有一定聯繫。比文化研究的成果向我們表明，日本是比世界上任何其他民族都更加注重自我在社會中印象的民族，他們行為謹慎，偏於內向，「恥辱感」在日本人的文化心理中佔據舉足輕重的位置。這樣我們才能理解社會輿論對「一瓶牛奶罪」的懲罰何以如此嚴酷，才能理解由此給主人公帶來的嚴重後果和不堪忍受的心理壓力。與此相聯繫，日本人把名譽看得比生命還重要，「根據他們的信條，自殺若以適當的方法施行，就能洗清自己的汙名，恢復名譽」，在日本人的社會觀念中，「自殺是有著明確目的的高尚行為。在某種場合，為了履行對名譽的『義理』，自殺是理應採取的最高尚的行為方針」。另外，作為島民，日本人活動的天地不大，且長期受海洋自然災害的影響，因此，日本人與生俱來就有一種悲劇感，他們的命運感是與悲劇感扭結在一起的。與這種觀念相符，日本的「小說與戲劇以皆大歡喜為結局是很少見的……日本的一般觀眾熱淚盈眶地看男主人公因命運的變化而走向悲慘的結局，可愛的女主人公因運氣的逆轉而被殺，這樣的情節是晚間娛樂的高潮，這正是人們到劇院去想看的東西。」[53]對人生無常的反覆咀嚼，好像是日本民族的一種偏嗜，其悲劇性深藏在人們的潛意識之中，《猛回頭》、《社會鐘》之類的悲劇，除了不同社會所共有的一般含義而外，日本民族的獨特情感的心理內涵也有較典型的顯示。

在新派劇的示範下，早期中國話劇出現了一些與傳統民族文化精神有所不同，充滿悲劇情調和以自殺的不幸結局為母題的作品。「春柳

[53] 本尼迪克特：《菊花與刀》，浙江：浙江人民出版社，1987年版，第134–163頁。

劇場」所演的「六七個主要的戲全是悲劇，就是以後臨時湊的戲當中，也多半是以悲慘的結局終場——主角被殺或者自殺。」㊿《苦鴛鴦》寫妻子為夫報仇後自殺，《離恨天》中主要人物均被害或自殺。《青年》寫一個少年，找到殺父兇手，手刃暴徒，爾後自殺身亡。這樣一些作品的出現，與西方浪漫派戲劇的介紹有一定關係，但就一般的戲劇情境和場面來看，與日本新派劇情調的聯繫更為緊密。有些作品的結局，用中國人的眼光看，本不需要自殺。像《故鄉》中的鄧憶南，漂流在外10多年，音訊皆無，返回故里後，妻子已與別人組成了新的家庭，雖然他處於非常尷尬的境地，卻也不一定要自殺，然而他還是投海而歿。如果我們認真剖析一下的話，甚至這些作品的「悲慘」結局的方式，也與傳統有所不同，「懸梁自盡」、「投海而死」的大為減少，「手刃」、「投海」、「用手槍」的方式被大量採用，以致有人還曾就此類自殺方式是否真實的問題提出疑義[55]。直到南開新劇團的《一念差》中仍然以「手槍自戕」解決矛盾，這裏足可見出新派劇的「自殺」情結影響之深。

如上所述，日本民族情感的悲劇傾向，來自於他們獨特的文化精神和過於敏感的社會心理，當中國人把此類情調的悲劇搬上中國戲劇舞臺時，無意中便有了開掘自我內心的含義。陸鏡若創作的《家庭恩怨記》有這樣的情節：王伯良的兒子重申被繼母誣陷企圖害父，在無法辯白的情況下，以自殺明心志；臨死時，見父親醉臥花廳中，解下自己的衣服給父親蓋上，淚如雨下。重申的情感有濃厚的東方色彩，符合中國人的倫理規範，但他的最終抉擇並不「理智」，用自殺的方式表白自己，在中國人看來還有可能造成誤解，變得不利於事情真相的

[54] 同[52]，第39頁。

[55] 瘦月：〈新劇中之外國派〉，《新劇雜誌》第1期。

澄清。但是，在作者的悲劇情境選擇中，重申的內心痛苦程度得到了有力的刻畫。戲劇的結構方式和情調，是人的心靈的外顯，沒有真正的內心衝突和矛盾，便不可能有戲劇中的悲劇情感和場面。從這層意義上說，日本格調的悲劇因素出現在中國舞臺上，也使中國人展現心靈的筆觸找到了一個新的視角，找到了表現內心痛苦、內心矛盾的一種方式。與西方浪漫戲劇的介紹相同，日本新派劇使中國新劇家對「死亡」、「悲劇」有了不同於傳統的認識。

然而，對於大多數習慣了傳統中國戲劇衝突模式的中國觀眾來說，「純粹的悲劇」他們並「不大習慣」，讓他們「每次都帶著沈重的心情出戲館，他就不高興再看」。《猛回頭》、《社會鐘》之類在舞臺上出現血淋淋強烈場面的戲，雖然「當時在各處地方上演，也沒聽到過有誰提過意見」[56]，但也很少有像其他劇目那樣出現更多的仿作。中國人的人生悲劇感不如日本人那樣強，他們的欣賞習慣和審美要求也與日本人有所不同，因此像《血蓑衣》這類的作品似乎更受歡迎。陳大悲的《美人劍》，與其在情節上幾乎一模一樣。此劇「係日本初立憲時一記事……中國各劇場所演之《俠女傳》、《俠女鑒》、《都督夢》，各新劇皆本此劇本事，改頭換面而成。」[57]這個劇在早期話劇中風行一時，其妹為兄報仇的「義俠」精神，在傳統通俗文學中屢見不鮮，其因果報應的最終結局，更適合一般中國觀眾的欣賞習慣和心理要求；它的曲折情節，對於對話劇藝術瞭解不多的藝人來說也容易把握，可以取得較好的淺層次戲劇效果，它比那些「純粹的悲劇」更受歡迎，是意料之中的事。日本新派劇中，有許多的傳統意識，中日兩國文化淵源相近，早期中國話劇與新派劇有某種親和力，自不難理解。但是日本民

[56] 歐陽予倩:〈回憶春柳〉，《中國話劇運動五十年史料集》第1輯，第39頁。

[57] 秋風:〈劇史〉，《新劇雜誌》第1期。

族對悲劇情調的喜愛又不是中國人所具有的。在早期中國話劇中，那種「人情」和「義理」的悲劇，那種「心中」（情死）的場面，對中國有一定影響，與西方浪漫派戲劇的介紹一起拓展了早期話劇的創作空間和審美境界。但是當早期話劇發展到鼎盛時期以後，特別是當劇本荒成為很大的問題，人們開始大量地從傳統小說和戲曲中尋找題材和情節的時候，那種世界各民族共有的大眾心理企望，便佔據了絕對優勢。當然也不排除為求充數盲目選擇非本民族的題材和故事。《梅花落》、《新茶花》、《妾斷腸》、《紅妝俠士》等等，既是外來的，又是民族的，或者說是把外來的因素進一步中國市俗化，並有一發不可收之勢；早期話劇也在這時走上了下坡路。

總體來說，早期中國話劇創始期，根據外來劇作改編的戲劇，都有一些新的因素在裏面，寫到家國興亡之感時，也頗引人入勝，例如以滿清宮廷生活為題材的戲等便是這樣。可是一旦走出這個範圍，把筆觸和藝術視野伸展到普通市俗生活中去的時候，便與傳統的戲曲小說情調很相像了。有時戲劇手段也有新意，但內心衝突卻很平淡，人們對「悲劇」感興趣的大多是其廉價的舞臺刺激性，並不能從審美的角度把它當作一種執著的藝術追求。從接受日本新派劇影響的角度看，除了《不如歸》等少數作品外，都不是日本最好的劇作。選擇的尺度和趣味都只能歸因於當時中國的民族意識形態和戲劇欣賞習慣。哪怕借用了一些外來的戲劇手段以造成頗具新意的舞臺藝術效果，如果不能把它與特有的民族情感和意識衝突融為一體，不能從民族的實際生活中挖掘出戲劇性來，那麼也難免會給人游離之感。實事求是地說，這種情形在當時是不可避免的，早期中國話劇以日本新派劇因素的選擇傾向，最終還是透露出了當時中國民族意識與外來情感的某種隔膜。選擇的結果從藝術角度看有些讓人啼笑皆非。

新派劇是西方戲劇觀念與日本舊劇觀念融合的結果。中國新劇家在接受這一戲劇類型影響時，遇到一個形式與內容的磨合適應問題，將日本現成的劇本中適合中國人口味和習慣的加以適當改造不失為一種有效的捷徑，這其中也包含了對中國觀眾審美心理和現實時事的雙重揣摩。那麼到底是什麼因素推動了新派劇向中國式話劇的轉變，是藝術變革還是情感意識？我們不難理解，文學藝術變革的諸方面因素並不總是和諧的，特別是在受到外來影響而產生變革的情形下，勢必首先要從某一特定因素的起動開始，然後才能激發其他相應因素發生嬗變。從這個意義上說，那些一眼就看得出來的明顯「影響」，往往並不是特定歷史條件下的最成功之作，卻可能是最有啟示性和開拓性的部分。早期中國話劇與日本新派劇在情感意識和藝術形態上的接近和疏離，也在這個背景上獲得了自身的價值。遺憾的是，內容與形式上的良好開端並未自始至終地執行下去，在通俗化的控制中滑向了輕浮、草率的邊緣，以致在「甲寅」前後出現了「劇本荒」。

第五節　進化團：新派劇影響的一個典型個案

——中國新劇受外來影響的細部解讀

一、進化團的作品

進化團前後活動近兩年，演出劇目數十個，現有劇名可查考的，知有《血蓑衣》、《東亞風雲》（又名《安重根刺伊藤》）、《新茶花》、《恨海》（一名《情天恨》）、《緣外緣》、《張文祥刺馬》、《尚武鑒》、《血淚碑》、《黃金赤血》、《共和萬歲》、《黃鶴樓》、《新加官》、《薄命花》、《神龍見首》等十多個，從以上劇目看，反映當時政治問題的就差不多佔了一半，其他雖為外國戲和家庭戲，但內容也都結合時事，具有鮮明、尖銳的現實針對性。這正如歐陽予倩所說，進化團的戲「百分之八九十都有它宣傳的目的」。要宣傳革命，就要緊密配合革命的形勢，立場堅定地表明政治主張和態度，故強烈的時代感和鮮明的政治傾向性，是進化團在演出內容方面的一個突出特徵。

最能體現時代感和政治傾向性的，是所謂的「政治時事劇」。進化團直接反映現實政治的劇目，都可歸入政治時事劇之類。像《東亞風雲》，係根據1909年9月朝鮮志士安重根在中國哈爾濱槍擊日本首相伊藤博文的「時事」敷演而成，反映了東亞波瀾壯闊的革命風雲，熱情地歌頌了安重根基於民族義憤捨身為民除害的愛國行為。再如《黃金赤血》、《共和萬歲》、《黃鶴樓》等劇，都是直接反映辛亥革命的「即事」之作。特別是《共和萬歲》，時間上從武昌起義、上海光復，一直寫到南北議和，清帝退位，形象地重演了那一段驚心動魄，可歌可泣的歷史，幾乎展現了整部辛亥革命的歷史畫卷。

文明新戲中的政治時事劇雖然濫觴於王鐘聲春陽社，但以任天知進化團創作最豐、演出最盛，而且作為政治時事劇，其藝術特徵也最明顯。它純粹是根據國內外的重大政治事件敷演成劇，或熱情歌頌，或諷刺揭露，立場堅定，愛憎分明；儘管在某些情節的處理上不排除浪漫主義的手法，但基本上是「按照生活的本來樣式」如實地描寫和反映現實，屬於現實主義戲劇的藝術範疇。不過，進化團的政治時事劇並非完全自己的獨創，而是受了日本早期新派劇這位「老師」的啟發而有所借鑒的。明治中期的壯士劇和書生劇最初就是以一種「政治劇」、「宣傳戲」的面貌出現的，角藤定憲正是出於要「把政治上的事情編寫成劇」[58]的目的，才創造了「壯士芝居」這種戲劇新樣式，故壯士劇和書生劇當時就被稱作「具有政治內容的世相劇」[59]。像《板垣君遭難實記》、《大井憲太郎國事顛末》、《島田一郎梅雨日記》、《監獄寫真鏡》等等，都是當時著名的政治時事劇。尤其是《板垣君遭難實記》，描寫著名的自由黨總理板垣退助遇刺的「岐阜事件」，相當於形象的新聞報導，轟動一時。再如川上音二郎在中日甲午戰爭期間演出的所謂「日清戰爭劇」《川上音二郎戰地見聞日記》等，雖然思想內容上屈從於天皇政府的對外擴張政策，有著歌頌侵略戰爭的反動成分，但形式上可以說就是「時事活報劇」。當時是川上音二郎帶著劇團到朝鮮等地作「戰地視察」，根據見聞編排成劇，故名「戰地見聞日記」，連名字都不像一個劇名，而像新聞報導。這種用「速寫」的方法迅速反映時事的「活報」方式，也被進化團借鑒了過來，創作出了像《共和萬歲》這樣的「時事活報劇」。可以說，後來在中國抗日戰爭和解放戰爭年代廣為流行的所謂「活報劇」，就濫觴於任天知進化團。

進化團終其活動只演過兩個日本戲，一是從日本新派劇劇目編譯的《血蓑衣》，一是據日本小說《鬼士官》改編的《尚武鑒》。前者是進化團剛創立時在南京升平戲園的首演劇目，觀眾「趨之若鶩」；後者曾於1912年4月在上海新新舞臺演出，當時「演未及半，時促而止，四座大嘩」[60]。雖然各有客觀原因，但也可見兩劇的影響很不一樣，現只談談新派劇劇目《血蓑衣》，因為它是進化團第一炮打響的戲，後又成為進化團的保留劇目，在文明新戲時代產生過一定的影響，而《尚武鑒》則並未在劇史上留下痕跡。

《血蓑衣》原是日本作家村井弦齋的著名小說，又名《血之淚》，

---

[58] 伊原敏郎：《明治演劇史》，早稻田大學出版社，昭和八年版，第649頁。

[59] 河竹繁俊：《日本演劇全史》，岩波書店，昭和五十四年版，第992頁。

[60] 朱雙雲：《新劇史・春秋》，第2–20頁。

明治二十九年（1896年）一月由東京春陽堂刊行於世。日本著名新派劇演員藤澤淺二郎、佐藤歲三等曾搬演過，從而《血蓑衣》成為新派劇的著名劇目。1909 年4月，陸鏡若、吳我尊、馬絳士等也在東京演過此劇，完全是按照藤澤、佐藤的路子演出的。不過，進化團的《血蓑衣》與春柳社的《血蓑衣》雖然劇名相同，故事情節也大致相仿，但不是同一個臺本。春柳社的《血蓑衣》，據當時日本報界的報導，知為英國故事劇，用的也是英國人名。進化團的《血蓑衣》，則據夏秋風「劇史」所述，乃「日本初立憲時之一記事悲劇」，舞臺已從英國移到了明治維新時期的日本。我們知道，光緒三十一年（1906年）六月，上海商務印書館曾發行一部題為「村井弦齋著、商務印書館編譯所譯述」的「義俠小說」《血蓑衣》，則進化團的《血蓑衣》據此小說改編無疑。之所以出現《血蓑衣》有春柳社所據的英國故事劇和進化團所演的日本故事劇兩種版本這一情況，很可能是村井弦齋先後出版過兩種《血蓑衣》小說，一是從英國小說翻譯的，保留原貌；一是在前者的基礎上改寫的日本故事。藤澤淺二郎劇團和春柳社所據的為前者，進化團所據的則是後者。

由藤澤淺二朗編劇，進化團上演的《血蓑衣》的劇情大意為：反對維新的長崎太守髭野太郎因競選國會議員失敗，憤殺當選的維新志士嗚野魁。嗚野魁之妹嗚野蓮為兄復仇，披蓑戴笠，月夜邀髭野至郊外而殺之。適遇一投親之女子名星月蓮者，二人說話間，星月蓮忽中飛彈而仆，嗚野蓮誤以為已死，取其懷中書信冒名投星月蓮之伯男爵邸。男爵不知其偽，待之如己出。星月蓮遇醫士半井君得救，遂嫁半井，同來爵邸。嗚野蓮身分暴露，恐累及男爵，至法庭自首，被判十年監禁。男爵為之作伐，許配維新志士武田永（嗚野魁的同志），二人約出獄之日結婚。乍看起來，這只是一個妹妹為哥哥報仇的故事，而且還不忘用男女愛情點綴其間。但無論是作為報仇故事，還是愛情描寫，卻不落窠臼。它把重點放在主人公復仇成功之後的遭遇上，故其復仇者行為得到當時維新志士的普遍認同和同情；它肯定的是志同道合的愛情，歌頌的是為著同一個革命目標而獻身、經得起鬥爭考驗的高尚的愛情。由於《血蓑衣》是以日本明治維新時期憲政運動為背景，以維新志士遭到反維新勢力的迫害、扼殺而引出故事情節的，因而從一個側面反映了維新與反維新、進步與保守的鬥爭。聯繫當時已窮途末路的清王朝還在玩弄所謂「頒詔立憲」來對抗革命，就可以想見《血蓑衣》一劇的現實意義，不難理解任天知選演該劇的真實意圖了。

《血蓑衣》不僅在當時引起中國觀眾的強烈共鳴，受到他們的熱烈歡迎，而且還引發了一些仿作的出現。如辛亥革命時期盛演的《俠女傳》、《俠女鑒》、《都督夢》等，無不脫胎於此劇。春柳劇場時期，陸鏡若、張冥飛還據以改編為中國故事劇上演，仍名《血蓑衣》。由此也可見進化團的《血蓑衣》在文明新戲運動史上的地位和影響了。

二、進化團的演劇風格

任天知的進化團，首次在南京升平戲園開演時，就高標「天知派新劇」的旗幟，表明它是自成一派的。這做法本身就是模仿日本新派劇劇團的作風。日本新派劇是演員中心制，往往由一個或幾個大演員出面組織劇團，並且以他們的名字命名。如川上音二郎的劇團稱作「川上座」，伊井蓉峰、佐藤歲三、水野好美三人共同領導的劇團稱「伊佐水劇團」等等。而且，新派劇劇團演出時，喜歡在劇場外面打一面旗子，表明它的派別和口號。如川上音二郎於明治二十四年（1881年）二月在大阪卯日座演出時，就豎起與角藤定憲的「壯士芝居」不同的「書生芝居」的招牌；伊井蓉峰的「濟美館」在首次演出時，也打出

「男女同如改良演劇」的旗號。日本新派劇，往往一個劇團就表明一個派別，故日本戲劇史上常有「角藤派」、「川上派」、「伊井派」之類的稱呼。

那麼，「天知派新劇」有什麼突出的特徵呢？其特徵可以用歐陽予倩的話來概括，即「用化妝演講那樣的方式，反映當時一些政治問題，為革命作宣傳。」[61]即興表演式的化妝演講，正是進化團在演劇風格方面的一大特徵。

進化團是在辛亥革命中誕生的，所以一開始就自覺地以演劇為武器投身民主革命運動，為現實政治運動服務。它雖然也擁有像汪優游、陸鏡若、王幻身、錢逢辛、顧無為、陳大悲等一大批具有表演才能的優秀演員，但配合民主革命的需要，使它無暇顧及諸如如何塑造人物形象、採用藝術表現手段、體現某種戲劇觀念等戲劇基本美學原則，而是採取「直奔主題」的方式，為了直截了當地表達某種意旨，為革命鼓吹吶喊，往往在舞臺上大發議論作長篇講演，即使家庭戲和外國戲，也摻雜著許多這種所謂「化妝演講」的成分。化妝演講往往是即興性的，由演員在臺上臨時發揮，並沒有准詞。如任天知編的《黃金赤血》，第八場中兩次「舞臺提示」中有主人公調梅「上場演說」，劇中卻沒有臺詞。講演的內容，有的與劇情有關，融入劇情；有的則純粹是借題發揮，只是講一些革命道理。任天知可以說是每劇必演說，時不時要來一段慷慨激烈的言辭。他甚至創造出「言論派老生」的角色，專作即興講演，他在當時也贏得了「第一言論老生」的稱號。後來，不僅「言論老生」可以講，其他角色也可以演講了。如在《黃金赤血》中，除主人公調梅擔任「言論老生」外，調梅的妻子、兒女就分別擔任了「言論正旦」、「言論小生」、「言論小旦」的角色，他們在

[61] 歐陽予倩：〈談文明戲〉，《中國話劇運動五十年史料集》第1輯，第54頁。

劇中處處結合時政，時時發表政論性極強的議論。由於辛亥革命「人民正是極願聽指導，極願受訓練的時候，他們走入劇場裏，不只是看戲，並且喜歡多曉得一點新的事實，多聽見一點新的議論」，因而觀眾對化妝式的演講並不反感，而且還相當歡迎。但隨著辛亥革命高潮的過去，群眾的革命熱情也消減了，化妝演講便失去了政治依據和群眾基礎，很快就在舞臺上消失了。

進化團之採取化妝演講的方式宣傳革命，無疑是受到日本早期新派劇影響的結果。日本壯士劇、書生劇的創始人角藤定憲和川上音二郎，最初都不是純粹為了「改良演劇」的目的而從事戲劇活動的。角藤定憲當時是考慮到「即便發表政談演說，孩子、老人聽不懂；而且警察也干涉得厲害，稍稍過激的言論就要被禁止」，才採用了戲劇這種大眾化的形式，用「化妝演講」的方式，來宣傳自由民權思想，為政治鬥爭服務。壯士劇、書生劇最初面世時，演技相當幼稚，帶有即興表演的鬧劇的性質，有時幾乎只靠化妝演講招徠觀眾，並且還不是融入劇情，而是插在兩個短劇演出的中間。在明治二十三年（1890年）川上音二郎在大阪開盛座的一次演出，日本評論界是這樣評述的：「不應該稱之為『演劇』，僅僅是戴假髮，穿戲裝罷了。……在第一部戲和第二部戲之間，川上身穿緋紅色無袖被肩，手持軍扇，上臺演說。……接著唱噢啪凱啪歌，諷刺官吏收賄、婦女敗德之類。無非是唱唱當時大阪流行的歌曲，作作社會性的、政治性的演說而已。」[62]但這次演出立即遭到警視廳的干涉，其化妝演講是吸引了不少觀眾並引起相當大的迴響的。當然，隨著演劇技藝的熟練和提高，化妝演講不再是孤立的了，而是融入劇情中的，如《娼妓存廢論》，整部戲劇都是存娼論者和廢娼論者之間的爭論，充滿政治議論。至於《板垣君遭難實記》，本

[62] 伊原敏郎：《明治演劇史》，早稻田大學出版部，昭和八年版，第654頁。

身寫的就是板垣退助在一次演講會上遇刺的情形，化妝演講更是表現得淋漓盡致。即便到了明治後期新派劇的全盛期，川上音二郎劇團的演出還是保留了不少早期壯士劇、書生劇的風格，即興性表演和演說時常穿插在劇中。春柳社當時正是受了他們的影響，在《黑奴籲天錄》的演出中也穿插了不少「滑稽演說」。任天知在日本多年，對新派劇的演出形式相當熟悉，對川上座的演劇風格當然也很瞭解，於是在國內民主革命浪潮洶湧澎湃的時候，借鑒了日本明治時期民主主義革命運動的產物——壯士劇和書生劇的演劇風格，用化妝演講那樣的方式，為中國民主革命作宣傳，搖旗吶喊，鼓吹生勢。[63]進化團中的新派劇氣息與任天知的追求有直接的關係，這種獨特的新劇風格在辛亥前十分引人注目，也顯得非常熱鬧，故而影響很大。

第六節　外國劇本的翻譯與媒介傳播
——西方話劇範本來源

翻譯介紹外國戲劇作品，是近代劇壇所做的一項重要工作。戲劇作為一種文學體裁樣式來認識也是從近代才開始的。根據田禽在他的《中國戲劇運動》一書中所作的統計，從1908年到1938年，我國出版了翻譯劇本三百八十七種，「五四」以前只有少數幾種，絕大部分是「五四」以後出版的。這是僅從單行本情況來考察的。而許多刊載於各類報刊上的劇本以及未曾公開出版的劇本卻被忽略，事實上「五四」以來翻譯劇本的數量很大，且在當時的戲劇發展過程中產生過很大的影響。

[63] 黃愛華：〈進化團與日本新派劇〉，《南京大學學報》，1994年第3期。

甲午戰爭後，蒙受恥辱的中國人開始尋找興國振邦的良藥。他們從洋務運動失敗的教訓中認識到，僅憑零零碎碎的改良不能解決問題，必須從根本上加以變革，向西方學習。要學西方，就要無限量地、全面地輸入西學。輸入之道，首在翻譯。近代譯述業因此大盛。

辛亥革命以前，劇本作為閱讀的案頭材料，還沒有為當時的人們所接受，這是典型的新生事物。因此，早期的戲劇翻譯家似乎都注意到讀者的習慣和欣賞趣味，儘量使具有陌生感的國外生活內容調適得符合中國讀者、觀眾的口味。

辛亥革命之前劇本翻譯的第一大特徵，是體現在劇本內容、形式的中國化上。這一時期介紹到我國來的比較多的劇作是莎士比亞戲劇。早在1904年11月出版的《大陸報》雜誌第十號有〈英國大戲曲家希哀苦皮阿傳〉發表，有系統地介紹希哀苦皮阿（莎士比亞）創作的《肉券》、《鬼詔》（《哈姆雷特》）、《羅密歐與朱麗葉》等劇，所介紹的這些作品也因其情節曲折、離奇而被翻譯、搬上中國舞臺。這一時期，卓呆（徐半梅）譯的喜劇《遺囑》、悲劇《故鄉》，嘯天生譯的波蘭情劇《多情之英雄》、「俄國奇情新劇」《美人心》、悲劇《殘疾結婚》等，都明顯帶有案頭傾向。文言「意譯」是這類劇本的總體特徵。這也是當時的譯者從當時群眾的接受心理特點所做的一種策略選擇。《遺囑》、《故鄉》、《多情之英雄》、《美人心》等劇都具有很強的可讀性。直譯在當時限於翻譯水準和讀者對劇本樣式的陌生而難於普及。

「案頭」傾向直到「五四」時期才有所改變。第一個正式的戲劇譯本，「不用那種文言的意譯法，並且很早就有人排演過，恐怕要算李石曾、吳稚暉的《夜未央》[64]」。《夜未央》出版於1908年，「當時讀者都以為這是『似小說而非小說，且不如小說好看』的奇書」[65]。

---

[64] 向培良：《中國戲劇概評》，上海：泰東書局，1928年版。

這些「案頭化」的翻譯劇本滿足了一部分讀者休閒的需要，然而，並非所有的翻譯劇本都適合作休閒讀物，例如嘯天生所譯劇本，其內容在意譯過程按照進化團模式作了二次加工，突出作品的革命色彩、劇本帶有主人公的講演。嘯天生在《多情之英雄・前言》中寫道：「戲劇足以轉移社會趨向，為有識者所公認。所以能注重科白神情者為上乘。近來間有行東西洋劇本者，但不於此道三折肱而體會出之者。將蹈畫虎不成之誚。原讀劇本者於字裏行間求其神情，不然者，且劣於舊有之劇本，而失其聲價也。」嘯天生所譯的劇本均有譯者自我的追求在內，他選擇的作品都含有愛國、救國的主題。在《美人心・題記》中他說：「國之將亡，必有其所以亡之原因，國民不愛國而逞私欲為之，大前提也。嗚呼，滅六國者，六國也。山河暗淡，狐鼠縱橫，吾觀是劇而有不解已於懷者。」從案頭讀本的要求來看，內容必須要具有傳奇性，即傳奇性的人物、傳奇性的愛情故事。嘯天生所譯的《無名氏》、《鶯兒》、《美人心》、《殘疾結婚》、《多情之英雄》首開「革命＋愛情」故事模式的先河，這些作品中女性形象特別生動鮮明，《美人心》中的梅麗小姐大義滅親，為國民除掉叛國變節的未婚夫；《多情之英雄》中兒依薩幫助戀人成就救國壯舉；《無名氏》中的慕令女幫助次安兄弟參加革命黨行動，替父洗罪；《鶯兒》中的畫家可聖司之女鶯兒，不畏風險勇救運動學生革命的大學教師勞雷。這些栩栩如生的形象增強了作品的可讀性。其後泣紅譯《愛之花》等也基本選擇上述的故事模式。

卓呆（徐半梅）等人翻譯的作品屬於另一種類型即通俗劇。卓呆所選擇的劇本與他在新劇劇場的實踐的作品格調是相近的，他翻譯的作品大多反映家庭問題。《遺囑》圍繞家庭中關於遺產繼承而展開的矛盾衝突；《故鄉》展示了一個意外事件給一個普通家庭帶來的悲劇。周

---

65 田禽：《中國戲劇運動》，上海：商務印書館，1944年版，第19頁。

瘦鵑意譯的《青年》表現了一個青年在苦難歲月裏所遭受的種種迫害。半儂意譯的《小伯爵》表現的是主人公賽德裏克善良美好的心靈。應當說這些作品呼應了新劇舞臺，從某種程度上說，彌補了新劇舞臺的某些不足。

大約在1915年前後，翻譯戲劇發生了微妙的變化。首先從形式講，文言化的戲劇語文已大為改觀，清新流暢的白話舞臺語言更接近於生活語彙，戲劇臺詞變得通俗、淺近、明確，乾淨俐落。另一方面，在選擇劇本過程中更注重其藝術性，往往選擇在歐洲具有廣泛影響的名家名篇。如挪威易卜生（H.J.Ibsen）《嬌妻》(《玩偶之家》)、英國赫烏德(Thomas Heywood)的《感恩而死》、《西方美人》，法國莫里哀(Molière) 的《守財奴》(《慳吝人》）等，對中國戲劇起到了很好的啟蒙作用，「五四」時期，《新青年》刊登一大批中國劇作家翻譯的西洋戲劇作品，對中國話劇產生了根本的影響，戲劇性、戲劇結構、戲劇語言等都在借鑒中得到了提高，極大地推動了中國新劇運動的發展。《新新小說》雜誌的主編冷血（陳景韓）在翻譯法國柴爾時的《祖國》一劇時認識到該劇「於豪壯之裏寫惡愛，於悲慘之中發光明……佈置極周詳」的特點，與「三五十幕，平鋪直敘」的「近人編劇」相比，這種作品相當精采，它「能於一幕之中包括無數事實，而能層次不亂」[66]，這實際正是歐洲戲劇「三一律」的傳統，五四以後劇作家對「三一律」的自覺遵守，不能不說與這些作品翻譯介紹有關。

戲劇的媒介傳播，要早於戲劇的舞臺實踐。光緒甲辰年即1904年9月，《二十世紀大舞臺》雜誌在上海創刊，除了主辦者陳佩忍與汪笑儂外，經常撰稿者還有柳亞子、孫寰鏡、高天梅、金一等。內容分論說、傳奇、批評譯編等十六類。《二十世紀大舞臺》在宣傳民族主義、

---

[66] 冷血：〈祖國・敘言〉，《小說時報》第5期。

抨擊滿清統治喪權辱國方面，態度鮮明、激烈，發表了一些改良戲劇作品如《長老樂》、《縷金箱》、《金穀香》、《拿破侖》、《黃龍府》等。傳達了民眾的心聲。汪笑儂和《二十世紀大舞臺》進行的戲劇改革，在當時影響很大，受到社會各界的好評。當時的《新聞報》發表了《論風俗之害》一文，對汪笑儂的戲劇改革大加推崇，文中說：「記者懼末流之不返，痛大局之難友，深刻改良戲劇，警動人心。」《二十世紀大舞臺》的出現極大地推動了近代戲劇的改革，另一方面也使人們開始把戲劇和革命宣傳聯繫起來。與《二十世紀大舞臺》同時，《中華白話報》、《新白話報》、《振華五日大事記》也紛紛發表宣傳革命的戲劇作品，其中較有影響的有《斷頭臺傳奇》、《煙宦陳情》、《揚州恨》等。這些報刊是將改良戲曲與新劇同時刊載的。

繼《二十世紀大舞臺》等上述報刊後，《新朔望報》、《半星期報》、《安徽白話報》、《安徽俗話報》、《中外小說林》也都熱中於發表一些戲劇作品，這時期柚生道人的《越南亡國慘》、馬各先生的《鄔烈士殉路》、一旅的《武員書恨》等均發表在這些刊物上。這些劇作配合了當時的辛亥革命，也豐富了報刊的內容，加深了人們對新劇的印象和認知。

新劇創始之初，便得到了出版界精英的熱情參與，因而一批宣傳、評論新劇的報刊也應運而生。《圖畫劇報》是其中較有影響的一種，它於1912年11月9日創刊，由著名的新劇實踐家和評論家鄭正秋、錢病鶴、吳秋帆等編輯，該刊以「引起國人談論戲劇之興趣，以改良社會移易人心之效」為宗旨，由於是以圖片結合文學形式編刊，很受人們的歡迎。它以通俗的形式，對新劇的內容進行介紹和闡發，陸續發表了《雙鴛鴦》、《新茶花》、《血淚碑》、《秋瑾》、《猛回頭》、《宋教仁遇害》、《黑籍冤魂》、《惡家庭》等新劇（以及改良京劇）的圖畫和劇評文字，連載了《惡姻緣》、《民國恨》、《博浪沙》、《華冷梅傳奇》等反映和配合辛亥革命的劇本。此外，它還發表了許多文章，介紹歐美各國的戲劇觀念，針砭舊劇界的惡習，並就新舊劇的社會效果、演員的道德品行等問題展開了三次爭論。鄭正秋本是京劇評論家，又是新劇「新民社」的創辦人，他通過刊物為促進新劇與京劇界的團結、改良，為保留戲劇史料做了不少有益的工作。該報辦到1917年8月停刊。

在《圖畫劇報》之前半年，冷貘秋辦了《劇報》，其中開設了「覺民新劇」專欄；1913年9月，童愛樓等辦《自由雜誌》，曾刊載了《淚血英雄》、《雙偷記》等新劇本；1913年11月，王笠民辦《歌場新月》，曾載新劇本《社會鐘》，該刊停辦後，他又辦了《歌壇新月》；1914年5月夏秋風辦了《新劇雜誌》，翌年又辦有《戲劇叢報》；1914年9月馮叔鸞（馬二先生）辦《俳優雜誌》，載有新劇本《夏金桂自焚記》、《紅樓夢》，介紹了「春柳」、「新民」兩大新劇社團的劇目；1914年「民鳴社」也辦有《新劇日報》，專門介紹新劇。此外，《新遊戲》、《春申藝報》、《繁華雜誌》、《七襄》、《上海》、《文星雜誌》、《春聲》、《雙星》等報刊也發表了有關新劇的文章。

1917年後，新劇由盛轉衰，原來宣傳新劇的報刊大部分停刊。一批新劇活動家如鄭正秋、朱雙雲、徐半梅、歐陽予倩等辦了振興新劇，先後創辦了《笑舞臺報》、《新舞臺日報》、《新丹桂笑舞臺日報》、《天蟾劇報》等劇場小報，再次亮出了「研究劇學，改良社會」的旗號，孫玉聲、劉山農、周劍雲等也在他們創辦的《大世界》、《勸業場日報》、《新世界》、《先施樂園日報》等遊藝場小報上，闢出專欄或專版介紹新劇界動態，刊載新劇史料。如鄭正秋與宋懺紅在1918年4月19日創辦的《笑舞臺報》，就發表過《新劇六年紀》、《新劇變遷記》以及「民鳴」、「新民」、「民興」等重要新劇社團的史料，對《空谷蘭》、《俠風奇緣》、《白雲塔》、《復活》、《六月雪》等根據中外文學名著改編的劇目，進行了報導和評論。然而，由於新劇衰落，加上資金短缺，該報辦了一個多月便只好停刊。

隨著「甲寅中興」的到來，人們對於戲劇的熱情日益高漲，人們在觀劇過程中產生了不滿足感，希冀從案頭的閱讀中獲得補償。這促成了當時大批文學刊物開始發表戲劇作品，另外專業的戲劇刊物也如雨後春筍般地出現了，此時《劇場月報》、《俳優雜誌》、《新劇雜誌》、《戲劇叢報》、《春柳》、《梨影雜誌》都有一些有價值的作品刊載。文學刊物中《小說月報》、《小說新報》、《小說旬報》、《中華小說界》這些刊物的編者均以文學性眼光看待劇本，他們選擇文學性、傳奇性的內容加以連載。與此相對應，《娛閑錄》、《快活雜誌》、《遊戲雜誌》、《通俗周報》、《月月小說》、《小說大觀》、《滑稽雜誌》等則注重內容的傳奇性、通俗性，它們所發表的作品大都屬於通俗劇，休閒性是顯而易見的。如天虛我生所編《生死鴛鴦》發表於《遊戲雜誌》第8、9期上，他所編的《風月寶鑒》則發表在第13期上。

這些報刊不是簡單地將劇本作為休閒的讀物，很多刊物還把推動新劇發展作為己任，經常發表一些劇界同仁的批評文章。《二十世紀大舞臺》曾發表陳佩忍〈觀《縷金箱》新劇〉等戲劇觀感文章，幫助當時的讀者、觀眾理解劇中所表現的思想內容。《中華小說界》曾發表無名氏的〈新劇罪言〉一文，對新劇表演中的淺薄、不嚴肅進行了批評；《遊戲雜誌》一共出版了19期，各期對新劇和新劇理論的介紹都是不惜篇幅，不遺餘力的。馬二先生（馮叔鸞）的〈劇談〉、〈戲學講義〉、〈嘯虹軒劇話〉，完善地說明戲劇藝術創作方面是嚴肅認真的，他們做了一些實實在在的工作。

近代報刊對戲劇的傳播功不可沒，無論是出於對戲劇藝術的追求還是出於休閒的需求，它都成為與近代新劇舞臺相呼應的一道亮麗風景。

第三章　歷史性轉折——從戲曲改良到新劇運動

第一節　戲曲改良：通俗劇發展方向的初步確立
—目標的最初選擇

19世紀末，中國社會正經歷著巨大的歷史變革，新文化、新思想的傳播，促進了舊傳統、舊體制的崩潰。近代文學改良運動的先驅梁啟超自1902年開始，在《新民叢報》和《新小說》上，陸續發表《新羅馬》等三個傳奇劇本，並積極呼籲傳奇雜劇改良，要使戲劇成為資產階級發動群眾、進行啟蒙教育的有力武器。梁啟超的改革是大膽的，他無視戲曲格律的陳規。他的《新羅馬》以全新的題材、全新的思想內容和「野狐式」的語言，為中國戲曲的發展開了一個嶄新的領域，在當時產生了廣泛的社會影響。隨即有一些戲劇家進行仿效，打破了清末劇壇的沈悶局面。至梁啟超以後，傳奇劇失去了統一的、固定的體制和格式，其規矩和體制也就此不復存在了。但是《新羅馬》以及以後模仿之作雖然給人以全新的感覺，但卻忽視了一個關鍵性問題，這就是劇作應當是用於舞臺演出的，應當具有可演性，由於劇本與演出要求相去甚遠，故未能在當時戲劇界尤其是廣大觀眾中產生巨大影響。但作為劇曲改良，號召劇本創作貼近現實，演出與現實生活有關的「壯劇、快劇」以喚醒民眾的作品，《新羅馬》、《維新夢》、《蒼鷹擊》等劇具有很高的價值。

據阿英《晚清戲曲小說目》統計，自1901年至1912年間，在《繡像小說》、《新小說》等各種刊物上發表的雜劇、傳奇作品，約有150種。作品的內容非常廣泛：一是借古代民族英雄事跡，鼓吹反清排滿的，如寫文天祥事跡的《愛國魂》、《指南公》，寫史可法殉難的《陸沈痛》，寫張蒼水的《懸嶴猿》，寫鄭成功的《海國英雄記》等。二是反映現實生活重大事件的，如寫「百日維新」經過的《維新夢》，寫徐錫麟、秋瑾等革命烈士故事的《蒼鷹擊》、《皖紅血》、《六月霜》、《軒亭血》、《俠女魂》等。三是揭露帝國主義侵華罪行的，如寫沙俄侵佔黑龍江的《非熊夢》，寫八國聯軍侵華的《武陵春》等。四是通過搬演西方近代民主革命事跡、宣傳民主思想的，如寫法國大革命的《斷頭臺》，寫古巴學生反抗西班牙統治的《學海潮》等。五是提倡女權，呼籲女性解放的，如《國情夢》、《松陵新女兒》等。此外還有運用寓言神話劇形式提倡救國保種的，如《警黃鐘》、《後南柯》等。

這些作品的內容均是近代啟蒙教育極好的教材，但是從傳播效果看，其接受物件主要為知識界人士，因為雖然這些作品經過改良擺脫了過去的陳腐內容，但從形式上看採用的仍是古典的曲文，是一種古奧艱深的詩體韻文，一般人很難聽懂。說白也是韻律化、音樂化的，主要角色的定場白還要求用四六對仗的駢文，堆砌典故、雕飾詞句，與日常口語有很大距離。而近代文學總的發展趨勢是朝口語化、通俗化、散文化的方向演化，由言文分離的文言文、格律化韻文向言文一致的白話文、自由體散文的方向發展。

近代戲劇以啟蒙教育為己任，就更要考慮能否為廣大群眾理解和接受的問題。在這風雲激盪的巨變時代，劇作家感到為適應新的時代，表達新的思想、新的感情，戲劇必須突破舊形式，來一次徹底革命。實際上這也是當時的京劇和地方戲所面臨的主要問題。

改良時期的傳奇、雜劇、京劇以及地方戲均表現出戲劇要擺脫曲的束縛，朝向更適宜於表現近代生活的以日常口語為舞臺對白，以日常行動為舞臺動作的方向發展，曲的比重逐漸減少，白的比重逐漸增加。在大多數作品中，白的地位已不同於傳統戲中「賓白」的地位，而是用以表現戲劇發展的關鍵性情節。舊劇曲白成分也不斷降低，有些劇作的某些場次，竟無一曲。後期作品的說白也大大摒棄了駢文形式，改用口語。戲劇動作也由程式化的表演身段轉變為日常動作。同時增設舞臺佈景。舊劇曲白成分的降低、動作程式化減少以及寫實化場景的增設，使得近代戲劇開始朝著通俗情節劇方向發展。

情節劇(melodrama)原意是樂劇，只是發展到後來，為了製造轟動效果，以吸引觀眾，音樂逐漸變得多餘並被取消，情節成為壓倒一切的要素。情節劇興起於18世紀，其時適逢英法等國「產業革命」時期，大批農村勞動力流入城市。這些人文化水準低下，沒有什麼閱讀能力，而此時看戲是人們業餘的主要休閒形式。情節劇所寫的勸善懲惡的故事，與當時人們那善惡有報的傳統思想意識和欣賞水準（觀看情節）是一致的，因而便受到這些人的歡迎，情節劇因此盛行起來。從最早的一齣情節劇盧梭的《匹克梅梁》問世到奧克森福特的《伊斯特・琳》和漢密爾頓的《煤氣燈下》在歐洲轟動了一整個世紀。根據英國戲劇史論家詹姆斯・L・史密斯的考察， 當時可容納觀眾3000人左右的大劇院均出現通俗情節劇演出的好兆頭。「在考文特加登劇場和德魯利巷劇場，猴子彈奏班卓琴的表演，要比肯布林和基奧上演的經典劇作更受歡迎。當麥克裏狄於1816年在考文特首次登臺演出時，《奧瑟羅》與《阿拉丁》（情節劇）二劇同時登在演出海報上；1881年，德魯利巷劇場由薩克斯・梅寧根劇團上演《裘利烏斯・凱撒》，慘遭失敗，但翌年耶誕節上演《水手辛巴德》卻東山再起，大獲成功……」❶

即使是一些影響很大的經典劇作如《馬克白》、《奧賽羅》也往往被「閹割」或進行「庸俗化」的處理，「在令人眼花繚亂的美麗佈景和大喊大叫的鬧劇面前，莎士比亞和謝立丹的劇作反而紛紛敗下陣

❶ 詹姆斯・L・史密斯：《情節劇》，北京：中國戲劇出版社，1992年5月版。

來。」❷由此可見，19世紀下半葉到20世紀初，歐洲劇壇流行的主要還是情節劇。歐洲人在節日期間用以歡度節日，也多是取其娛樂性。

鴉片戰爭以後，帝國主義的堅船利炮打開中國的大門，南京、上海、廣州等城市相繼成為對外開放口岸，這些城市駐紮著西方國家的租界和領事館，因而也成為西方僑民雲集之地，這些僑民的重大娛樂形式便是演劇，上海影響最大的西方僑民演劇團——浪子劇社、好漢劇社，他們排演過一些世界名劇，他們借用貨棧搭起臨時舞臺就演起戲來。1866年，浪子、好漢劇社合併並得以擴充，組成頗具規模的上海西人業餘劇團，簡稱A.D.C.劇團(Amature Dramatic Club of Shanghai)，此時他們已蓋起了正規的劇場——蘭心戲院。這個劇團所演的話劇基本上執行的是西方幻覺主義寫實體系。儘管這個劇團屬於俱樂部性質，觀眾基本來自外僑，但當時的知識分子也能在這裏觀賞到西方話劇演劇方式，受到新型戲劇的啟蒙教育。中早期話劇創始人汪仲賢、鄭正秋、徐半梅都是從這裏開始與話劇結下了不解之緣的。徐半梅曾回憶道：「蘭心大戲院每兩三個月一次的A.D.C.劇團演出，我必定去做三等看客，躲在三樓上欣賞。」❸

但是像蘭心戲院這樣較為正規的演出是不多見的，中國人看西方話劇，機會最多的還是來自學校的演出，況且像蘭心戲院那樣用英文演劇本來就從形式上隔離了中國觀眾。關於這一點早期話劇創始人之一的朱雙雲，在記述上海學生演劇起源時寫道：

> 吾國積習相沿，多以戲劇為陶情悅性之具，且多薄視伶人，不恥士類。故素人演劇，常寂然無所聞見。時或歲晚餘閑偶有一

❷ 詹姆斯·L·史密斯：《情節劇》。

❸ 徐半梅：《話劇創始期回憶錄》。

> 二客串亦惟是《空城計》、《李陵碑》等陳腐舊劇，徒沾沾於板眼音節之微，從無領異標新，為風俗人心計者有之，自梵王渡基督約翰書院始。歲己亥（1899年）冬十一月，約翰書院學生於耶穌誕日，節取西哲之嘉言懿行，出之粉墨，為救主復活之紀念，一時聞風踵效者，有土山灣之徐匯公學。然所演皆歐西故事，所操皆英法語言……。❹

儘管中國人觀賞西洋話劇存在著客觀的障礙，但蘭心戲院和各公學的外國演劇影響還是很大的。它激發了上海中國知識階層演劇、觀劇的激情和熱情，為上海中國學生演劇掃清了障礙。

1900年（庚子年）冬，各校年終考試剛結束，南洋公學的學生在校中進行了第一次新劇演出的嘗試。以幕表的形式編演時事新劇，第一部戲為《戊戌政變紀事》即「六君子故事」；第二部為《經國美談》，這是一部根據同名小說排演的新劇；第三部戲為《義和團》。從劇本創作的角度看，這三部戲都存在著草率的特點。可以說，嚴格意義上的話劇編劇藝術還沒有產生。從某種程度上說，此時的演劇，基本上還停留在遊戲階段。「素人話劇之風，當時不過學生逢場作戲，且必孔子誕日，或開遊藝會時，乃一演之。」❺取樂、滿足好奇心是當時演劇的一個重要出發點。1905年汪優游、汪仲梅、汪仲山三兄弟組織文友會，演出了《捉拿安德海》、《江西教案》兩個戲。汪優游就是看了聖約翰學校的演出，而產生興趣，走上新劇創作道路的。他在《我的俳優生活》回憶道：

---

❹ 朱雙雲：《新劇史・內史・春秋》。

❺ 鴻年：〈二十年之新劇變遷史〉，《中國近代文學論文集1919–1949・戲劇卷》，北京：中國社會科學出版社，1988年3月版。

> ……開幕演的好像是一齣西洋戲，我因為聽不懂他們說些什麼，沒有感什麼興趣，後來演的才是一齣中國時裝戲。劇名有些模糊了，好像是《官場醜史》一類名稱……看了這次戲便引起我的模仿心。這種穿時裝的戲劇，既無唱工，又無做工，不必下功夫練習，就能上臺去表演，我的自信心很強，我相信這齣戲中的角色，無論扮男扮女，我都能勝任。

草創期的戲劇實踐，確定是把戲劇放在一種通俗的大眾的藝術角度。從1903年後南洋學校所演《張文祥刺馬》、《英兵擄去葉名琛》、《張廷標被難》、《監生一班》等來看，過去在傳奇雜劇、地方戲曲中那種講究形式，古奧難懂的狀況不存在了，戲劇情節成為最引人注目的因素，而這些情節恰是婦孺皆懂、人人關心的時事。此時中國話劇尚未建立起自身的藝術系統，在藝術表現上帶有很大隨意性。戲劇表演所要達到的一個最佳效果便是能完整地講述一個故事，我們從《張文祥刺馬》、《張廷標被難》這樣一類的標題就可以看出這一傾向來。這可能與19世紀末西歐劇壇流行的情節劇、佳構劇風尚有關，這種風尚是隨僑民演劇傳入中國的。

春柳社、新劇同志會以其較高的藝術品味而聞名於世，他們演出的劇目，大部分反映社會問題。外國題材、外國生活場景佔了很大比重，由於他們注重藝術品味，所以，他們常常選擇那些藝術性較強，演出效果較好的劇目。進化團、春陽社的主要成員都是革命黨人或主張革命的進步青年，他們宣稱其演劇就是宣揚革命。由此，我們不難看到，春柳社、新劇同志會以其較高的藝術品味而走向了雅化戲劇，是形式的不通俗；而春陽社、進化團以其革命宣傳而走向了嚴肅戲劇，是內容的不通俗。所以當王鐘聲等組織「文藝新劇場」在張園演出時，就會出現「陳意過高，有違流俗，以致演不出匝月，遽爾長逝」的結果。劇場不佳的演出成績，促使一批劇作家認真反省，辛亥以後，新劇創作又回到通俗劇的方向上來。

第二節　劇場中心向劇作家中心的過渡
——文學性在劇作中的增強

近代通俗新劇的存在形態有一個十分特別的發展歷程，它經歷了由劇場中心到劇作家中心的轉變。中國話劇始於上海聖約翰書院的學生演劇，1905年民立中學學生汪優游組織了文友會進行了第三次演出以後，話劇社團如雨後春筍般地湧現出來。不過此時的劇團均是課餘或業餘的，即是一種「愛美劇」(非職業的)，直到宣統二年庚戌（1910年）任天知在上海創辦「進化團」，拉起了演劇大旗，登報招募演員，職業戲劇才宣告誕生。一時汪優游、陸鏡若、王幻身、蕭天呆、錢逢辛等當時最優秀的新劇家都雲集到「進化團」這面大旗下。此後創辦職業劇團成為一種時尚。

話劇之所以能踏進職業之門並迅速地普及到各地，其原因據朱雙雲分析有以下幾個方面：

> （一）當時一般愛好戲劇的學生，走出學校之後，找不到相當的出路，正在苦悶之中，王鐘聲、任天知輩遂利用之以營利，且借此以為政治的活動。（二）一般頑固家庭，以倡優隸卒之不齒士類，發覺他的子弟，曾參加某一劇團……便以為有辱門庭，

萬難容忍，就將他逐出家門，脫離親族關係，這般被家庭遺棄的子弟，沒有生存的辦法，遂利用他僅有演劇經驗，從事於職業話劇。(三)一般遊手好閒之徒，看到當時話劇之不定有劇本，只憑小小聰明，便可上臺演戲，上臺之後，不但生活得以解決；且能獲得意外的際遇，一舉兩得，遂搖身一變而為新劇家。(四)民三（1914年）以後，劇團中盛行一種「投師拜門」的習慣，不論何人……拜師之後就有上臺實習的機會。❻

朱雙雲這裏所說的四點理由，實際上講出了一點實情，即不論動機如何，有一點很清楚，這就是大家都看到演劇可以解決生活出路問題。顯然此時由於演劇成員的魚目混珠，戲劇的藝術規律就很難得到應有的尊重。

1902年開始的學生演劇，是一窩蜂行動，很多參加者對什麼是戲劇以及什麼是戲劇表演均不清楚，他們把戲劇看成是一般活動，因而對戲劇應具備的基本要素也不加理會。劇本乃一劇之本，中國傳統戲曲歷來看中劇本之價值。清代李漁就認為舞臺演出，首先要注意選取優秀的劇本，如果劇本選擇不當，「則主人之心血、歌者之精神，皆施於無用之地」，就不可能收到好的演出效果。為此，他要求劇作家不僅應該「通文學之味」，還應該能通「優人搬弄之三昧」。在進行劇本創作的時候，要「手則握筆，口卻登場，全以身代梨園，複以神魂回繞，考其關目，試其聲音，好則直書，否則擱筆。」❼他在《閑情偶寄》中把「結構」列入第一要素，自然也是重視編劇法的表現。近代話劇興起之時，很多人認為既無需唱腔亦無需做功，因而認為人人都可以上

❻ 朱雙雲：《初期職業話劇史料》，第2頁。

❼ 李漁：《閑情偶寄》。

舞臺嘗試一下，甚至有人還認為以拿它作為解決生計的飯碗。所以造成了演員層出不窮而編劇者青黃不接的局面。徐半梅在談到當時新劇界的做法時說，「只有有了一個戲劇性濃厚的故事，先把這故事截長補短，分成若干幕，各幕有些什麼情節，劇中人上下場如何，這一齣戲的大綱，就定局了。於是列成一張表挂在後臺，召集與自己同場的人接洽好了對白，就此完成。」❽這實在是一種草率行為但也是當時無奈的選擇。

春陽社、進化團是最早在國內演出新劇的藝術團體，他們在進入職業演出之前並未做好劇本準備工作，所以一開始就演《迦茵小傳》、《新茶花》一類根據外國小說改編的劇作，春陽社的戲不符合當時的市場行情，所以很快就失敗了。王鐘聲與任天知合辦通鑒學校仍然如此，旋即便解散，進化團所謂「天知派」新劇，重視演員的天賦，在劇情發展到高潮時，演員要能夠即興上臺演講，並且還形成了角色分行，有所謂「言論派」正生和「言論派」老生之說。朱雙雲根據當時新劇表演界的總體情況，將生類分為多種派類。當時滬上藝人也以標上什麼派為時尚，不過是為做廣告而已，以演員陣容的強弱決定號召力的大小，從中可以看出演員的地位是何等的高。

重演出不重創作，是我國許多地方戲的習慣，在很多京劇戲班中按師承關係掌握戲文、臺詞，限制了地方戲的進步。春陽社、進化團剛開始在上海演戲時，由於得不到正宗話劇模本，往往就以京戲班的戲路為藍本，進化團在發揮戲劇宣傳功能時幾乎同時忽略了編劇存在的價值，所以進化團的幕表戲很多，根據幕表設定一段故事，派定幾個角色，約略把分幕說一說，至於情節、動作、對白，都是即興演出，八仙過海，各顯神通。

❽ 徐半梅：《話劇創始期回憶錄》，第61–62頁。

演員中心的劇場其問題在「甲寅中興」前後暴露出來，演員在舞臺上的即興表演往往把非戲劇性因素帶進劇場，造成戲劇舞臺的戲劇因素下降，任天知演《黃金赤血》時，他的演講尚能與劇情結合起來，而顧無為、潘月樵等人的演講則往往游離劇情之外，「很長而詞句不通，有時前後矛盾。」❾辛亥革命結束，演講失去市場，演員的自由發揮就只剩下插科打諢。歐陽予倩在回憶和總結新劇表演得失時說：

> 文明戲多年的舞臺積累，的確出了不少喜劇演員，這些演員當然有好有壞，就好的演員而論，他們除了本身有演喜劇的才能，還吸收了京丑、崑丑的表演技術，和說書、灘簧中一些幽默部分，他們的表演確受到觀眾的哄堂一笑，就在臺上不惜破壞劇情盡情胡鬧，給新劇造成了很大的損害。
>
> 在自由發揮的表演當中，滑稽角色往往特別突出，有些地方雖然不合情理，可是大家都覺得有趣。例如：一家人家有病人或者死了人，請道士來念經，就做起法事來，裝道士的裝得很像，他一本正經念著經，可是念的不是經文，整篇都是奚落道士的，讓人一聽肚子都要笑痛。又如：為問休咎請一個走陰的婆娘來，她裝腔作勢好像真正到了陰間，看見他家裏什麼祖先，引得這一家人都緊張起來，婦女們都掉著眼淚，到臨了主人問她「我們家裏祖爺爺還有什麼話沒有?」她就說：「沒有別的話，他讓你們好好做人、要信菩薩、還關照多給我兩塊錢。」除此之外對於和尚、算命的瞎子、媒婆都可以用同樣的方法來譏諷。這樣的表演往往是與劇情不調合的一種穿插，可是頗能起一些破除迷信、揭露社會黑暗面的作用，而當場取得喜劇的效果。而且

❾ 曹聚仁：《聽濤室劇話》，第201頁。

> 他們經常擴大諷刺的物件，而所諷刺的都是大家比較熟悉的某種人和某種社會現象。他們又能巧妙地運用種種俗語和方言，所以效果特別好。⑩

幕表制在19世紀末的歐洲如義大利、英國的戲劇界非常流行，因為這些國家有許多天才的演劇家，有深厚的演劇經驗積累，對表演程式已了然於心，因而對劇本的依賴就不是很強。同時，演幕表戲還取決於演員的三個條件，即文化素養，藝術的感悟能力和社會經驗。我國傳統戲曲表演也經常使用幕表（京戲班稱「提綱」，越劇班稱「路頭戲」）。劇本的主要內容是臺詞，幕表制的臺詞是由演員自己設計的，所以會出現不統一的情況，但據徐半梅回憶，只要各人配合著角色的個性，不越出劇情的範圍，總還能使劇情統一。徐半梅認為幕表制雖會出現「不守繩墨的演員在臺上越軌濫說」，但幕表戲畢竟是集體創作，體現集體的智慧，在配合過程中合理的東西被保存下來，此時雖說是沒有劇本，但實際上是有一個「無形劇本」存在於演員心目中。

演員中心的劇場存在的問題在於其導致了對話劇藝術的一種不全面不正確的認識，戲劇的特殊性在於它是劇場意識和文學意識的高度統一，是一個系統工程。劇場意識要求戲劇的創作注意演員在舞臺上的行動、造型等，注意舞臺與觀眾的心靈互動，要投合觀眾的審美趣味與時代精神。文學意識要求戲劇能創造出審美意境、合理的情節結構，塑造出豐滿的人物形象以及強烈的戲劇衝突等。突出劇場意識忽視文學意識，必然導致戲劇作品審美品味的下降，導致戲劇性的下降和庸俗性的上升。創始期的通俗新劇存在重劇場經驗輕劇本創作的傾向，不能不說是與大批新劇實踐者對戲劇本體不正確的認識有關。對

⑩ 歐陽予倩：〈談文明戲〉。

於這種情況當時新劇評論家周劍雲著文指出，那種倉促上陣，不重編劇的所謂新劇實質是一種「偽新劇」。「今之偽新劇，而非真新劇也，偽新劇乃真新劇之障礙，有提倡真新劇之志，不可無誅除偽新劇之心。偽新劇一日不消滅，真新劇一日不克實，現反對偽新劇，即所以擁護真新劇也，贊助偽新劇即所以破壞真新劇也。順逆之意不容不真偽之別，不容不辨明乎此，則知今之新劇，特假借新劇名義以詐欺取財耳。」⑪春陽社、進化團所使用的一些劇本比較易於舞臺演出，從文學性上講，《共和萬歲》、《黃金赤血》、《恨海》等還存在結構鬆散、人物性格不明顯等特點，這些作品從本質上講還只是「戲」(theatre)而不是本體意義上的「劇」(drama)；從創作論角度看，它們確立的是演員和導演的權威而不是劇作家的權威；從鑒賞角度看，它們服務的物件是觀眾而不是讀者。

「甲寅中興」時期，戲劇在普通民眾中的影響越來越大，其積極意義是推動了人們對戲劇本體的認識。這一時期各類期刊上所發表的戲劇作品明顯增多。以徐半梅為例，他對劇本的認識也是有一個過程的，他發現新劇舞臺不健全的原因有五個方面，其中一項便是「劇材」問題，春陽社、進化團的作品，在他看來「不免帶些說教色彩」，而「戲劇性成分頗少」，「於是往往喚不起觀眾的興味來」。徐半梅這一感悟是與他翻譯劇本有很大關係的，從1910年到1918年近十年間他共翻譯創作劇本近20部，其中包括托爾斯泰的《文明之果》、「俄國奇情新劇」《美人心》、法國二幕悲劇《拿破侖》等，這些譯作使徐半梅獲得了戲劇文學藝術的滋養，對戲劇性的認識也越來越深刻，他較早創作的一部新劇作品是1910年連載發表於《小說月報》第4、5、6期上的《故鄉》，這部作品顯示徐半梅在創作上已漸趨成熟，與同一時期的家庭題材劇

⑪ 周劍雲：〈晚近新劇論〉，《鞠部叢刊・劇學論壇》，第57頁。

相比，在情節安排、人物塑造、場景氣氛的變化、悲劇效果的渲染上都顯示出很強的話劇文學特徵。與徐半梅同時期的嘯天生、包天笑、劉半儂、馬二先生都寫過許多品味不俗的話劇文學劇本。

創始期的新劇為人們所青睞的是舞臺因素和演員，劇本尤其是發表於刊物的劇本常常被人們當作小說來看，寫劇本的也不是專職的戲劇家。之所以有許多小說作家也來編寫劇本，是因為他們看到了甲寅前後通俗劇很有市場，於是開始仿西洋戲劇體式寫了許多家庭題材、社會題材的劇作，這些作品就劇本的體裁而言還存在許多不足，如場景交代、舞臺提示均不充分，這種脫胎於小說的劇本文學在當時卻很受讀者歡迎，新劇活動的中心因其通俗化、大眾化，最終從舞臺上移到文苑中來，另一個促成這一轉移的原因則是徐半梅所提及新劇不健全的「五大原因」，無論如何，劇本、經濟、表演、人才、劇場等都是困擾戲劇發展的難題，他們只能倉促上陣、慘澹經營，而由劇場中心轉向劇本中心，即實現演員中心向劇作家中心轉移後這些繁瑣的因素不再成為干擾戲劇健康發展的障礙。

演員中心向劇作家中心的轉移，使得接受者也由劇場觀眾轉變為讀者，戲劇在劇場人際傳播狀態下對接受者沒有文化水準的限制，到了報刊媒介傳統狀態下，對接受者有一定的文化水準要求。反過來說，有著一定文化水準的讀者自然也會對作品提出更高的要求。戲劇作品在文人作家手裏不再僅僅是演出的「腳本」，而且還是文學創作的一種體裁，一種方式。

作家對新劇的介入，給新劇創作開闢了一個新的生面，戲劇作品的文學性大為增強，初期新劇腳本的粗糙到此時已大為改觀，包天笑發表於1915年《小說大觀》第1集上的《燕支井》就可以見出寫人狀物的細膩，作品第七幕光緒於甯壽宮憑弔珍妃一場戲，就營造出一種傷懷悲涼的情境，人物對話揭示了人物內心世界的活動。

光緒皇帝　好了，小崔兒，撤去了吧，教人瞧見了不雅。【行至井旁】珍妃，你別抱怨我。我當初目睹你死，不能營救。你可知道老佛爺的性情嗎？我那時候，還有一毫權力和他們爭嗎？我是一個孤苦無援的人。你在日有時還和我強出頭，不顧自己冒險取禍。第一回替我求恩，身被圈禁，第二回你勸我留京，觸了老佛爺的怒，以致身受慘死，撇下我受此淒涼。啊呀，珍妃啊！

【帝大哭，小太監在旁勸解。】

小 太 監　萬歲爺聖躬保重，別過於傷心了。珍貴妃是已過去的人，不能復活。萬歲爺倘然過於悲傷，有損聖體。珍貴妃在冥冥之中，反要不安了。

光緒皇帝　小崔兒，我想人生悲慘之景，無過於我了，我若能和珍妃一般，也就完事了。如今他們擁我做了皇帝，其實是個傀儡，而且內憂外患，交相煎迫，要是珍妃在日，他是個聰明人兒，雖然未必有裨朝政，但是很有見到之處，不想她又遭此慘禍死了！

小 太 監　夜深了，請萬歲爺回去吧。

【小太監收拾井邊香燭。時月色漸移而西，梧桐樹上，忽聞怪梟之聲，仍遠遠聞有笛聲。小太監手持宮燈，來扶皇帝。皇帝手扶井欄。】

光緒皇帝　啊呀！珍妃啊！

這裏明顯可以看出，早期新劇「化妝演講」的說話的「劇」已轉變為真正意義上的「話劇」。早期文字的「手藝人」並不諳劇作規範，將戲劇的對話等同於生活語言，等同於演講，將戲劇中的人物行動等同於日常行為或傳統戲曲中的程式化唱念做打，這些都在很大程度上破壞了劇作的戲劇性。「甲寅」以後，文學家對戲劇的介入，也將人文精神帶入戲劇創作，一些作品如《母》、《戰後》、《烏江》、《孽海花》、《離合自由》等均以樸素的平民視角關注世俗的人生問題，剖析家庭、社會、個人情感等弊端，顯示了一定的社會批判價值，為五四新文學的戲劇創作奠定了厚實的基礎。

第三節　進化團、春陽社早期宣傳劇與新劇變革

震驚中外的辛亥革命，除了有革命黨人醞釀的暴動以外，另一條戰線就是王鐘聲、任天知等配合革命所進行的戲劇宣傳活動。在當時媒體不發達的情況下，最有效、最直接的號召工具就是戲劇。於是1907年的秋天，當春柳社在東京搬演《黑奴籲天錄》產生巨大影響波及國內時，滬上即有王鐘聲創辦的春陽社與之呼應。王鐘聲家世無從考，或謂係浙江世冑來滬，自稱是政府負責調查戒煙丸的委員，因善於發表演講而名噪一時，不久與愛國士紳馬相伯、沈仲禮相識，並一起辦起了春陽社，並借上海圓明園路的愛提西戲園大演新劇，以回應春柳社在日本的新劇活動。春陽社的首場演出也推出了《黑奴籲天錄》，但是王鐘聲並未見過真正的西洋話劇，更不瞭解日本新派劇，只得由許嘯天另行改編劇本，仍按「改良新戲」的套路去演，大量的鑼鼓和皮簧唱白，使得這次名為新劇實為不倫不類的演出並不十分成功。緊接著他們似乎悟到了一些新劇真諦，開始注意使用寫實的佈景、燈光和

道具、服裝，並有了整齊的分幕演出形式，這在1907年的中國舞臺可以說是新鮮的，一時竟吸引了大批觀眾前往觀看。王鐘聲的做法引起了當時中國戲劇界的廣泛關注，許多戲劇社團爭相模仿，由此引發了話劇在中國劇壇的普及，也推動了時事新劇的變革。

春陽社經營了半年不到的時間因入不敷出而解散，此後，王鐘聲又投入了另一項工作——創辦通鑑學校。1908年春，王鐘聲在剛從日本回國的任天知幫助下，以通鑒學校的名義排演了英國哈葛特的名著《迦茵小傳》，這部作品是根據包天笑、楊紫麟譯述的同名小說改編而成的。劇中男女主角分別由任天知、王鐘聲扮演。由於任天知帶來了春柳社在日本演劇的經驗，《迦茵小傳》在形式上完全掃除了傳統戲曲的痕跡，成為國內新興話劇正式形成的標誌。

至此，晚清以來的戲劇改良在西洋話劇和日本新派劇的先後影響下，經過對傳統京崑戲曲表演形式的改革、學生演劇和春柳、春陽等社團的探索，終於完成了其具有歷史意義的轉折。中國話劇的創作和表演體系開始形成。然而，真正實現新劇的脫胎換骨卻還有很長的一段路程要走。

前文曾述王鐘聲創辦春陽社正值辛亥革命在全國醞釀之時，王鐘聲等人之所以選擇尚不成熟的新劇作為宣傳革命的工具，是因為他們看到了新劇潛在的影響力，因為王鐘聲、任天知以及骨幹成員劉藝舟、錢逢辛等人都是同盟會的成員。王鐘聲在春陽社成立時的《意見書》裏公開聲明要以演劇為手段，「喚起沈沈之睡獅」。他在數年間先後演出歌頌仁人志士的《秋瑾》、《徐錫麟》、《張文祥刺馬》，揭露清末社會黑暗統治階級腐朽的《孽海花》、《宦海潮》、《官場現形記》，呼喚被壓迫人民奮起抗爭的《黑奴籲天錄》，提倡富國強兵的《新茶花》，反對高利貸剝削的《猛回頭》等。這些劇目有力地配合了當時的辛亥革命，對廣大民眾起到了很好的宣傳鼓動作用。王鐘聲為代表的春陽社在演劇中所表現出的政治功利性使得其在舞臺形式的選擇上，更容易選擇在群眾中有著較好的基礎的京崑、皮簧，然而京崑、皮簧是需要有很好的基本功的，王鐘聲等人缺少這種功夫且一時半會兒也很難學成，所以只能以非驢非馬的面目出現，人物角色的劃分沿用戲曲中的生、旦、淨、末、丑，所不同的是春陽社強調寫實化妝。另外，每劇均留有即興表演的空間。

春陽社的劇作大多是一些煽動性很強的「新聞演義」，《秋瑾》、《張文祥刺馬》等都是久演不換的作品，這些作品要為劇中即興插入的演講服務，就必須注重劇情的傳奇性、趣味性，結構也必須曲折緊湊，可惜這方面春陽社尚欠功力和火候，有些作品明顯拖沓，場次竟達四十多幕。雖然形式上存在許多不足，但王鐘聲作的大膽嘗試是令人欽佩的。1909年梅蘭芳先生親自看過王鐘聲演出的新劇。他寫道：「王鐘聲的劇團演出大軸稱為『改良新戲』，不用鑼鼓場面，實際上就是話劇」⓬因為春陽社利用戲劇進行政治宣傳，客觀上也為戲劇的通俗化做了一定的貢獻，因為春陽社需要吸引大批民眾參與，所以它的表演形式與內容都不可能是艱深難懂的。另外，春陽社在新劇實踐中第一次把佈景、燈光、道具等西洋戲劇要素的作用介紹給當時的中國觀眾，對當時的戲劇從業者啟發很大。從王鐘聲介紹了佈景燈光的作用以後，夏月珊、夏月潤兄弟等即時將這些舞臺要素吸收進自己的時事新劇的表演中。他們在上海南市十六鋪表演新劇，因無人會設計和製作佈景，夏月潤親自去日本聘請佈景師，足見他們對此的重視。夏氏兄弟的成功經驗，很快在劇界推廣，此後上海各戲園也都陸續改建新劇場，講究佈景也成了風氣。南京原屬郊區偏僻之地，由於上演佈景新劇，市

⓬　梅蘭芳：《戲劇界參加辛亥革命的幾件事》。

民觀眾爭相前往，一時竟熱鬧起來，也可見出觀眾對新劇的歡迎程度。

春陽社所作的「時事新劇」實踐帶有很多舊劇的遺留，其通俗化的改革是很不徹底的。這一歷史任務落到了進化團的身上。

據朱雙雲《新劇史》記載，進化團直到1910年11月才在上海成立。此時新劇的發展已如日中天。新劇在群眾中已有了一定的基礎，進化團此時的出現可以說是適逢其時，在此以前，1908年的春天，任天知與王鐘聲在上海創辦了通鑑學校，雖時間不長，但也為進化團日後的演出培養了一大批演劇人才。任天知拉起大旗時，就有三、四十人投奔到其麾下，其中有汪優遊、陸鏡若、王幻身、蕭天呆、錢逢辛、顧無為、陳大悲等。

進化團成立之後，本打算在上海演出，由於演員的水準太低，恐怕失敗，才在這年的舊曆除夕到了南京，舊曆新年初十開始公演，劇目有《血蓑衣》、《東亞風雲》、《新茶花》、《共和萬歲》等戲。南京人從來沒有看過這樣的戲，感覺十分新奇，都一窩蜂似的爭著去看戲。任天知感覺到他這次是成功了，就學著日本的派頭在廣告上和戲院門口的旗幟上標出:「天知派新劇」。「天知派」一時就宣傳開了。在1911年，進化團從南京到蕪湖，又從蕪湖到漢口，影響所及，幾乎長江下游南北兩岸較大的城市都轟傳著進化團和任天知。他們的演出受到了熱烈的歡迎。

這時正是革命的前夜，南方各省革命運動高漲，民氣十分昂揚。進化團中間的分子，多是上海的學生，本來多傾向於革命，而任天知本人也以從事革命活動自命，他在《共和萬歲》一劇中，假滿清官僚的口自敘道:「任文毅去年在南京漢口演新劇，專門罵咱們做官的，反對政府。」因為這個團體帶著濃厚的革命色彩，至少有革命嫌疑，他們所演的節目更是多半宣傳愛國思想，這樣就引起反動的滿清政府的疑懼。在蕪湖，當時的警察廳長丁幼蘭，就曾經下令禁止進化團的演出。任天知沒有辦法，就仗著自己入過日本籍，去求日本領事的保護，這個方式非常有效，當時的賣國官僚十分害怕外國人，外國人出面一干涉，他們的禁令馬上就收回了。雖然如此，統治者決不甘心，更不放心。進化團到了漢口之後，湖北督撫瑞澄便連忙打電話給北京，說他們鼓吹革命，蠱惑人心，立刻下令拘捕，進化團還來不及和漢口的觀眾見面，就只好趕緊逃回上海了。

進化團這一段活動雖只有半年時間，但它的影響卻不小。不僅僅在革命思想的傳播上起了一定的作用，而且在長江沿岸各大城市展開了話劇的啟蒙運動。當時由進化團分化出來的溫亞魂就在鎮江辦了醒世新劇團，還有受它的影響而在蕪湖成立劇團，後來在安徽、江西幾個大城市活動的「齊悅義」劇團和「迪智群」劇團，這些都是比較有名的；至於那些受影響的觀眾，以及受影響而進行的業餘演出活動，也就無法計算了。

上海就是在這年的九月（農曆）光復的。這時候，劇團大多活躍，進化團自然成了其中的主角。十月，上海紀念南京的光復，請進化團在張園演劇，演的是《黃金赤血》、《新加官》等戲。當時是革命剛勝利之後，人們都十分興奮，十分狂熱，而他們的戲無不是鼓動群眾情緒，要他們回應當時號召的具有強烈煽動性的戲，這當然給群眾情緒高漲的火焰澆上了油，因此他們當時在上海的多次演出特別吸引觀眾。

1912年，進化團入新新舞臺和舊戲同臺演出，以他們當時的號召力，本應當一帆風順，可惜連著幾天，因時間不夠，戲沒有演完就中途停止，結果只得中止這種合作，離開上海到寧波等外碼頭去。從此進化團的黃金時代就漸漸過去，不久以後，終於瓦解了。

進化團和許多當時的劇團一樣，是革命潮流的產物，可以說，沒有辛亥革命當時的那種民氣，也不可能產生像進化團這樣的劇團。但就進化團成員們的思想來說，對革命、對藝術，認識並不十分深刻。

進化團對新劇通俗化道路的選擇，有其實用性價值目標在內，宣傳革命不能僅僅停留在高談闊論的說教上，必須尋找觀眾感興趣的內容作載體。傳奇性、新聞性的東西極易引起當時對新劇並無認知的一些公眾的興趣，很多人是把這種類型的戲當作真事來理解的。因此觀眾與其說來看戲不如說是來瞭解某些事件的真相的，因為有些時事如安重根刺伊藤博文、秋瑾案等大家都熟悉，同時民眾中也醞釀著強烈的排滿情緒。進化團的戲劇通俗化路線可以從他們的作品中得到說明。

《黃金赤血》是任天知為了勸募國民捐所編的一齣戲，共八幕。以辛亥革命為背景展開劇情。任天知飾演男主角調梅，用的是他本人的日本名字。劇中，調梅是一個留學歸來的革命志士。當他出洋未歸時，留在家裏的妻子和一雙兒女，因逢武昌起義，被亂兵和流氓劫持而離散。其妻不幸淪入妓院，其子小梅被賣給一個知府為奴，其女愛兒則從妓院逃出來為一個「髦兒戲」班（女子京崑班）收容。革命爆發後不久，調梅回國，某日，他到妓院勸募愛國捐，由於他的慷慨陳詞，妓女捐錢不少，而有錢的嫖客卻一毛不拔。調梅在這裏遇見了妻子，便攜妻離開妓院。調梅告訴她，內戰不絕，國無寧日，為了早日結束內戰，只有幫助民軍籌集軍餉，以便早日北伐，推翻專制，建立共和政府。所以，他準備演戲籌款，希望妻子也能為籌軍餉做點事。梅妻決定走街串巷，賣花集資。一日，進入知府私宅，巧遇其子小梅，她嚴責知府不該私買良民。這位因革命下了臺的知府驚恐萬狀，終於答應捐出一半家財。小梅於是隨母歸去。與此同時，調梅為了籌備演戲，遇到一群「髦兒戲」演員，其女愛兒就在其中。至此，離散的家庭終因革命而重新團聚，調梅應邀來到「髦兒戲」班，在她們演出前發表演說：為了支援民軍，應該有錢出錢，有力出力……。

這是進化團獲得了宣傳革命的自由之後的第一個創作劇目，也是辛亥革命之後第一個有影響的文明新戲。在此之前，由於清政府的壓力，進化團的演劇主要是選擇有針對性的日本新派劇和從晚清譴責小說改編的劇本，由演員在舞臺上借題發揮，指桑罵槐，極易煽動觀眾的情緒。從劇情看，調梅一家的離散聚合，即富有傳奇性。調梅與妻子在妓院的相逢；調梅為清兵捕獲，機智地讓印度巡捕抓走兩個清兵，自己得以脫身；尼姑庵見聞；髦兒戲劇團遇女等情節，從觀賞性說，無疑是很具有吸引力的。這些情節的設置有些是服務於宣傳革命的主題，有些卻是游離開這一主題之外的，如第五幕尼姑庵裏所見僧尼淫亂、強盜入室打劫等情節，都是為了滿足觀眾的感官刺激的，這顯然是通俗劇的一貫做法使然。

《共和萬歲》是一齣滑稽喜劇，該劇分十二幕，時間是從武昌起義、上海光復，直到南北議和、清帝退位。其中七幕是主要場次，另外五幕則是幕外的過場戲。第一幕至第七幕，地點為武昌起義後的南京。大幕拉開，兩江總督衙門內，清廷駐守南京的滿漢文武要員：張人俊、鐵良、張勳，一個個被拉到舞臺上「示眾」。第八幕至第十幕，是南京光復後的北京城，從皇親國戚不肯捐助軍餉，隆裕太后被迫交出私產開始，然後發生委袁世凱以全權還是奪其軍權的一場爭論，以袁世凱派唐紹儀去上海與民軍議和告結束。第十一幕的地點是清帝退位後的上海，集中嘲弄了一群逃到上海租界裏的前清官員。至於第十二幕，則是一個各民族、各階層群眾在「合眾大公園」的孫中山銅像前載歌載舞，歡慶「共和」的熱鬧的尾聲。

在《共和萬歲》這部作品中，大量的對於清朝官吏生活的描寫是帶有普通民眾的想像成分的，把腐敗的清政府要員個個塑成小丑模樣，把他們在辛亥革命進程中狼狽醜態暴露無遺。劇中有多處以鬧劇形式來處理情節，如張勳將他的姨太太送出南京，促成了二房姨太太與侍從人員的私奔；眾逃官在上海無以生計，竟商議將各人的姬妾獻出來開妓院。在第十一幕中對逃官們的醜化，通過他們關於共和以後稱呼的對話中淋漓盡致地表現出來：

制臺眾　現在只有大總統、大元帥、大督都，大帥的名字咱們也應取消了。咱們既是同胞，都是弟兄，以後咱們就弟兄相稱，方不負同胞的取義。

道臺眾　大帥兩字，在宣統部禦極之初，就已通行督撫禁用，現在的大總統、大元帥、大督都，皆是階級取締，咱們現在都做了亡官，官場上稱呼應在取消之列，若說一概弟兄稱呼，在尊卑長幼上，沒有階級的取締，未免被文明人笑話。

藩　臺　在閣下意見應該怎麼稱呼？

知　府　我的愚見，督撫司道府，應分為五層，猶如曾祖父子孫五代的樣子，制臺稱曾祖，撫臺稱祖，司稱父，道稱子，府稱孫。

制臺眾　這一來，不是知府變了大眾的孫子了。

知　府　名稱所在，孫子就是孫子，什麼要緊。

這裏可以看出，當時完全是用來諷刺反動的滿清政府和官僚以及一些落後現象和落後人物的，有時為了取悅觀眾，弄得過了火，成為胡鬧。但是這與後來歐陽予倩所說的，不論什麼戲都加入滑稽的做法是不同的。

進化團之所以能夠盛極一時，是因為它能夠緊緊地掌握住群眾所想要說的話，劇中所表揚的和嘲罵的人，都正是群眾所想表揚和嘲罵的，也是民主運動中所友與所敵的，因此，和民主革命也結合得很緊；其次，他們的演出形式雖也和春柳同源，脫胎於日本志士劇，但跟春柳不同，沒有那種為藝術而藝術的氣味，也不死守著西洋話劇的格局，卻隨著當時觀眾情緒的要求，因時制宜地大發議論，而創造了他們特有的形式，不論這種形式在當時是多麼粗糙，不論這種形式以後被運用得多麼庸俗，但無論如何還是比較能夠表現當時的革命現實的。所以歐陽予倩說：「他（任天知）在上海，的確開了一派，到他全盛時期，春柳的面目已經絲毫不存在。」進化團派的新劇不僅在劇目的思想內容上順應國情與民心，而且在藝術形式上也為大多數普通群眾喜聞樂見，因此擁有比春柳派更廣泛的觀眾。這個突出的優點，使進化團的演劇不僅被少數知識分子歡迎，也能讓大多數市民階層的觀眾樂於接受，從而把這種新型戲劇從沿海商埠推廣到內地的許多城鎮。一般說來，進化團派的新劇較之春柳派通俗、自由、不拘一格，它更多地吸收繼承了中國傳統戲曲的藝術特點，帶有鮮明的民族和地方色彩，在當時就被認為是偏「土」的，而不像春柳派新劇那樣是偏「洋」的。

其一，在戲劇審美觀上，進化團派的演劇不以製造舞臺上逼真的生活幻像取勝，不避諱在「演戲」，而是處處為觀眾著想，常用自報家門、背躬、插科打諢，甚至直接講演的方法，和觀眾交流感情、思想。進化團派的劇目以諷刺喜劇和鬧劇居多，和春柳派以悲劇見長的特色頗不一樣。這一方面固然因為進化團派的劇目常常針砭時政，揭露、嘲罵清朝統治的醜惡，或嘲笑、抨擊社會的不良制度和習俗，故而形成了辛辣的諷刺風格；另一方面也可以說是他們注重走通俗化道路，善於借鑒傳統戲曲多以諷刺喜劇或大團圓式的悲喜劇模式，而極少西洋式的純粹悲劇的審美觀念的影響。

大部分的天知派新劇都運用了插科打諢的喜劇手法，這些科諢成分雖然往往與劇情或主題無直接關係，卻被很巧妙地用來嘲諷官場醜態或舊道德的虛偽。例如，王鐘聲、劉藝舟在北方演出《官場現形記》，劇中描寫的一個留學生花錢買了一個官以後衣錦還鄉，農民見他頭戴紅頂花翎，身穿圓領寬袖大袍，腳穿皮鞋，便問他捐的是什麼官。他答道：「我的身子是明家的，做的清家的官，吃的是外國的飯，我這是頭戴大清，身穿大明，腳登大英。」⓭觀眾每看到這裏，無不哄堂大笑。進化團的劇目中運用這類穿插更是得心應手。

毫無疑問，恰到好處的科諢穿插和舞臺上下的直接交流，可以活躍劇場氣氛，增強喜劇的諷刺效果，使演員和觀眾打成一片。這顯然是繼承了我國古典戲劇自參軍戲以來的喜劇傳統，和歐洲近代寫實戲劇的觀念大相逕庭。

其二，在編劇方法上，進化團派也基本效法傳統戲曲，劇情的編排十分注意連貫性、完整性。不僅講究故事的悲歡離合、通俗易懂，傳奇和抒情的色彩較濃，而且採取章回體敘述方式，有頭有尾，原原本本，多用明場。在進化團派的一些劇目中，往往分場達十幾至二三十之多，其中有許多是類似戲曲的過場和幕外戲，時間和空間的處理都相當自由靈活。以《共和萬歲》一劇為例，全劇共十二幕，五幕是過場戲，其中第四幕表現滬、浙、粵三方民軍聯合攻克南京，只是三軍將士（龍套）在軍樂伴奏中過場，沒有一句臺詞。最後一幕在孫中山銅像前開慶祝會，純屬熱鬧的群眾歌舞燈彩場面。某些場次的舞臺提示，如第二幕「張勳調兵進城」，第五幕「聯軍攻破南京」，依然借用舊劇的一些表現程式；而在第十二幕裏，還出現「小熱昏二唱灘簧」

⓭ 馬彥祥：〈文明戲之史研究〉，《矛盾》，1933年3月「戲劇專號」。

這樣的段落，說明天知派新劇在借用戲曲方法的同時，也不排斥為當時知識分子所輕視的民間說唱藝術形式。

進化團派在戲劇結構上習慣採取戲曲一般所習見的順序展開劇情，以及主線一貫到底的「開放式」佈局方法，而不用西洋話劇的「三一律」式的回溯、倒敘結構，或「人像展覽」式的散文化結構。因此，幕場較多也是它們的共同特點，往往圍繞主人公命運起伏或主要事件始末，正面地娓娓道來，並常用對比、重複等手法造成戲劇效果。如描寫鴉片煙毒害的《恨海》(根據吳趼人同名小說改編，一名《情天恨》)，分為十一幕，從主人公陳伯和與張棣華訂婚寫起，經過戰禍中逃難，陳伯和偶拾巨金來到上海，吃喝嫖賭，抽鴉片煙，墮落不堪等場面，最後是他的未婚妻棣華竭力挽救他，等到他有些覺悟時，已一病不起，悔之已晚。可以說是竭盡鋪陳之能事。此外，陳大悲編劇的《浪子回頭》也有十六幕戲。除了有幕外戲穿插以外，還保留了「定場詩」、「下場詩」、「自報家門」之類的形式。通俗新劇後期的兩齣流行言情戲《空谷蘭》和《梅花落》，場次多達三十幕以上，也可謂極盡曲折鋪陳之能事了。

其三，在表演形式上，進化團派或多或少地保留著中國戲曲以演員為中心的演劇體制，不但慣用幕表制，即興表演，而且角色常以性格分「派」——一種與戲曲的行當十分相似的角色類型化做法。朱雙雲等人曾根據當時學員的演技加以歸納，將角色大致分為「能」、「老生」、「旦」、「末」、「滑稽」等五個部；依照角色的性格特徵，又將「生」類分為激烈、莊嚴、寒酸、瀟灑、風流、迂腐、龍鍾、滑稽等八派；「旦」類分為哀豔、嬌憨、閨閣、花騷、豪爽、潑辣等六派。不論這種分派方法是否在名義上為當時文明戲演員所承認，但在實際演出中，舞臺形象的類型化是客觀存在的，這同樣反映了進化團新劇對傳統戲曲美學的一種繼承。中國觀眾歷來喜歡性格鮮明、人物忠奸善惡一望便知的演劇，而不習慣看那種複雜難解的形象，在文化水準較低的普通觀眾中尤其如此。

進化團派的演員大都是在傳統戲曲和民間藝術的薰陶下成長起來的，他們不像春柳派演員那樣有日本新派劇和歐洲式戲劇的修養，因此，在他們的表演中自然還帶著民族戲劇講究鮮明、強烈的美感效果的特點，甚至留有一定的程式化表演的痕跡。為求形象鮮明，往往動作就較誇張，語言也拉腔拉調。後來，一些「言論」和滑稽穿插也逐步形成了固定的套子，漸漸使觀眾感到厭煩起來。

總之，進化團派的新劇作為文明新戲的主要流派，給萌芽時期的中國話劇帶來了深刻影響。它具有較強的宣傳性和時代氣息，具有濃厚的中國味和民族傳統藝術的特色。它還注意接近群眾，因而具有雅俗共賞的通俗性。進化團演劇的這些特點，後來成為包括春柳派在內的整個文明新戲的共同特點。

進化團在活動當中，鍛鍊出好些有才能的演員，這些演員後來都成了上海幾個有代表性劇團的臺柱。他們輾轉各地演出，也啟發了不少愛好戲劇的青年參加演戲和組織劇團。有一時期，許多好演員集中在上海，促成了新劇的全盛。

新劇誕生於辛亥革命前夕，由於辛亥革命日益壯大，成為人們政治生活中的一個重大事件，舞臺上的「言論」，往往博得觀眾熱烈的掌聲，正是因為適應了形勢的需要，多少說出了公眾心裏要說的話。然而在滿清政權被推翻以後，隨著民國建立而出現的種種政治陰暗面，使部分熱中革命的人士最終陷入了失望。臺上老一套的言論失去了昔日的光彩，而新言論又產生不出來。言論派生旦的聲音啞掉了，跟著政治轉入低潮，進化團、春陽社都解散了。進化團派對戲劇藝術的理解決定了它的命運。

第四節　春柳劇場的情節劇傾向
——早期戲劇藝術適應市場的無奈抉擇

春柳劇場是「甲寅中興」前後最活躍的新劇演出團體之一。1907年2月成立於東京的春柳社到了辛亥革命前夕,由於受到清公使館的經濟上的要脅，幾乎停止了演出。春柳社在日本無法生存而春柳社又需要面對更多觀眾，因此春柳回到中國本土勢所必然。

1910年暑假，春柳社成員陸鏡若回到了上海，與王鐘聲合作，在味蓴園演出過三個星期，當時他把日本新派劇作家佐藤紅綠的《潮》改譯成中國劇本演出，劇名《猛回頭》。第二年暑假陸鏡若再次回到上海，他與黃喃喃等人合作，將佐藤紅綠的另一部作品《雲之響》搬上中國舞臺，改名為《社會鐘》。這些演出直接繼承了春柳社的演劇風格。1912年陸鏡若在上海成立新劇同志會，除了有部分春柳社的原班人馬外還有羅曼士、吳惠仁、蔣鏡澄、馮叔鸞等人加入，隊伍很快得到壯大。新劇同志會在演出的時候仍舊掛上「春柳劇場」的招牌，但此時的春柳劇場演出性質發生了一些變化。首先面對的是生計問題，新劇同志會在上海成立，原想把根據地安置在上海，但當時的上海演出市場是由富商、大賈、買辦流氓控制著的，這種同人性質的演出團體要想在這裏站住腳，開闢一個新天地談何容易。新劇同志會有固定的經濟來源和演出資本，再加上春柳同仁崇尚藝術、自命清高的風格與當時社會風氣不合，有些作品「陳意過高，有違流俗」⑭因而在上海生

⑭ 朱雙雲:《新劇史・春秋》，第13頁。

存十分困難，只好尋求別的演出市場。除了江浙一帶的蘇州、無錫、常州、嘉興、杭州一帶，他們還到過湖南、漢口，慘澹經營，維持了三年，這三年將新劇同志會中那種春柳紳士的傲慢、清高氣息給磨滅了，創作更認真、更貼近普通人的生活。

春柳劇場在三年之中所演的劇目，據現在所能查到的有八十一個，「其中能夠引起觀眾注意的，只有《家庭恩怨記》、《不如歸》、《猛回頭》、《社會鐘》、《熱血》、《鴛鴦劍》這幾種，最受歡迎的，便是《家庭恩怨記》」。[15]這與前期的春柳劇場所演劇目相比，有了很大的不同，早期在東京所演的《黑奴籲天錄》、《鳴不平》、《熱血》、《茶花女》等劇大多改編自名著，起點較高，對觀眾的文化層次要求較高。早期春柳的演出受日本新派劇影響，所演的劇目均為外國題材，這與他們純粹為藝術而演劇的指導思想有密切的關係。加上當時旅日青年留學生中革命空氣相當濃厚，這些戲很適應當時的形勢。但他們並未簡單地迎合觀眾，而是堅持了藝術第一性原則。歐陽予倩在《回憶春柳》中談到《熱血》一劇的演出時寫道：

> 《熱血》的演出比《黑奴籲天錄》的演出，在某些方面是有進步的。這個戲的演出形式，作為一個話劇，比《黑奴籲天錄》更整齊更純粹一些——完全依照劇本，每一幕的銜接很緊；故事的排列、情節的發展、人物的安排比較集中；動作是貫串的，沒有多餘的不合理的穿插，沒有臨時強加的人物，沒有故意迎合觀眾的噱頭，在表演方面也沒有過分的誇張。我們的演技儘管很嫩，但是態度是嚴肅的。我們對於一個戲的整齊統一雖然沒有完全做到，但是比《黑奴籲天錄》還是顯著地進一步。鏡

[15] 曹聚仁：《聽濤室劇話》，第197頁。

若比較懂得編戲和排戲，所以在舞臺形象的統一方面特別注意，這本來是好的，也是正規的要求，但回國以後，要找開另外一個新局面，有些正規的想法就行不通。這是後話。可是《熱血》第一次的演出，我們在跑碼頭的當中，還經常會想起來。⑯

早期春柳社為藝術而藝術的嚴肅認真的演劇風格、採用外國故事、較高的思想性等都直接影響了他們的戲劇作品在群眾中的普及。《社會鐘》是根據日本新派劇作家佐藤紅綠的《雲之響》改編的，劇中人的一些想法和處理問題的方式是日本式的，劇中結尾石大見全家走到了絕望的境地，就殺死自己弟弟和妹妹，然後自殺，這種極端化的場面，中國觀眾是難以接受的。《猛回頭》也是根據日本新派劇《潮》改編而來的，中國觀眾同樣也是不能接受妹妹殺死哥哥的結局。春柳劇場開始運作時，仍然把翻譯外國劇作作為主要的節目。新劇同志會在湖南經過半個月以上的時間重新排練，以為必然大受歡迎，但所演劇目賣座遠不如《家庭恩怨記》。此時，春柳劇場開始尋找突破口，於是春柳劇場通俗劇傾向開始形成。

春柳劇場上演的81部劇目中，除《鳴不平》、《老婆熱》、《真假娘舅》之類的短劇之外，其餘都是長劇。除了《猛回頭》、《社會鐘》、《血蓑衣》、《蘭因絮果》等二十個外國題材內容的劇本外，其餘絕大多數均是根據中國古典小說如《紅樓夢》、《水滸》、《聊齋》以及筆記小說《天雨花》、《鳳雙飛》等改編的。這些作品本來就在群眾中有著較好的基礎，很容易引起觀賞興趣。例如春柳劇場1913年在湖南組織文社時編演的《鴛鴦劍》，基本沿用了曹雪芹小說中的原來的人物對話，由歐陽予倩飾演尤三姐，馬絳士飾演尤二姐，吳我尊飾演賈璉，陸鏡若

⑯ 歐陽予倩：〈回憶春柳〉。

飾演柳湘蓮，演出生動再現了原小說的風貌，因而大受歡迎。《鴛鴦劍》以及《王熙鳳大鬧甯國府》在上海的春柳劇場登臺時也是一炮打響。實際上演的行為已明白地告訴劇社同仁，應演什麼樣的戲。歐陽予倩在談到春柳的劇作內容時說：

> 春柳劇場的劇目，多半稱讚愛國志士、見義勇為的人和江湖豪俠之流；宣揚純潔的愛情、婚姻自由、愛人如己、犧牲自己成全別人；反對的是：高利貸、嫌貧愛富的、以富貴驕人的、恃強欺弱的、縱情享樂的、不合理的家庭、不合理的婚姻制度、腐敗的官場等等；同情被壓迫者、同情貧窮人；有些戲寫一個人能運用聰明智慧打破壞蛋的陰謀；有些暴露社會的腐敗和黑暗。總的看起來傾向還是對的，也反映著當時知識分子進步的一面，但思想方面有很大的局限性，在那個時候當然難於作較高的要求。劇目當中也有個別的戲還帶著消極的思想——一來因為急於湊成戲，有了就算，對於舊小說、筆記上的材料照抄下來，無暇加以選擇；或者由於編的人一時有消極情緒，或者自鳴清高，就不知不覺透露出出世甚至厭世的想法，好在這樣的很少，只是其次又其次。⓱

春柳劇場的通俗劇，注重故事的戲劇性、傳奇性以及情節的曲折、完整，後期的春柳十分注重這一點，即使是演為數不多的時事劇《黃花崗》、《運動力》仍注重使用生動活潑的形式。

春柳劇場的情節劇傾向往往體現在家庭劇上，通過人物命運的悲歡離合，反映一定的倫理道德觀念或社會問題，在這方面，由陸鏡若

⓱ 歐陽予倩：〈回憶春柳〉。

編寫並成為春柳派名噪一時的保留劇目《家庭恩怨記》，是很具代表性的。在鄭正秋編輯的《新劇百齣考證》裏，留存了這齣戲的故事梗概：

> 前清陸軍統制王伯良，民軍起義時，挾資潛遁，道經海上，納名妓小桃紅為妾。桃紅原與李簡齋情好甚篤。王既旋裏，桃紅屢遣心腹婢導之幽會。一日，為王前室子重申之童養媳梅仙撞見。桃紅懼，設計陷之。王不察，盛怒逐子。重申無以自明，以其父親手槍自戕。梅仙痛夫成狂，王亦漸萌悔意。會簡齋深夜越垣入，為護兵所執。王知真相，手刃桃紅。先是王之同鄉何三山，居海上辦孤兒院，曾救助於王，王卻之。至是，王遣使召之，托以家事，且盡投其家資於孤兒院。已則四顧茫茫，欲興舉刃戕。三山勸以男兒當馬革裹屍，若以家庭恩怨輕生，徒為天下人恥笑。王悟，遂發憤從戎，以圖晚蓋焉。⓲

《家庭恩怨記》之所以成為春柳新劇的代表作，包括新民社在內的天知派劇團也樂於演出，首先在於劇情的時代感和人物的複雜性。這一特點集中體現在主要人物王伯良的塑造上。當年多次參加該演出的歐陽予倩對此作過如下回憶評析：

> 辛亥革命的時候，是有一些那種所謂「司令」之類的軍官，撈到了一筆冤枉錢，就成了暴發戶。一到上海首先從堂子裏娶個姨太太，可是這些人的錢易來易去，大多數好景不長，鏡若這個戲描寫了這種人。他認為像王伯良這樣的人腦筋簡單、知識淺薄，但是性格比較爽快，心地比較單純，儘管他會做些糊塗

⓲ 鄭正秋：《新劇百齣考證》，中華圖書集成公司，1919年版。

事，經過一番打擊之後，也可能幡然改悔重新做人；他用一份好心腸給了這樣的人一點可能有的希望，希望他們在社會上做點好事，還希望他們能夠愛國。同是那一類的家庭變故在中國的封建社會裏並不生疏。在那個時候用一種新的戲劇藝術形式，好像真的生活一樣生動地表演出現，而且有些場面相當動人，就無怪其會受到當時觀眾的歡迎。……這個戲有兩場頗為觀眾所稱道，一場就是王伯良做壽那一天，小桃紅做成圈套誣告重申下毒，王伯良大怒要趕走兒子，他拼命喝酒，醉倒在書房裏一張沙發上。重申走進去想對父親說明許多事情，可是怎麼也叫不醒，重申向他懇求、哭訴，只聽到他發出些含含糊糊的囈語，失望之餘，重申自殺。槍聲一響，王伯良翻了個身，直到家裏人鬧起來他才驚醒。另一場就是重申死後，瘋了的梅仙每天晚上都到花園裏去找她的未婚夫，聲聲叫著哥哥；王伯良走到花園裏想避開她，她已經走到他面前，問哥哥哪裏去了，他說：「你哥哥走了，不會回來了！」這場演得很陰森……。鏡若演王伯良，吳惠仁演小桃紅，絳士演梅仙，曼士演重申，當時頗有定評，他們的舞臺形象幾十年來還活在我的記憶之中。⑲

上述這些場面所以為人稱道，根本原因在於劇本不概念化，人物不臉譜化，為演出提供了良好的基礎。儘管劇本在思想立意上膚淺，作者對王伯良這種人態度溫和，缺乏有力的批判，但對於通俗劇的形式而言，還是提供了有價值的借鑒。

顯然平民視點和市民趣味在其中起了很大的作用，但是春柳社重藝術性的傳統使他們在情節劇創作道路上不敢放開手腳去演。他們反

⑲ 歐陽予倩：〈回憶春柳〉。

對對臺下觀眾演講的所謂「言論派老生」的那種做法，從來不用幕外戲，嚴格遵守分幕制度。同時，春柳劇場對政治問題缺乏參與熱情，因而在他們的作品中對腐敗官僚的諷刺，對社會不良現象的揭露等等能激發民眾情緒的內容比較少見。這是春柳劇場的戲缺乏群眾觀點基礎的兩個主要原因。而當時的進化團和新民、民鳴社之所以能吸引人正是分別在這兩方面有所側重而成功的。所以當春柳劇場發現這一「癥結」時，試圖把彈詞小說改編成話劇上演，但仍然沒有起色。

春柳的職業性演出開始於「甲寅中興」時期，1914年3月在上海「謀得利」劇場所演之劇皆達到非常高的水準，無論編劇技巧和人物塑造都幾近成熟。以根據日本小說改編的《不如歸》一劇為例，這是一部愛情悲劇，情節模式與中國傳統戲劇《梁山伯與祝英台》、《孔雀東南飛》等相似。海軍少校趙金城和陸軍中將的女兒康幗英結婚，很相愛、幸福，而趙金城的母親卻聽信其內侄易保倫的挑撥，說幗英有肺病，逼著兒子和她離了婚。幗英終於大病，等金城從海外回來，幗英已死。悲劇在第一幕「郊外踏青」中就預先埋下伏筆。第一幕中的一段康幗英與易保倫的人物對話顯示了當時春柳劇場的編劇水準：

保：幗英姑娘。【幗不答】

保：嫂嫂……【幗抬起頭來】

保：恭喜恭喜。【幗仍不語】

保：恭喜真正恭喜。你可知道沒福氣的人兒在什麼地方？
【冷笑介】哈哈……【幗仍不語】

保：嫂嫂。

幗：有什麼事？

保：男爵的金錢真是好東西。【冷笑】哈哈，真是恭喜恭喜。

幗：你說什麼？

保：【冷笑介】哈哈，有錢的人家，無論怎麼樣都肯嫁給他的。若是沒有錢，就是向來見面的好人，連理都不理了。那是自然，現在是男爵夫人。【冷笑】哈哈哈，但是幗英絕沒有這種事情的。

幗：【謅著嘴望著保倫】你說的什麼話？

保：你把從前的東西還我。

幗：什麼？

保：那封信。

幗：沒有了。

保：你可是給了金城？

幗：沒有。

保：給了中將？

幗：那種東西，我沒有臉給人家看。

保：【怒容道】幗英，我們的事，也說到此為止。只為以前的事情都很秘密的，若是你要向著你母親、金城說了，那個時候你不要後悔。【拔刀】

幗：怎麼樣？

保：你們快活的日子還長得很哪！【保冷笑介】

春柳劇場的情節劇，不是一種純粹媚俗的東西，當時論創作人才，春柳劇場是最多的，然而為何卻難以生存呢？劍嘯在〈中國的話劇〉一文中指出「中國的話劇，一向總未能走到大眾裏去」，一方面固然是因為作話劇的人未能明瞭大眾的需要，一方面也未嘗非中國社會的大眾的需要過於低劣之所致，即使話劇能勉強到達水平線，但距離一般觀眾的要求極遙遠，因為藝術品對於大眾的接近，只能在材料內容上著手，而一般人對於藝術品的要求往往超過了這種限定。這可以說是對春柳劇場命運根源的最合理概括。春柳劇場的新劇實踐者帶著藝術良知去從事情節劇創作，很難融入當時的演劇市場，在新民社與民鳴社的競爭中，由於他們職業化的做法不徹底，在市場化方面缺乏經驗，當他們試圖步新民、民鳴後塵，也把所謂「筆記新劇」、「彈詞新劇」、「古裝新劇」等拿來搬演時，起步已晚，且由於春柳同人舞臺作風拘謹，因此其情節劇自然也就少了人緣。

第四章　近代通俗戲劇的人生視界

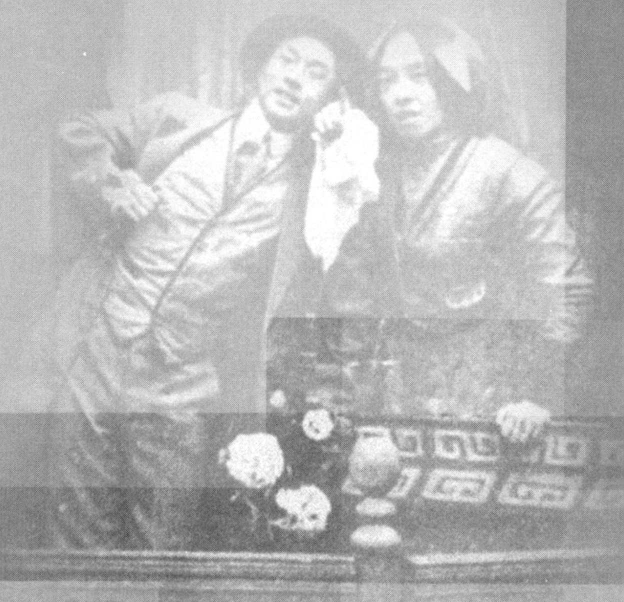

第一節　時代風雲與民眾情緒的記錄

——以情感激動觀眾獲得演出效果

新劇誕生之時，正值中國民族矛盾、階級矛盾異常尖銳之時。甲午之戰的慘敗與滿清統治的腐敗、昏庸，使得當時的知識分子與廣大的市民階層產生了強烈的憤恨不滿情緒，特別是在「戊戌變法」前後，人們對時政的關心幾乎形成了一個小小的高潮，這種情緒自然不能不從戲劇舞臺上反映出來。

用戲劇反映時事早在1890年就已開始，當時的上海舞臺上就上演過《鐵公雞》、《任順福》等以當時的社會新聞為題材的戲。戲劇作為一種非官方媒介，成為民眾發表言論、傳遞思想情感的一個有效途徑。近代第一個傳奇、雜劇作家黃燮清早年創作的《帝王花》、《茂陵弦》、《凌波影》等作品，在當時很受歡迎。但自鴉片戰爭以後，他開始「自悔少作，懺其綺語，毀板不存」，並一改以往「哀感頑豔」的創作風格，創作了一部反映當代生活的傳奇《居官鑒》，劇中以鴉片戰爭定海戰役為背景，表現了中國軍民抗擊帝國主義的侵略鬥爭，對清王朝喪權辱國也有所揭露和批判，傳達了強烈的民族主義情緒。鍾祖芬所作的《招隱居傳奇》採用荒誕手法，以鬧劇形式，通過主人公吸食鴉片造成傾家蕩產、賣兒鬻女的故事，形象地再現了鴉片泛濫給中國人民造成的痛苦。徐鄂的《梨花雪》則通過曾國藩率湘軍攻破太平天國首都天京，搶掠民女黃婉梨的故事，揭露清朝統治者鎮壓太平天國農民起義的事實。「戊戌政變」前後，汪笑儂編寫過《哭祖廟》、《張松獻地圖》、《桃花扇》、《黨人碑》等借古諷今的劇作。《哭祖廟》、《黨人碑》很受當時觀眾歡迎,《哭祖廟》這部戲,故事取材於《三國演義》,寫三國時鄧艾攻蜀城成都,劉禪主張要投降,而其子劉諶則主張與鄧艾一戰,建議不被劉禪採納。劉諶悲憤之極,殺了全家大小之後,到祖廟中去哭拜,然後自殺。被人稱為「切合時世一大悲劇」的《黨人碑》,則以北宋書生謝瓊仙醉後怒毀元佑黨人碑的故事,痛斥蔡京、高俅、童貫等權臣的倒行逆施。這兩部劇本都悲壯激烈,感情濃郁,與當時的知識分子情緒是很吻合的。《哭祖廟》中的臺詞警句「國破家亡,死了乾淨」,也廣泛流傳於市井里巷。張揚民族氣節,痛斥賣國求榮,成為近代戲劇創作的一個重大主題。汪笑儂的其他劇作如《馬前潑水》、《波蘭亡國慘》、《縷金箱》以及惜秋、旅生的《維新夢》、湘靈子的《軒亭冤》、蔣景緘的《俠女魂》等劇,都反映了新的社會內容,傳達了知識分子階層對社會現實的思考。

話劇興起之後,仍然繼承了戲曲這一傳統。辛亥革命前後波譎雲詭的社會現實也在話劇作品中反映出來,另外世紀交替時期的市民心態也很複雜。一方面經歷了鴉片戰爭、甲午戰爭、辛亥革命等歷次重大的歷史變革,那種田園牧歌式的農業社會生活被打破了,動盪的社會生活,迫使當時的人們時刻去關注自己的命運、國家的命運。另一方面,隨著外國資本勢力的侵入以及國門的洞開,西方的一些思想也開始傳播進來,因此當時的市民較之以往多少有了一些民主思想。近代社會中的文人階層與市民階層在他們的內心深處已有了表達自己心聲的欲望。早期從事話劇實踐的一批人,如春柳社、春陽社、進化團成員,他們都或多或少地接受了西方文化的影響,他們所演的《茶花女》、《熱血》、《猛回頭》、《社會鐘》、《不如歸》等劇,劇本來自西方或日本,這些劇作中的社會民主思想啟發了當時的戲劇家,他們創作的《黃金赤血》、《共和萬歲》、《黃鶴樓》、《庚子國恥》、《美人心》、《三台遺恨》等，或記錄辛亥革命的歷史過程，謳歌新生革命政權，或控訴外國侵略者的罪行，或歌頌為保衛祖國犧牲的英雄，或揭露統治者的腐敗行徑，以激發起群眾的革命熱情。《亡國恨》、《越南亡國慘》、《高麗閔妃》等則以越南和朝鮮滅亡的歷史為前車之鑑，警示國人不要重蹈他們的覆轍。

「由於辛亥革命的刺激而趨於繁盛」❶的早期話劇，帶有著濃厚的時代色彩。劇作中的內容往往呈現出十分複雜的情形，即使是像《黃金赤血》、《共和萬歲》這樣一些比較激進的作品，裏面也夾雜著一些非進步性的因素。封建的、民主革命的、改良主義的思想觀念，既獨立存在，又相互滲透。在宣傳辛亥革命，揭露清政府腐朽黑暗的同時，卻對農民革命心存許多誤解；在鼓吹婦女解放、婚姻自由的同時，卻夾雜著封建階級的貞節觀念等等。這是由當時新劇家的人生觀、世界觀、價值觀所決定的。從新劇創作的整體來看，除去後期一些商業動機下的劇作，大多數劇作還是反映了當時人們積極向上的一些要求。

上官蓉在談到「文明戲」興盛的原因時說：

> 這種文明戲所以會受廣大觀眾的歡迎和確立它幾十年來存在的基礎，並不是沒有原因的。當時清廷腐敗，國勢日亟，中國國民外面受著帝國主義的壓迫，內面又受政府的統治，內心都非常苦悶。大都傾向革命。那時民眾所需要的，不論聲色娛樂，都喜歡能夠挑撥起革命情緒的東西……
>
> ……（文明戲）在藝術上多少是有缺憾的。當時之所以並沒影響它的存在，而是因為內容容易刺激觀眾的緣故。它在舞臺上的表演只有簡單的戲劇形式，完全是以情感激動觀眾而獲得演

❶ 歐陽予倩：〈談文明戲〉，第318頁。

出的效果。❷

總體上我們可以從兩類作品中得到考察。

第一類作品是外國翻譯劇作。以《社會鐘》、《熱血》、《不如歸》、《猛回頭》為代表的翻譯劇作，雖說是早期新劇劇本荒時從他國借用的，但卻明顯地體現選擇劇本者的精神旨趣。《社會鐘》原名為《雲之響》，作者為日人佐藤紅綠，劇作寫貧苦農民石山老漢為了給孩子充飢，偷了人家一瓶牛奶，自己囚死獄中，他的三個孩子也因此遭受別人的冷眼，最後逼得石大殺死弟妹，自己也撞死在大鐘下面。陸鏡若對該劇進行了改譯，突出了社會和家庭中的不平等現象，揭示了反抗的必然性。《熱血》表現的是法國大革命時期的史實，劇中歌頌了羅馬藝術家寧死不屈的精神和人格，也歌頌了堅貞不渝的愛情。《不如歸》則是對封建包辦婚姻的控訴。從這些劇作來看，已朦朧地籠罩著一種樸素的民主思想和革命傾向。隨之出現的譯作如卓呆（徐半梅）翻譯的《怨》、《凱旋》、《拿破侖》；嘯天生意譯的《多情之英雄》、《鶯兒》、《殘疾結婚》、《無名氏》；泣紅譯的《愛之花》；東亞病夫譯的《銀瓶怨》，都宣揚一種顛覆封建專制統治的革命思想。這一類作品由於所表現的外國生活，雖然經過了「中國化」的適當加工，但終究是與本國人生活「隔」了一層，但其傳達的精神內蘊卻極符合中國社會實際。因此，這些作品是在隱層次上來表現當時民眾情緒的。

第二類是新劇家創作的直接宣傳革命的作品。辛亥革命前夕，以王鐘聲為首的春陽社和以任天知為首的進化團，把演劇當作宣傳工具，編演的劇目大都有強烈的政治色彩。因為王鐘聲、任天知及其骨幹成員劉藝舟、錢逢辛等人都是同盟會成員。王鐘聲把「喚起沈沈之睡獅」

❷ 上官蓉：〈文明戲與話劇〉，《作家》第1卷第3期，1941年10月版。

作為演劇的使命，任天知宣稱他的演劇就是「反對政府」。王鐘聲在數年間編演的劇作較多，其中有歌頌革命志士的《秋瑾》、《徐錫麟》，揭露清末社會黑暗和統治階級腐朽的《孽海花》、《宦海潮》、《官場現形記》，提倡富國強兵的《新茶花》等。任天知除了創作《黃金赤血》、《共和萬歲》等劇作外，還編演了《血蓑衣》、《安重根刺伊藤》、《尚武鑒》、《血淚碑》等劇作。這些劇中或控訴舊社會的罪惡，或歌頌革命者的無畏，都直接或間接地為辛亥革命造輿論，有力地配合了當時的民主革命。

雖然這些劇作的創作帶有濃烈的主觀動機，但從演劇效果來看，還是很受當時觀眾的歡迎。朱雙雲《新劇史》對此作了詳細的記載：

> 辛亥春正月進化團演於南京升平戲園。進化團既抵金陵，定於初四開幕，嗣為雨阻，因改為初十首日演《血蓑衣》，二三日演《東亞風雲》，四五日演《新茶花》。寧人以見所未見故趨之若鶩。天知以其道得行，遂於門前高張旗幟，大書特書曰「天知派新劇」，自是「天知派」三字遂喧傳於大江南北矣。❸

春陽社、進化團尤其是後者為何在南京、蕪湖等地久演不衰，其中有新劇種帶來的新鮮感的成分，另一個重要原因在於演劇的內容，還是十分貼近當時人們的普遍情緒。這一內容說明，春陽社、進化團所演的劇目，還是有著廣泛的群眾基礎的。《共和萬歲》中出現了歡慶中華民國成立的熱烈場面，舞臺豎有孫中山銅像，有提燈、舞獅、焰火等歡快情景，它們能極大地挑動觀眾的熱情原因正在於此。《血蓑衣》記錄了人們對「張勳復辟」的前後態度和是非判斷。這一點體現在劇中

❸ 朱雙雲：《新劇史・春秋》，第14頁。

人並非革命者的辛玉潔身上。辛玉潔得知自己的弟弟是因為參與陰謀顛覆民國而被殺頭的消息時，不僅不予同情還認為辛福仁之死是「危害國家，犯罪被殺」，是「自作孽不可活」。特別是在劇的最後，真辛月蓮出現，得知張野蓮烈士之妹的真實身分，對其冒充辛月蓮的行為，並不生氣反而欽佩其愛國除奸、替兄報仇的義舉，為其奔走，並促成她與武田永的婚事。辛玉潔這一形象可以說是當時擁護辛亥革命人士的代表，具有普遍性。《東亞風雲》通過高麗愛國志士安重根刺殺日人伊藤博文的故事，弘揚了一種反抗外來侵略、愛國獻身的精神，劇中安重根的言行極大地激發了觀眾的愛國熱情。《新茶花》是王鐘聲在法國小仲馬《茶花女》啟發下創作的一部新劇，該劇表面是以新茶花辛耐冬的一家悲歡離合為故事主線，實質也是宣揚愛國獻身精神。劇中辛耐冬被無賴欺騙，淪為妓女，後遇少年陳少美，他倆相互愛慕，情投意合，但卻遭陳家的反對，辛耐冬在民族大義的感召下，置個人恩怨於不顧，毅然犧牲個人，盜得敵帥之地圖，交與本國軍隊將領，使我軍大獲全勝。觀眾對新茶花由同情到敬佩，經歷了一次情感洗禮。很顯然，從配合政治鬥爭和革命宣傳的角度看，這些劇作都是首屈一指的。從這些作品來看，是在顯層次上直接反映民眾情緒的。

如果說通俗劇只是一種市民階層的娛樂形式，那是對通俗戲劇的一種誤解。中國近代通俗戲劇在其陷落商業化漩渦之前，它還是有著樸素的雖算不上十分強烈但卻有很明顯的道義感、使命感。在這片天地裏，同樣有著民眾的所愛和所恨，所悲和所樂，所憂和所思；同樣有著民眾情感的昌熾，生命力的衝動；有著民眾對舊制度的吶喊，對人性、人權的呼喚。

近代社會由於受西方資本主義的影響，傳統的政治思想體系遭到了衝擊，人們的社會觀念、思維方式以及價值標準都發生了巨大的變化，主體意識也不斷增強，隨著主體意識的覺醒和不斷增強，人們開始重新審視這個世界，於是就產生了否定，產生了不安和憂患。而且主體意識愈強烈，痛苦也就愈深。儘管說，近代通俗戲劇重點在表現普通市民的日常生活，而不在反映政治鬥爭，但從許多劇作的出色描寫中，我們還是窺見了市民對政治的熱情關注，看到了是非分明的政治態度，看到了他們樸素的政治覺悟。人們的政治態度，首先取決於對社會人生的認識；而對人生的認識，則取決於由歷史條件所決定的認識能力。儘管近代通俗戲劇所反映的一般民眾的政治心態不是那種激烈的、昂奮的，狂飆突進式的，而是自下而上的感性類型，但是從《運動力》、《一念差》、《炊黍夢》、《新村正》等劇的出色描寫中，我們還是窺見了市民對政治的熱情關注，看到了是非分明的政治態度。早在學生演劇階段所演的《官場醜史》，就把滿清統治賣官鬻爵的「醜史」作為戲劇創作的素材搬上舞臺，劇中對那個「官迷心竅、目不識丁的土財主」進行辛辣的諷刺，也揭露了晚清封建統治的腐敗與黑暗。此後歐陽予倩創作的《運動力》這一五幕劇也富有代表性，它直接反映了人們在辛亥革命後政治上趨向反動的暗潮時期的一種情緒和心態。歐陽予倩在談到這部戲的創作初衷時說：

> ……使我最難過的，就是辛亥反正以後，許多窮朋友，都忽然討了姨太太，住了大房子，怎麼發展得那樣快呢？因為這個，我就編了一個戲。恰巧湖南省議會正在選舉議員，許多人花錢運動，真是花團錦簇，熱鬧異常。城門口掛起八九丈長的白布，上寫某黨招待處；……招待員四處拉客，請洗澡，請吃飯，請花酒，請打牌……我的戲就是用這些材料作背景，和暴富娶妾的志士織成一片……把當時一班活動的人物譏諷得一文不值。

結果是鄉下人起來，把魚肉鄉民的紳士的房子燒了，重新舉出純潔的代表厲行村自治。❹

《運動力》直接取材於當時的政治現實，本身就說明了作者有著干預現實、參與政治生活的歷史使命感。而這種使命感也正是當時民眾普遍心態的一種反映。姚鵷雛的《炊黍夢》通過李端五投奔其兄、中道羈滯、求官得官、染疾而歿的經過描述，諷刺了封建的官僚體制。像李端五這樣不學無術，以吃喝嫖賭為能事的人，居然官至贛州鹽局總辦，他不思敬業、劣性不改，終因染疾而一命嗚呼，正是封建官僚制度行將就木的預言！李端五求官歷程雖然十分荒誕離奇，然而卻是晚清官場現實的寫照。

統治者對人民的欺詐、壓迫的專制統治必然會在民眾內心引起強烈的反抗意識，《大舞臺雜誌》刊載的劇本《捉拿安德海》就是這一意識在戲劇文學中的反映。該劇敘述太監安德海作亂宮廷又借機南下江南，沿途敲詐勒索、魚肉百姓，終為山東巡撫丁葆貞所殺。劇中慈禧的兇殘、狠毒，奕訢的陰險奸詐，安德海的狐假虎威、為所欲為等都十分形象生動，這些形象的刻畫，作品中所運用的調侃滑稽筆調，以及其諧謔的態度，不正反映了民眾對滿清統治者的痛恨嗎?「楊乃武與小白菜」是民間傳播很廣的一樁清末冤案，新劇家依據事實編為新劇。劇作原原本本地描寫了這一案件的過程。清朝咸豐、同治年間，浙江餘杭縣令之子劉子和垂涎葛姓童養媳畢秀英之美色，意圖霸佔，乃設計害死其夫，而嫁禍於楊乃武。案發後，知縣包庇其子，將楊屈打成招。此案歷經縣府省部四級數十審，幸得刑部夏同善之助，冤情始告大白。楊乃武與小白菜冤案是千千萬萬個冤案中幸運的一個，從楊發

❹ 歐陽予倩:《自我演戲以來》。

案蒙冤受審的過程中，劇作者讓觀眾看到了貪官污吏包攬訴訟、官官相護、顛倒黑白的社會現實，情景之中流露出對封建官僚以及嚴刑峻法的否定與批判，以及對整個滿清封建司法制度及官僚制度的失望。劇作似乎並未超出農民的批判水準，然而卻反映了新興市民階層的思想狀態和更加敏銳、犀利的目光，作品突出地描寫楊乃武案前後官僚的手腳往來和暗中交易，不可謂不大膽，它抒發了普遍存在於民眾心中的積怨。

《貴人與犯人》（一名《姊妹花》）則走出了傳統市民視角下愛情觀念的束縛，觸及到社會現實中的一些本質問題。這部劇作以辛亥革命前軍閥統治下的山東為背景，以農民的人生遭遇為背景，描繪了晚清軍閥統治下民不聊生、生靈塗炭的社會慘象。主人公趙大寶、林桃哥一家過著本分、節儉的生活，也算太太平平，然而好景不長，林父是一位鄉村教師，被軍閥部隊當作革命黨打死，林桃哥一家所在的村莊也付之一炬，趙大寶一家只好離鄉背井逃難到濟南，靠賣苦力打發時日，在林桃哥積勞成疾後，趙大寶走投無路只好到錢大帥家當奶媽，卻於不意間當上了殺人「兇犯」，而負責處理這樁案子的竟是靠販賣槍支、溜鬚拍馬爬上軍法處長寶座的趙父伯良，為了保全自己的官座，趙伯良竟不念骨肉之情，執意要殺女兒。這部劇作不是從一般意義上來發洩百姓低調的歎息和怨言，而是愛憎分明的控訴，在劇作者眼中劇中另一反面人物錢大帥不僅僅是罪惡的淵藪，更是桎梏人生、殘害生靈的魔鬼。顯然，劇作具備了一定的平民性。

卓呆的新劇《煙囱》，內容則與以前的新劇有了不同，面對工廠煙囱裏排出的黑灰污染，以家庭婦女為主的市民們聚於一堂表示自己的不滿，敢於去與工廠主人討回公道。該劇的後半部分有一段對話是這樣的：

洗衣婦：現在世上的人，窮的太正直，因此受那些有錢人的苦，我們再受苦下去，竟忍不住呢。

染坊主：是啊，我也時常想著，我們很正直的人，還要如此貧窮，老天真不公平，大約總是我們前世裏造了什麼罪惡咧。

製火柴匣婦：是的，我總想孩子們長大起來，我們可以享享福咧，一想到他們大起來，也不過是一個車夫之子，不見得會好得怎樣的，便覺生在世上實在乏味了。

染坊主：窮的也是人，有錢的也是人。工廠裏的老頭子，怕他什麼？我們不妨一同到警察署去評個曲直，難道窮人就一定曲了不成？

洗衣婦：是啊，不見得會不許窮人和人評理的。

從劇中人物那堅定的信念和敢於抗爭的言語中，似乎可以聽到新型市民爭取人權，為自己討回公道的呼聲，儘管它還很微弱，但它卻閃耀著近代民主主義的光芒。

第二節　傳統倫理與傳統人性的張揚
——新觀念滲入時的市民倫理道德價值取向

辛亥革命後，人們的政治熱情開始轉入低潮。新劇創作也面臨著一場重大轉型。過去那種運用通俗戲劇形式進行政治宣傳的傾向也越來越不受歡迎。徐半梅在分析這一現象時說：

> 為什麼以前的人都容易失敗，至多只能演三五天，而鄭正秋能夠長期演下去，把無鑼鼓無唱句的戲劇，可以得到許多觀眾呢？這全是劇材問題。以往的人，往往喜歡拿戲劇來鼓吹愛國思想，攻擊腐敗政治，作種種激烈的言論，弄得一班向來只看慣京戲的觀眾，嫌著枯燥無味，便喚不起興味來，尤其是佔重要地位的婦女觀眾，更覺掃興，自然大家搖頭，不願多看了。鄭正秋完全不來這一套，他一上手，便把家庭戲來做資料，都是描寫些家庭瑣事，演出來，不但淺顯而婦孺皆知，且頗多興味，演的人也容易討好，於是男女老幼，個個歡迎。❺

徐半梅所說的「家庭戲」、「家庭瑣事」實際是指與家庭有關、涉及傳統倫理道德範疇的題材。辛亥前後春柳社、春陽社、進化團以及後來的民鳴社、開明社包括南開新劇團等劇團都曾創作演出過大量的通俗倫理道德劇。

近代倫理道德題材的通俗劇創作，可以從家庭劇得到考量。中國傳統文化中素來非常重視家庭的完美、和諧，因此，任何破壞家庭關係，造成家庭不美滿的言行都是不道德的。新劇發展過程中所編演的800多部作品中有近1/4是這類題材作品。為什麼新劇家選擇家庭問題為戲劇題材?近代社會的歷次動盪，都是對中國社會的最基本組織——家庭形成很大的衝擊，傳統家庭的職能出現了紊亂。從組織層次上看，中國傳統的國家和宗法家庭是兩個同構體。由子孝、婦從、父慈所建立起來的家庭關係，不過是民順、臣忠、君仁的社會關係的縮影。近代社會特別是鴉片戰爭、太平天國、義和團運動、戊戌變法到辛亥革

❺ 徐半梅：〈中國話劇誕生史話〉（下），《雜誌》，第15卷第3期，1945年6月。

命，歷次重大變革動搖了王朝統治的基礎，所謂民順、臣忠、君仁的封建理想社會關係開始分崩離析，從封建正統觀念角度看，這一現狀向人們傳遞的是恐懼和不安的資訊。因此，辛亥革命前後「家庭劇」的盛行決非是一偶然現象，當人們處在家國不保的恐慌之中時，維護家國穩定完整的集體無意識就上升到意識領域。《家庭恩怨記》、《不如歸》、《母》、《惡家庭》、《姊妹》、《愛欲海》等，都是當時較有影響的家庭劇。這些劇作在完成其娛樂功能的同時，卻鮮明地透露出市民階層潛意識中的固有的倫理道德的價值取向。

一葉知秋。我們在研究家庭社會問題時，總是從社會廣角宏觀俯瞰家庭，又從家庭微觀透視社會，所謂「社會大家庭、家庭小社會」是也。的確，當我們從社會背景方面來解讀家庭劇時，一些問題很快得到解答。近代戲劇不管進化到何種程度，總還未能徹底掙脫「文以載道」的文學正統，封建的王權思想淡出了，但很快傳統的勸善懲惡思想便取而代之。通俗戲劇所面臨的物件是市民階層，尤其是婦女觀眾佔了很大比重❻，家庭劇是最好的教化方式。從傳播學角度講，它解決了戲劇傳播過程中最為關鍵的一個「向誰傳播」(To whom)和「傳播什麼」(Says what)的問題。所以徐半梅說，鄭正秋的家庭劇把話劇不景氣的狀況給扭轉了。❼

從近代家庭劇的內容看，造成家庭破壞的「惡」的根源與以往有了很大的不同，傳統戲劇中的陳世美式、王魁式的「惡」，雖然在近代家庭劇中仍佔有一定的比重，但已不佔主流，近代通俗劇家庭「惡」表現為：一、資產階級革命過程以各種手段成長起來的新貴，他們的所作所為給家庭帶來的危機（如《家庭恩怨記》、《惡家庭》）；二、鴉

❻ 徐半梅：〈中國話劇誕生史話〉（下）。

❼ 同❻。

片、賭博等對家庭的危害（《恨海》、《黑籍冤魂》、《黑世界尋兄》）；三、惡女人給家庭造成的不安定、不和諧（《空谷蘭》、《馬介甫》、《馮小青》等）。

《家庭恩怨記》、《惡家庭》、《母》等劇是從維護家庭的完整、和諧、穩定的角度追求自己的劇作題旨的。在傳統中國，由於存在倫理與政治的整合，所以倫理道德不僅起著維護傳統家庭模式運轉的重要作用，而且對傳統國家模式有著不可忽視的影響。顧炎武說過：「有人倫然後有風俗，有風俗然後有政事，有政事然後有國家。」使家庭走在正常的軌道上的是社會無形的道德。《家庭恩怨記》中的王伯良是前清陸軍統制，屬於被消滅的物件，但在劇中卻是作為正面形象來寫的，這不能不說是「正統」思想多少起了一點作用。民軍起義時他挾款潛逃，途經上海，開始了揮霍無度、縱情聲色的生活。即使如此，人們仍然不能憎恨他，只有當他娶了妓女小桃紅為繼室，破壞了原有家庭的和諧時，人們才開始怨恨他。也就是說王伯良的可惡是從接小桃紅回家時開始的，小桃紅、李簡齋密謀捲逃為梅仙發覺，小桃紅欲除重申夫婦，設計誣陷重申毒父，王伯良怒而逐子，重申無奈自殺，梅仙成瘋，家庭旋即破滅。從道德評判的角度講，重申的死符合「孝」，梅仙的瘋符合「貞」，而王伯良娶妓女為繼室，按傳統規範講，是有違「流俗」和「輿論」，是不道德的，小桃紅私通李簡齋，一是不貞，二是有圖謀他人財產的罪過。因此，小桃紅遭到懲罰、王伯良遭譴責都是符合中國傳統道德的。王伯良要實現對自己的道德救贖，只有去投軍、報效國家。國家觀念最終實現了對普通家庭道德的修復和超越。這裏，所有的道德評判是在市民的心態和水準中進行的。

同樣的情況，也在《惡家庭》一劇中反映出來。《惡家庭》是鄭正秋的「得意之筆」，雖然並不是他最好的作品，劇情冗雜，頭緒繁多。

在早期新劇創作中也算不得上乘之作，但該劇的影響很大，剛上演時，觀眾雲集，盛況空前，「大獲時譽」❽。《惡家庭》取材於當時一般的市井生活，雖然沒有更深更新的思想意義滲透其間，可它原本也沒有用力去「宣傳」什麼，最大的可能也不過是「洩憤」❾。與《家庭恩怨記》相似的故事，卜靜丞一家的家庭悲劇，均起源於卜靜丞富貴之後，阿蓮、奶娘的不幸遭遇激發了觀眾的憤怒情緒，劇中對於卜靜丞的譴責引起了觀眾的共鳴。不過與《家庭恩怨記》相比，《惡家庭》似乎「政治色彩」有所淡化，卜靜丞的「良心發現」雖然也屬於「道德救贖」的範疇，但這種道德救贖被市俗化了，未能獲得「國家觀念」的提升、超脫，因此，其整體格調還只能停留在舊的關於家庭倫理道德的「聖人教諭」階段上。但作品所流露出來的對於「新貴」的不滿情緒，則是當時市民心態的一種折射。

對於家庭倫理秩序破壞的「惡之源」給以較為具體、新時的解釋的是徐半梅的《母》，這部發表於1916年《小說大觀》上的家庭劇，並未陷入當時成為家庭劇時尚的「惡嫂嫂」、「可憐姨太太」的類型。劇中批判的矛頭指向更為明確，平寶珊一家的家庭悲劇根源其實非常簡單：平寶珊以治病為名，將妓女豔紫引入家中，最終導致了其子荔芬的死。劇中對妓女豔紫並未譴責，反而借平妻靜枝之口，表達了同情之心。倒是那位標榜為道德之士的「神聖不可侵犯的醫學博士」平寶珊，他的滿口仁義道德的言論與男盜女娼的行為形成了絕妙的反諷。平寶珊的猥褻、淫惡的行為是有違流俗，為傳統道德所不容的，因而劇作帶有傳統道德批判的色彩，作品同樣給了平寶珊一個「救贖」的機會，讓他取槍自殺。然而作品道德批判的中心並不在此，而是要人

❽ 朱雙雲：《新劇史・補遺》，第1頁。

❾ 徐半梅：《話劇創始期回憶錄》，第66頁。

父、人母擔負起家庭教育的職責，為子女做一個遵從社會道德的楷模。顯然，較之前述的家庭劇停留在一般家庭惡的揭示，該劇又進了一步。

「惡女人」給家庭造成的悲劇最早在《不如歸》一劇中反映出來，該劇雖為日本人所作，但所寫到的內容，中國觀眾卻並不陌生：女子出嫁後不受婆婆歡迎，老太太與少奶奶的矛盾……劇作以濃重的家庭觀念及其相應的生活習慣為前提，衍射出社會倫理意識與個體生命的追求之間的衝突。趙金城的母親張氏「看不慣」兒媳的所作所為：

> 現在這些女人，也太廓了，只知道說什麼學問，什麼裝扮，其餘只知在丈夫面前放嬌，至於禮節規矩，簡直不放在心上，像那樣的女人，我是很不喜歡的。

她對於兒子「但知坐在女人身邊看守住她，說說笑笑」也大為不滿。這一情節，在西方人看來，也許是「戀母情結」的另一表現形式，但在東方人看來卻另有一番「道理」。中國傳統觀念中素來是「家國同構」、「家齊而國治」。《易經・家人》云：「父父、子子、兄兄、弟弟、夫夫、婦婦，而家道正，正家而天下定矣。」《詩經・大雅》云：「刑于寡妻，至于兄弟，以御于家邦。」程頤有言：「正家而天下治矣。」周子通也說：「治天下觀於家。」[10]《不如歸》中的張氏是這種「父父、子子、夫夫、婦婦」的家庭秩序的維護者。她為何對幗英橫豎「看不慣」？馬絳士在該劇中的《說明書》中交代：「姑守舊，以媳之染歐風也，疾之。」康幗英所染的「歐風」，從劇作中我們可以瞭解到是幗英平時與男性交流過程的自在大方、無拘無束的做派，而這與舊的家庭行為規範是相抵觸的。但是《不如歸》一劇是根據1898年德富蘆花創作的報刊小說《不

[10] 岳慶平：《中國的家與國》，吉林：文史出版社，1990年版，第45頁。

如歸》改編的，在日本算是「近代女性情節劇正史的第一部作品」。「從它描寫女性高尚的心靈美，而且將奉獻純真的愛情作為男性思想加以謳歌這點來看，堪稱劃時代的作品。這部作品是以婆婆虐待兒媳的悲劇來打動人們的心，一般來自封建時代的傳統主題。正是用這種傳統主題來抓住具有保守思想的讀者和觀眾，但其中也會有否定蔑視女性，並進而打出崇拜女性的新旗幟，從而成為新時代大眾文化的一部開創性作品。⓫德富蘆花的這部「女性情節劇」內含的情感形態是「崇拜女性」，而從中國舞臺上所傳達的則是「女性惡」。近代民主革命將一些基本的人權與民主思想漸漸滲入人們的思想觀念，因此，中國近代觀眾即使是最保守者也會同情康幗英，而憎恨張氏的所作所為。一個本來美滿、幸福的家庭因為張氏的專橫、固執、守舊而終於導致破滅，這一悲劇的所有責任均應由張氏承擔，這是當時觀眾觀看《不如歸》時的一種普遍心態。

由母親充當魔鬼的替身，這一般來說有違中國傳統的家庭孝悌觀念，所以除《不如歸》是日本劇作外，類似情況的劇作是不多見的。而大多數情況下，家庭惡角色以悍婦、惡嫂嫂、繼母之類面目出現。這類劇作由於大多是站在封建夫權觀念角度來進行創作的，因此有許多作品格調不高，內容乏善可陳。但《空谷蘭》、《馬介甫》、《李三娘》、《歸夢》、《馮小青》等劇卻在當時產生很大的影響。《空谷蘭》中造成紀蘭孫、紉珠一家家庭破滅的是表妹柔雲；《馬介甫》中造成楊萬石家不得安寧的是其妻悍婦尹氏；《李三娘》、《歸夢》中造成主人公顛沛流離、妻離子散的是惡嫂嫂刁氏和潘氏；《馮小青》中造成馮小青慘死的罪魁禍首是大太太馮大娘。日本劇作家所創造的「家庭劇」模式稍加

⓫ 佐藤忠男：《溝口健二的世界》，北京：中國電影出版社，1993年版，第22頁。

改造才告「完善成型」，中國人理解的「家庭關係」惡化的「罪魁禍首」，大多是女性，這有生理、心理上的原因，有現實生活的依據，更為主要的原因是它在很大程度上與中國人的家庭倫理觀念極有關係。無情嫂嫂、狠毒繼母、刻薄太太，這一類內容通常是茶餘飯後有關家長里短的話題，具有消遣性。但是吸引觀眾的是作品中流露的傾向性，其中有一深層的集體無意識即「家齊而國治」的傳統觀念。「家和萬事興」是中國人看待家庭內部關係的一個基本觀點，由於「惡婦」的存在，家不「和」、不「齊」了，所以對於「惡婦」的批判構成了作品的最表層的涵義。但是深究一步，我們又能發現，除了從聊齋故事改編而來的《馬介甫》描寫了一個無緣由的「悍婦」外，其餘均是圍繞財產、地位而展開矛盾衝突的，這也表明近代社會家庭關係惡變的根源乃在於金錢、財產等物質因素，是傳統倫理與金錢物質的衝突。家庭劇主要角色及關注重心從母親向繼母、刁婆、惡婦的轉變，透露出這樣的資訊，即隨著近代外來資本主義觀念滲透進來，傳統的家庭人倫關係開始發生動搖。儘管如此，人們仍希望通過勸善懲惡的道德教育途徑，來達到對人心的挽救。

中興（1914年）之前，新劇家們也曾有過類似家庭劇的實踐，但沒有達到「火爆」程度的關鍵原因是內容尚未完全貼近市民階層的生活。《空谷蘭》、《歸夢》等劇與鄭正秋在「中興」之後所作的《惡嫂嫂》、《妻妾爭風》、《尖嘴姑娘》一類迎合市民低級趣味的作品還是有著很大的區別，前者反映了當時普通市民的心態和善惡、美醜的價值取捨，而後者則將追求目標落實於「趣味」和「獵奇」之上，完全忽視營造健康的思想價值。總體而言，近代通俗劇從「惡婦」身上尋找家庭悲劇的根源，在某種程度上揭示了家庭問題一些本質真實。劇作者沒有停留在「揭露」和「批判」的層面上，而是從深層去激發人們的同情心。《空谷蘭》中作者對於紉珠這一形象寄予了深深的同情，這是一個善良、本分、任勞任怨的女性形象，在她身上凝聚著傳統中國女性的許多美好的品德，又兼具現代女性的優雅氣質。劇作者更多地瀉染她作為母親的情懷，讓觀眾體味到了母愛的人情美和人性美。劇中的許多煽情情節催人淚下，其中有一段，將人物間情感的渲染推向了高潮：

良彥：噢！我聽話。先生，你的手多軟呀，軟的像棉花一個樣子。【把小臉靠在幽手背上】先生，你能不能讓我叫你一聲媽呢？

幽蘭：【似應非應的笑著說】你不是有媽嗎？

良彥：她不是我的親娘，是我的晚娘。

幽蘭：【關懷地】良彥，趕快不要這樣說！給你爸爸聽到了，是要傷心的；給你媽聽到了，你又要挨打了。

良彥：先生，我聽你的話，以後不說了。【懇求著】你讓我叫您一聲媽媽好嗎？【幽正作猶豫狀，良沖口叫著】親娘！親娘！您是我的媽媽……

幽蘭：【應了一聲，臉上眼淚流下】下次可不要叫了。

以這樣一種樸素、簡單的方式營構感人情境是近代通俗劇一種普遍傾向，在《李三娘》、《馮小青》中均有表現，「李三娘哭訴身世」、馮小青訴說家庭生活的遭遇和對母親的思念等情節最易賺取觀眾的眼淚，激發觀眾的同情心，喚起人們對人性善的嚮往與追求。

第三種造成家庭悲劇的根源是鴉片。鴉片和賭博是當時危害社會的重要問題，也是危害家庭的一個重要因素。鴉片戰爭以後，中國家庭就受到了新的挑戰，人們無意識深處那種希望家庭和諧美滿的良好願望，也遭到了來自鴉片這一社會毒素的侵害。鴉片對家庭的衝擊，鴉片帶來的社會恐慌，對人們的心理構成了無形的壓力。《恨海》、《黑籍冤魂》、《黑世界尋兄》、《煙民鏡》等劇，均以感人的悲劇故事來教育、勸戒人們放棄吸食鴉片。

《恨海》、《黑籍冤魂》等劇的創作動機是社會教育。1913年鄭正秋創辦新民社，將這些劇作納入「家庭劇」的範疇搬上舞臺，客觀上這些劇作起到了家庭教育的作用。鄭正秋在給《黑籍冤魂》所寫的序中說：「此有功世道之悲劇也。」「記者與有同志，爰請其將所編《黑籍冤魂》一劇擇其能發人深省者印成照片，並附白話說明書，如禹鼎鑄奸，醜像畢露，俾閱者驚心觸目，及早回頭，庶茫茫苦海中不致沈溺無數冤鬼。」⑫《恨海》中的陳伯和原是一個「連講話都怕難為情」的書香子弟，一場兵災，使他與家人失散，後誤入妓院，染上鴉片，從此一發不可收，最終淪為乞丐，葬送了與張棣華之間的感情。《黑籍冤魂》中的甄弗戒愛做公益善舉、廣交朋友，其父擔心其長此以往將會敗家，即脅迫其吸食鴉片，豈料甄弗戒自從抽上鴉片，竟斷送了老母、妻子和兒子的性命，女兒也被賣進窯子。陳伯和與甄弗戒的家庭慘狀，其直觀的勸戒、教育意識無疑是很大的。中國近代新劇作家和戲劇觀眾都是從家庭向善，家庭和諧、美滿的理想和願望角度來創作和觀賞這類家庭劇的。客觀上，這些劇作在當時發揮了積極作用。

家庭劇作為中國近代通俗戲劇的一種類型，勸善懲惡是其核心內容，但是，以鄭正秋為代表的一批家庭劇作家，「明白了以往的缺點，不再用說教式的劇材了」⑬。取代那些演說口號的是一幕幕動人心魄、

---

⑫ 《中國近代文學大系・戲劇集》(16)，上海：上海書店，1990年版，第679頁。

⑬ 曹聚仁：《聽濤室劇話》，第205頁。

感人肺腑的故事，新劇家採取以情動人的策略，贏得了大批觀眾的喜愛。從《不如歸》中趙金城、康幗英的愛情悲劇，《恨海》中張棣華對於陳伯和的竭力挽救，到《空谷蘭》中母子親情的阻隔，都極大地張揚了人間普遍的真情性。

第三節　世風惡俗的抨擊與解剖
——新興市民階層的雙重精神重負

辛亥革命前後的戲劇改良運動，均把「戒惡俗」作為新劇通俗教育的一項重要內容。在中國傳統社會中，儒家重義輕利的思想是人際交往中的一個重要準則。近代社會隨著外國資本主義勢力和觀念的滲入以及市民階層的興起，新的人際關係和新的處世觀念正在形成。特別是充斥外國資本的近代都市中商品流通的加快，商業利潤迅速聚散，引發了社會成員之間貧富的差距，這種變化又引起了整個市民階層社會心理朝著重利、重財方向轉變。另一方面，由於近代社會教育的不發達，導致科學技術的不普及，而科技的不普及又使得因循守舊、迷信愚昧的事件頻頻發生。傳統的充滿人情味、合乎自然法則的禮俗社會形態、民間風尚遭到破壞。

新劇家們痛感世風日下，將編演新劇作為教育民眾、挽救世風的一種措施。世風的窳敗，當時最突出的是表現在婚姻和友情等方面。藍欣禾在創作《俠女奇緣》一劇時就有過這樣的認識。他在作品的「題記」中談到創作的意圖時說：「世俗結婚，往往以金錢為標準，男女之人格，非所計及，家庭不幸之事，即由此起。本編敘富家子必娶富家女，因而夫婦冰炭，又窮家女希嫁富家郎，反結悲慘之果，使有子女之人觀之，得絕大之覺悟。……本編既寫一俠女子，又寫一俠少年，示純正高潔之美德，結美滿幸福之姻緣，藉以針世砭俗。」⑭辛亥前後，這種「針世砭俗」的劇作在當時所有的通俗劇中佔有很大的比重，影響較大的劇作有《珍珠塔》、《火燒百花台》、《一元錢》、《恩怨緣》、《姊妹》等。《珍珠塔》是維揚人蔣四根據《說部》中的故事改編而成的。劇作為述青年書生方卿因家中遭災，生活十分貧寒，適逢姑父陳玉蓮生日，前去襄陽拜壽。不料竟遭嫌貧愛富的姑母的奚落、羞辱。方卿明其心態後離開陳家，正在此時，表姐陳翠娥懇切挽留，怎奈方卿志向已定，堅持不食嗟來之食。一年後，方卿得中頭名狀元，赴官途中，他裝扮成道士數落姑母勢利、刻薄之處。與《珍珠塔》內容相近的另一部劇作是《火燒百花台》。《火燒百花台》敘述的是揚州書生李文俊因家中遭受火災，無依無靠而投奔岳父，豈料岳父莫桂嫌其貧寒，企圖賴婚。莫的大女婿孫化龍授計，讓莫收養李文俊主僕二人，以粗茶淡飯待之。不久李文俊的老僕李忠因病無錢醫治而死，李文俊因無錢安葬李忠，被逼無奈只好賣身為奴。後李文俊在二小姐淡雲的資助下進京趕考，得中狀元，派任浙江巡撫，莫桂受到了眾人的譴責。莫桂在精神實質上與方卿姑母毫無二致。

《一元錢》是南開新劇團編演的一部針砭時弊的劇作。它敘述富紳趙凱資助孫思富，使其擺脫困境。十年後，趙凱病故，其長子趙平隨惡少年遊，恣意揮霍，家產殆盡。後趙家又遭小人算計，家產悉數被焚。趙凱次子趙安到孫思富家求助，孫嫌其貧，只給一元錢而揮之去。趙平覺悟後遂往外就業，經商獲厚利回到家中，兄弟勉力同心，振興家業。《恩怨緣》則講述了一個恩將仇報的故事。劉央收養了貧苦人王本的兒子王活兒，但在劉央死後，王本夫婦竟與活兒一起謀害劉

⑭ 藍欣禾：〈俠女奇緣・題記〉，《快活世界》第1期，1914年8月。

妻及其親生子女，意圖吞佔劉氏家產。正當活兒企圖加害劉央之子劉厚時，適遇強盜，劉厚不計前嫌毅然往救，終負重傷。活兒被救後，幡然醒悟，愧不欲生，從此改邪歸正，重新做人。

上述這些作品其教化意義是不言而喻的，在宣揚義德的感召力的同時，對於那些不仁不義的市儈進行了強烈的抨擊。新劇家以質樸的市民情感為形形色色各種各樣的勢利無義的小人描繪了一幅百醜圖。

有對無情無義的嘲弄。如《火燒百花台》中李文俊身無分文、一貧如洗，被岳父莫桂視為眼中釘；《珍珠塔》中方卿衣衫襤褸，姑母便要想法將其趕走；《一元錢》中趙安家中罹難，前來求助，曾經蒙恩於趙家的孫思富只給「一元錢」。後來李文俊、方卿均得以高中狀元，趙安一家也時來運轉發了意外財，人們對勢利者的嘲諷使莫桂、孫思富們「羞愧難當」。

有對見利忘義的蔑視。《仇大娘》中的族叔，在其侄仇仲罹禍時，竟趁人之危，圖謀佔有仇氏家產；《姊妹》中的妹妹，在一筆意外的遺產面前，便整日算計著如何得到這筆財產；《遺產》中的唐孟聰及其僕唐福為謀佔田某遺產，竟扮臨終之老人，演了一齣矇騙律師的雙簧丑劇。《俠女奇緣》中妓女粉香閣貪戀富戶財產，竟教授女兒以勾引男子之術，以色相騙取富家子弟的錢財，後終遭報應。

有對忘恩負義的批判。如《恩怨緣》中的活兒為富紳劉央養子，劉央一家視其如同己出。劉央死後，王活兒竟勾結其生父母迫害養母劉氏母子三人，後其生父王本縱火時被燒死，生母胡氏下毒不意自己反被毒死。

在對世態炎涼、人情冷暖批判的過程中，作品的總體傾向是：義德感動天地，善惡果報不爽。義的舉動，德的佈施，均能達到如願以償的結果。讀書人金榜題名，生意人驟發橫財，窮途末路者發跡騰達，骨肉分離者得以團圓，情義相投者終成眷屬……回報的形式，不管是假以天公或藉以人力都是一樣的。這些肯定與否定的道德賞罰觀念，帶有原始的、形而下的特徵，它是傳統市民心態的一種反映。

新劇家們在批判薄情寡義、庸俗勢利者時，通常還塑造了一批重情重義的正面形象，如《珍珠塔》中的陳翠娥、陳玉蓮，《火燒百花台》中的淡雲、淡雲的舅舅，《一元錢》中的慧娟，他們與方卿、李文俊、趙安等受害者，都是薄情寡義、勢利小人的對立面，作為「義」的代言人，構成了作品的主旋律。

應當看到，《珍珠塔》、《火燒百花台》、《一元錢》等一批反映社會風俗變化的劇作，由於劇作家採用的是市民的視角，因此在觀察、評判、針砭時弊時只能是感性化的，將近代社會市民交往中產生的種種精神困惑、苦悶平移進劇作之中，並作出一種市民化的理解，這無論如何不能進入審美的崇高境界。但是近代中國新興市民階層，從其誕生之日起，就背負著雙重的精神重負：一方面身處半封建、半殖民地的現代都市，他們必須，也不得不參與以金錢、物質為載體的利益交往，講究利害取捨，追逐更多的利益，甚至不安常態，不守舊規；另一方面作為剛從農業文化中轉化而來的中國人，他們不能擺脫傳統、倫理道德的束縛，當他們在都市中競爭、角逐、掙扎後感到精神疲憊、煩惱、厭倦時，不可避免地對那種在宗法社會中形成的、帶有田園牧歌色調的義利取捨觀念產生懷舊之情。因此，他們希冀用這種理想化的義利取捨觀念、法則來解決現實中遭遇的問題。這兩種力量時常矛盾、衝突，形成市民複雜的心態與人格。

世風惡俗的批判是符合時代潮流的，但通俗劇的批判方式是需要超越的，只有超越傳統倫理道德的審美判斷方式，才能走出感性化、簡單化、理想化的套路，使這一類型通俗劇具有較高的思想藝術品格。

第四節　婦女解放與婚姻自由的微弱吶喊
──女性人權意識的初萌

一、家庭劇中的女性

大量的家庭劇文本顯示，女性形象被賦予了兩極化特徵：迫害狂與受虐者。進入近代的中國社會，人們信奉的仍然是傳統的婦女「三從」、「四德」封建觀念。1900年以後，在改革維新的時代大潮中，婦女解放的呼聲漸漸響亮起來。走出家庭是婦女解放的第一步，然而，當時女子要求平等的願望，並沒有先把焦距集中在婚姻問題上，而是先體現在政治平等的要求上，也就是說，她們不只是要求婚姻的平等自由，而是一切權利的平等自由。辛亥革命的當年，民國政府就通過了「十一條政綱」，如「實行男女權利平等」、「實行普及女子教育」、「改良家庭習慣」、「實行一夫一婦主義」、「禁止奴婢買賣」、「禁止無故離婚惟以後則實行結婚自由」等等。女權主義思潮在近代社會的廣泛傳播，引起男權社會，特別是封建貴族、特權階層的恐慌，他們常以「牝雞司晨」來斥責這樣的思潮。這也就是近代家庭劇中「母夜叉」、「迫害狂」形象比任何一個時期都多的一個背景。在傳統的經典本文中，女性形象大體可歸為四大類：聖母、貞女、祭品、魔鬼妖女。當婦女人權意識上升並與男權中心發生衝突時，男權中心文化中的「魔鬼」、「妖女」形象就會多起來。所以我們看到，《不如歸》、《空谷蘭》、《馮小青》、《李三娘》、《歸夢》中的「惡婆婆」、「惡繼母」、「惡太太」、「惡嫂嫂」等都呈現出十惡不赦、青面獠牙的特徵，她們背上了「家庭悲劇」根源的罪名而無法逃脫道義的譴責。而真正的悲劇製造者卻能逍遙於道德法庭之外。在以「儒教」為代表的父權制文化傳統中，父親是家庭中至高無上的權威，男子是家庭中的主宰。《不如歸》中趙金城沒有父親，父親被作者作了「缺席」的處理。康幗英有一個好父親，他自始至終給子女以關愛。在劇情的要求和驅使下，隱藏著不易被人覺察的意識，父親似乎天經地義地不會如趙母那樣不通「人情」。在《馮小青》、《虐妾》、《李三娘》、《歸夢》等劇作中男人似乎是受委屈的可憐蟲，試問如果沒有馮子虛們的「納妾」「愛好」，會產生馮小青的命運悲劇嗎？如果沒有賈俊友們的慫恿、默許，怎會有潘氏、刁氏的刁蠻、撒潑？又怎會有李三娘的悲慘境遇？

家庭劇中的惡母、惡太太、惡嫂嫂是被否定的物件，而作為受害受虐者似乎是被同情的物件，康幗英（《不如歸》）、馮小青（《馮小青》）、李三娘（《李三娘》）、紫菱（《歸夢》）、紉珠（《空谷蘭》）、柳氏（《妻黨同惡報》）這一系列被侮辱、被迫害者的形象，符合了男權社會關於女性美的所有標準：美麗、溫柔、善良、有修養等，而作為真正主體意義的女性，在這裏成了一個「空洞的能指」(elusive signifer)。她們無疑應被歸入經典本文的女性類型——貞女、烈婦中，以她們的悲慘結局來建構男權社會關於女性的理想化模式。

二、衝出父權的藩籬

表現青年一代對封建家長制絕對權威的叛離，是新劇劇目的一個鮮明特點。此類劇目最初似以抗父從夫、棄父隨夫的形式出現。如春柳悲劇《生別離》講述富商韓基本密謀以礦山私售外人。其未婚婿柳某屢諫不聽，韓將其囚於暗室，恐其洩密。韓女私自釋柳，且與偕亡。韓某將女兒追回後逼其改嫁他人。韓女不從，抑鬱成疾。柳逃脫後從軍積功，韓女臨終以釵飾授婢青梅，囑寄柳助軍需。韓家驟落後，韓父經女墓遇柳，大慚，乃從其妻謀，以青梅歸柳，且謝過。春柳的另一齣戲《生死姻緣》講述留日學生林某要在辛亥期間回國往舅家與同學策劃起義。其舅周某惡之，妄圖告發警廳。被趙女所聞（趙女為周前室侄女）。趙女連夜告林，周知林亡為趙女所縱，怒責趙女。趙女憤自縊，為傭張氏所救。周聞之益怒，命買棺來，立逼趙女死。適周以事他去，周女與張氏合謀匿趙女於他處，而以空棺覆命。後林入義勇軍，趙入紅十字會，至南北統一後乃成婚。

在這兩齣戲中，待字閨中的女性已不是唯父命是從的弱女子，她們有膽識追隨戀人，不惜違抗父命，而家長則動用殘忍手段制裁女兒的義舉。兩代人被置於生死不相容的衝突中，最後是傳統價值的崩解，青年一代如願以償。這種劇情安排、場景設計反映編創人員對青年寄予深切同情，對封建家長制所維護的禮教規範予以無情抨擊和控訴。在《秋海棠》、《同命鴛鴦》中青年男女彼此傾心，雖未得親命，婚事未諧，卻已溺於情，涉非禮。家長的干預不能使青年改變初衷。這種青年人在面對婚姻大事時敢於違背家長意願、自行其是的做法是以往戲曲舞臺上少見的。更難能可貴的是，劇作者沒有以誤會或巧合來彌補兩代人的價值背離，而是明確站在青年一邊，對家長粗暴干涉子女權益的行為作出道德批判。儘管在戲中青年人處於弱小受害者地位，但其不畏強暴，追求自由意志的精神，光彩奪目，令人鼓舞。

對舊家庭尊卑等級的抨擊，為女性弱者鳴不平也是新劇極有特色的一面。《龐靜宜》（春柳社演出）述惡婆婆袁氏與次子共同虐待寡居的長媳龐氏，引媒人立約將賢媳賣與商家。龐氏自幼喪父，新婚不久即喪夫守寡，從此飽受婆婆的白眼和欺凌，最後在世父干預下龐氏母子才脫離袁氏手掌。《尖嘴姑娘》（新民社演出）述穆家小女屢向母讒言其嫂，至四出其嫂。第五個進門的新嫂嫂知小姑不賢，便聯合已出的四婦群起與小姑為難。小姑遂不得逞，後嫁人不得善終。《惡家庭》（新民社演出）是鄭正秋的得意之作，由其《苦丫頭》和《奶娘怨》兩劇合二為一編成，劇中揭露婢女、奶娘等家庭中的「位卑者」所遭受的不公正待遇，用以勸人們與人為善、尊重他人，也是一部具有影響力的戲。修身、齊家曾是封建倫理規範中做人的起點，而在新劇展示的家庭人際關係中卻充滿卑鄙、兇狠、淫亂和對弱者的侵害。劇作者褒貶鮮明，表達了對舊式家庭的詛咒，而處於弱者地位的女性則以賢惠、智謀贏得輿論的同情和尊重。

近代通俗喜劇在表現對封建倫理觀念無情嘲諷方面顯示出獨特的戰鬥力。在喜劇《十姐妹》中，女學生趙苛自命中國女豪傑，團結同志十人倡行無夫主義，實則各有炫耀富嫁之心。世家子褚某仿泰西登報徵婚，出賣彩票。十姐妹均暗購彩票，冀得褚某為夫。開彩日十姐妹皆不得彩，因羞成怒共往搗毀報館。後經教育會長調停，十姐妹遂與褚等十人同日喜結良緣。這齣戲表現的是青年男女對自主擇偶的渴望，並依靠團體的力量實現自己的目標。春柳社的另一齣喜劇《文明人》帶有辛辣的諷刺趣味，作品描述賈某自外遊學歸來後，力以新派自任，強迫年過六旬的老母入學讀書。賈某耽於花柳，賈妻屢勸不改。一日賈在妓院演說自由自立之說，賈妻以母病促其歸，賈穽辱之，妻憤而欲死。後賈之表弟策劃讓賈妻妹女扮男裝，與賈妻攜手遊於公園，故使賈見之。賈責其妻，妻反唇相譏，並拾賈自由之說以自辯，賈憤妻所為，幾欲自殺。後眾告之真相，賈與妻為夫婦如初。該劇抨擊了某些自我標榜為文明人的不文明行為，表面上冠冕堂皇，實則虛偽而又虛弱，在當時有強烈的現實意義。喜劇中對性別歧視的諷刺尤為辛辣，一些立於正面地位的女主角幾乎成為智慧和勇氣的象徵。新劇推出的新女性形象有女革命黨人（《夜未央》，藥風社演出）、女偵探（《秘密女子》，紅色風社演出），有能言善辯的大家閨秀（《空谷蘭》）、智勇雙全的婢女（《義婢》，新民社演出）。此外，在移植的西洋劇中有表現女性智慧的《肉券》（莎士比亞《威尼斯商人》），描述男女社交公開的《怨偶成佳偶》（莎士比亞《無事生非》）等。在鄭正秋精選百齣新劇劇目的同時，他還收錄了33齣西洋劇，其中莎士比亞的劇作21齣，日本戲劇7齣，其他5齣。其中有相當一部分是為女性說話的。新劇之有「文明戲」之稱，舞臺上的女主角之有清新脫俗的風采，與西洋戲劇的輸入和借鑒是不無關係的。

新劇舞臺上的新女性形象與傳統戲曲中的女性形象截然不同，前者是敢於突破封建婦德束縛的女勇士，而後者卻是封建婦德的殉道者。在民初，這些新女性形象曾引起觀眾的偏愛，如汪優游在《空谷蘭》中扮演以尖嘴姑娘形象出現的閨閣女，曾令不少觀眾傾倒，「有的甚至能把臺詞中的警句背下來」⓯，連看數遍，欲罷不能。編創人員則注意迎合女觀眾所好，對新劇廣告語的選擇倍加推敲。如《鬼詔》（《哈姆雷特》）上演時正逢春雨連綿，廣告語就借用一句民間俗語「天要下雨娘要嫁」；笑舞臺推出系列旦角戲《胡四娘》、《小翠》等恰逢陽春三月，廣告語就巧妙地改用兩句唐詩：「三月三日天氣新，笑舞臺上多麗人。」這類匠心獨運的宣傳語句效果頗佳，往往為居民傳誦一時，「甚至每天有人把笑舞臺的廣告當成遊戲文章看，自然常常客滿」⓰。當時有一齣新劇《新戲迷傳》，述某人癡迷新劇，不僅舉止皆模仿演劇，且要求家人效其所為。一日在家試演新劇，妻誤以為他病狂，其父聞

⓯ 歐陽予倩：《歐陽予倩戲劇論文集》，上海：文藝出版社，1984年版，第203頁。

⓰ 徐半梅：《話劇創始期回憶錄》，第89頁。

而大怒，將與之理論，甚至弄到警察也出面干涉。該劇以誇張的手法表現新劇貼近都市居民生活的特點。新劇對人們觀念更新所產生的刺激和潛移默化的影響，是同期的傳統戲曲演出所無法企及的。

三、婚姻自由的初步吶喊

對婚姻自由的渴望是近代通俗劇經常演經常更新的主題之一。其新的發展趨勢是導向對封建禮教抨擊、摒棄和女性社會角色的重新定位。一些傳統劇目中的才子佳人戲被賦予了新的靈魂，《饅頭庵》、《梁祝哀史》等劇也曾風靡一時。值得注意的是《女豪傑》、《自由夢》、《玉如意》、《俠女奇緣》、《自由結婚》等一批新編通俗劇，傳達出了女性要求自己掌握自己命運的呼聲，這一呼聲中還帶有一定的民主、平權意識。《女豪傑》一劇塑造了一個具有反叛精神的青年女性秦良玉的形象，她在劇中的一段對話，標誌一種新型意義上的女性的誕生：

秦良玉：官人呵，奴家聽見人家說，做女子的要曉得三從四德，怎樣叫做三從？怎樣叫做四德？

馬文龍：在家從父，出外從夫，夫死從子，這叫做三從。婦德、婦言、婦容、婦工，這叫做四德。

秦良玉：這是何人所說？

馬文龍：是曹大姑所說。

秦良玉：原來是曹大姑所說，這曹大姑就是中國女子的第一罪人。

……

秦良玉：所以把中國的女子一個個都弄成了這樣的奴婢人格。

這裏，我們明顯地感受到女性自我意識的覺醒。秦良玉這段質樸的語言，體現了近代女權主義的基本綱領：要求婚姻的平等自由，女性要自己把握自己的命運。如果說秦良玉是一個開朗、活潑、富有主見、敢於挑戰傳統的古代女子的話，那麼《玉如意》中的柳如意則是一位充滿現代氣息、敢於追求自己的愛情理想的青年女性。將門之女柳如意與柏秀峰的愛情產生於一個偶然的機會。某日柳如意替母去普陀寺燒香還願，路遇強人欲行不軌，適時柏秀峰路過，拔刀相助，解了柳的圍。這並沒有超出傳統英雄救美的模式，但此後柳柏二人的愛情旅程卻充滿坎坷挫折。柳如意的母親朱夫人將她許配給內侄朱權，而朱權是醜陋、猥瑣的小人，因此柳如意堅決不從母意，趁母赴約，走出家門與柏相會。儘管朱夫人從中干涉，柳如意仍不變初衷。最終，有情人終成眷屬。柳如意自始至終對自己婚姻命運的把握，反映了覺醒的中國女性要求擺脫舊禮教的束縛，走向社會的個體思想精神傾向。《俠女奇緣》中的胡靜貞與孫逢光的愛情結合也富有時代特徵。胡靜貞的哥哥胡大郎因父母包辦婚姻而飽嘗苦果。她不願走其哥哥的老路，在女扮男裝為其打聽情況時，遇到了俠義少年孫逢光，靜貞為他的見義勇為之舉所折服，遂生愛慕之心。藍欣禾在創作這部劇作時，曾有一個整體設想，即把靜貞與孫逢光的婚姻，作為文明結婚的典範來描寫，其中包含了兩層意義：一是要自由戀愛，二是要打破門戶觀念和煩瑣的婚俗。自主婚姻是作者文明教育的一個內容，它突出了個體情感因素在婚姻中的地位，從而否定那種以禮教、金錢、物質為基礎的婚姻形式。

《自由夢》、《自由姻緣》、《自由結婚》等劇在近代劇壇也曾產生過廣泛的積極的影響。這些作品中的男女主人公大都因婚姻不自由而死去，以個體生命的消亡，來達到對封建家庭和不合理婚姻制度的控訴。劇中的男女主人公充滿自由平等的思想，對封建婚姻制度具有強烈的反抗性和鬥爭性。《自由夢》中男主人公奚劍花在追求自己鍾情的姑娘李麗娟時說：「吾想男女間的交際，原是神聖的自由。吾輩自問既受了些文明知識，正宜掃除社會上的惡習，萬不能再嚴分男女的界限，只要自問良心無愧，就有什麼也只好由他了！」麗娟與劍花的愛情因其父的阻撓而成為悲劇，麗娟臨終前終於大膽而淒慘地喊出：「自由……自由……吾所崇拜的自由……夢！幻夢！」追求婚姻自由的作品在傳統戲劇作品中並不少見，但像這樣大膽追求、熱烈高呼「自由」的男女主人公在以前的劇作中是難以找到的。王無恐的《玉如意》與徐天嘯的《自由夢》、藍欣禾的《俠女奇緣》均發表於1914年前後，而此時上海舞臺上「虐妾」題材的家庭劇正十分流行。可以發現，這些劇作從思想內容上已與《馮小青》、《可憐姨太太》等劇作有了明顯的不同，馮小青的悲劇控訴了舊家庭的罪惡，但畢竟主人公沒有走出家庭，沒有喊出「自由」的心聲。《玉如意》、《自由夢》、《俠女奇緣》等劇作，給當時渾濁的新劇舞臺注入了一種新鮮氣息，也為「五四」婦女問題、家庭問題的戲劇創作作了極好的鋪墊。

第五節　宮廷與官場的「浮世繪」

——從特定角度激發人民革命熱情

辛亥前後，西方民主革命的思想已漸漸深入人心，「那時候大家都恨著清室官吏的貪污，青年人皆表同情於革命黨。戲中凡是譏諷官僚的情節，皆能博得觀眾的同情」⑰。特別是在袁世凱篡奪了辛亥革命

⑰ 汪優游：〈我的俳優生活〉，第333頁。

的成果以後，又積極準備竊取皇帝的寶座，廣大群眾對此無比憤恨，編演者借寫宮廷、官場的戲來激發民眾反對封建帝制、反對封建官僚統治的熱情。

近代通俗戲劇中描寫宮廷生活和官場情形的作品很多，據朱雙雲的統計，約有15種之多，其中《燕支井》(《胭脂井》)、《光緒與珍妃》、《西太后》、《李蓮英》、《捉拿安德海》、《一念差》、《共和萬歲》等劇在當時產生了很大的影響。

《燕支井》表面是寫光緒與珍妃的愛情悲劇，實際寫的是葉赫那拉氏宮廷專制暴政。這部作品以義和團攻打外國使館事件和戊戌政變為背景，揭露了以西太后為首的滿清封建統治集團昏聵、愚昧、野蠻、殘暴的統治內幕。作者包天笑以較多的筆墨賦予主人公光緒以極大的同情，對「六君子」的改良活動也持贊成態度。與《燕支井》內容相近的一部戲是《光緒痛史》，這部作品以光緒與珍妃的愛情為主線，描寫了葉赫那拉氏的專權與蓮英等太監、奸臣的種種惡行。顧無為的《西太后》曾使民鳴社起死回生，這部作品以葉赫那拉氏為中心，描述了宮廷鬥爭和腐朽的生活，通過東西太后的權力之爭、義和團運動等幾種事件也順帶表現了清廷在政治和外交上種種失敗的情形。在袁世凱垂涎皇帝寶座的當時，用以影射時政，具有一定的積極意義。

「甲寅中興」時「旗裝劇」盛行，除了上述劇作，還有表現清朝各代帝王生活的作品，如《康熙尋親》、《乾隆休妻》、《順治出家》、《雍正篡位》、《宣統出宮》等，這些作品都極大地滿足了當時觀眾的好奇心。辛亥革命以後，皇權思想受到了衝擊，人們不再把在舞臺上表現宮廷生活看作大逆不道，另外，宮廷生活對於廣大民眾來說畢竟是神秘的，例如《西太后》之所以大受歡迎，原因之一是「人們很想在舞臺上看看她（西太后）是個什麼樣的女人」⓲。一些新劇家從商業利益出發，一味地迎合某些低級趣味，加大了劇中「宮闈秘事」的比重。因此對於封建帝王專制統治的批判的積極意義在此被大大沖淡了。

宮廷生活離人們比較遠，而官場現狀卻離人們很近。早在學生演劇階段，汪優游等就曾編演過諷刺喜劇《官場醜史》。而此後的進化團任天知編寫過《共和萬歲》，在這部劇作中，作者將晚清官僚在革命到來時的種種醜態表現得淋漓盡致。對於激發人們的革命熱情以及對滿清統治的痛恨起到了推波助瀾的作用。

真正寫出官場複雜性的當推《一念差》、《楊乃武》等劇。

《一念差》是南開新劇團編寫的一部作品，劇作為述的是宣統二三年間廣東官場葉中誠運動官職不成而施陰謀陷害他人，結果良心發現的故事。葉中誠本是一個本分之人，只因花了許多錢，到北京去運動粵海關監督的缺，剛要到手，卻又被那走王府門路的李正齋搶先一步。葉在幕友王守義的蠱惑下設計誣告李正齋私通革命黨。李被拿下獄，葉才得這個差事。雖然這是葉中誠虛榮心指使下的「一念之差」，但卻反映了晚清官場的黑暗、腐敗。按照涵廬的理解，這部作品的「目的」有「五層」：「（一）寫幕僚的弊病；（二）寫買缺賣缺的弊病；（三）寫官場虛榮心的弊病；（四）寫官場黑暗，指奸即奸，指盜即盜的真相；（五）寫官場奢靡，因錢變志的真相。」⓳在真與假、善與惡、美與醜的對照中，作品揭示了封建官僚制度對人性的扭曲。涵廬認為《一念差》是「寫實主義中的問題主義的戲」⓴。確實，這部作品將解剖刀深入到人的靈魂深處，進行深入的剖析，然而作品揭露的不是個別官場人物的道德敗壞，而是將矛頭指向整個封建官僚制度、整個封建社

⓲ 王衛民：〈我國早期話劇的起源、興盛和衰落〉，《戲劇》，1986年第2期。

⓳ 涵廬：〈評《一念差》〉，《南開話劇運動史料》，第407頁。

⓴ 同⓳。

會的黑暗腐朽，使人領悟到這樣的制度、這樣的社會已到腐敗透頂的地步，非改造不可了。

《楊乃武》以清末「四大奇案」之一的「楊乃武與小白菜」一案為素材，以楊乃武與小白菜的冤情為引子，充分展現清末官場的真實情形。餘杭縣劉錫彤之子劉子和貪戀葛小大之妻小白菜之美色，而設計毒死了葛小大並栽贓楊乃武，於是一場曠日持久的官司開始了。在屢審屢駁、屢駁屢審的漫長三年中，先後有100多名官員錯判了案子。其貪贓枉法、官官相護、包攬詞訟、顛倒黑白的種種惡行已到了令人髮指的地步，這部作品從一個側面再現了草菅人命的官場黑幕。

在近代通俗劇壇上側面揭露官場黑暗、腐敗的劇目屢見不鮮。《張文祥刺馬》中馬新貽玩弄權術，為所欲為，也是血債累累。《炊黍夢》中的李端五是一個典型的專事吃喝嫖賭而胸無點墨的小流氓，因其兄的關係居然被藩臺「提攜」委以高官。而其兄在南昌縣任上曾因揮霍過公款十萬之鉅被罷官……，凡此種種都是對封建官僚統治的控訴。

這些作品在揭露和鞭撻清廷官場的黑暗、腐朽時，雖然淋漓盡致，卻未能通過反對清朝統治來鮮明地體現變革半封建、半殖民的社會制度的思想，其反叛性還不算強烈，有些劇作甚至還有「好皇帝」的思想，如《楊乃武》一劇最後，關鍵時刻慈禧太后的「口諭」對畢秀英命運的拯救，即是明證。這表明這類題材的通俗劇離反帝制、反封建的新文學確實還有很大的距離。

第五章　通俗戲劇藝術形態的嬗變（上）

第一節　對話劇戲劇性的最初體認
——在創作實踐中感悟並漸趨成熟

最早的話劇演出劇目當屬春柳社1907年2月在日本東京上演的《茶花女》和《黑奴籲天錄》，這兩部作品均是從西方名著改編而來，然而，作為中國話劇的處女作，這些作品一開始就具有了很高的戲劇性，這不能不說是一個奇蹟。劇本雖根據小說改編，但已進行了必要的加工和創造，全部用口語對話塑造劇中人物，表現其真情實感。沒有幕外戲、朗誦、獨白等內容，曾孝谷、李息霜這些話劇的「門外漢」之所以一開始就把握住了話劇的某些本質特徵，主要是得力於日本新派劇戲劇家的指導。春柳社回國後，將從日本學到的話劇也帶回國內。春柳的舞臺創作是比較嚴謹的。這種嚴謹主要表現在其對於戲劇性的追求上。歐陽予倩在談到春柳社的戲劇創作時說：

> 春柳的戲有劇本是人人知道的，有劇本臺詞不致散漫，動作也有規矩。當時各家的文明戲，全愛用滑稽男僕，把臉上畫得怪形怪相，一條紅辮子翹得很高，無論主人在那裏談什麼嚴肅的話，他總要從中打諢，志在令觀眾發笑，便不管合適不合適，把全劇的精神、全劇的空氣都讓這種無理取鬧的丑角任情破壞而不加愛惜；這種現象在春柳劇場裏，始終沒有過。❶

很顯然，春柳社編演的劇作，已注意到用「臺詞」、「戲劇動作」等戲

❶ 歐陽予倩：《自我演戲以來》。

劇要素來製造戲劇性的重要性。「臺詞不散漫」、「動作」有「規矩」都是強調「臺詞」、「戲劇動作」應當成為劇情發展的一個有機組成部分。「為革命而演劇」的春陽社和進化團所創作的一些劇作如《黃金赤血》、《共和萬歲》等都在劇中增設一個專門發表演說的角色,《黃金赤血》中調梅有兩次演講,一次是在妓院勸人募捐,一次是在劇的結尾。「演講」作為「戲劇動作」在這一作品中與劇情基本上是融洽的。劇中的第八幕寫道:

> 班　主:……調梅先生的大名,想來婦孺皆知的,我說一件極有趣的事,便是調梅先生父女重逢,調梅先生熱心時局,肯犧牲一身,父女合演現身說法,……今日我的意思要先請調梅先生,先演說一回,然後跟著演戲,列位贊成嗎?
>
> 【看客拍手贊成。】
>
> 【梅妻、小梅聽說注目臺上。】
>
> 【調梅上場演說。】

這基本上是沿襲了春柳社的做法,然而春陽社、進化團的大多數作品偏離了春柳早期方向,出現了即使外國戲或家庭戲也摻雜許多化妝講演的成分。講演的內容游離出劇情,甚至是借題發揮,與劇本內容毫無關係,造成戲劇性的降低。戲劇性是從戲劇動作、戲劇衝突、戲劇情境中體現出來的,辛亥革命前後的新劇實踐中表現出來的優劣、高低,明眼人看得十分清楚。馬二先生指出:「新劇中萬不可多加演說,蓋演說自演說,劇自劇,若劇中多加演說則非劇矣。」❷在《春柳劇場

❷ 馬二:〈嘯虹軒劇話〉,《遊戲雜誌》第19期。

觀劇平談》一文中他又說：「今之談新劇者，就藝術上之眼光衡之，必以春柳劇場為冠首。」而春柳劇場所演戲劇中，「腳本之佳者」他認為「當推《家庭恩怨記》、《不如歸》、《真假娘舅》最為優等。結構周密，立意新穎，逐幕皆精彩，令人看了第一幕，便想看第二幕，看了第二幕，更不能不看第三幕，步步引人入勝，劇終仍有餘味，此其所以為絕作也」❸。馬二先生這裏所講的正是戲劇性具體表現形式，即戲劇衝突的緊張激烈、戲劇懸念以及戲劇的含蓄性。馬二還指出《鴛鴦劍》、《王熙鳳大鬧甯國府》、《夏金桂自焚記》等劇略有「小疵」，「每劇皆不免有一二鬆懈之處」❹，這實際又是針對戲劇性中的動作統一性、結構統一性原理而言的。結構統一性問題，早期新劇對此是有認識的。進化團錢逢辛根據吳沃堯（吳趼人）的小說《情天恨》改編的劇作《恨海》初次上演時竟有23幕，其結構的鬆散可想而知。後有人將其改為19幕，但劇情仍不夠緊湊，作品思想仍得不到有力的烘托，汪優游對該劇進行了大膽的刪削，將它改為9幕，刪去了一些旁枝雜蔓，如「八國聯軍入京」、「李鴻章議和」、「陳王公案」，從而使劇情更加集中、凝練，朱雙雲評云：「優游刪蕪存菁，編為合本，精神貫注，演者宗之。」❺

進化團、春陽社儘管不是「為藝術而演劇」，但仍然是講究戲劇性的，由於他們是從「宣傳價值」角度來理解、接受新劇的，所以，劇中經常出現過於冗長慷慨激昂的臺詞；有些臺詞由於不是在人物和衝突發展的必然情勢中出現的，不僅生硬，而且聽來令人啼笑皆非，徒增滑稽之感，沖淡了劇本思想主題的內涵。有些劇作為了增加一點趣味性，迎合某些觀眾口味，增加了一些無關緊要的內容，如以反抗滿

❸ 馬二：〈春柳劇場觀劇平談〉，《遊戲雜誌》第9期。

❹ 同❸。

❺ 朱雙雲：《新劇史・軼聞》。

清封建統治，擁護共和革命為主題的《黃金赤血》中調梅與妻子逃難躲進尼姑庵，發現尼姑與老和尚偷情一場，使原本連貫的積極主題被這一小小的插曲沖淡了，游離出主題的這段內容，使劇作整體的戲劇性受到了影響。

對於戲劇性的理解，還表現在對於「劇材」的選擇上。以春柳社為代表的戲劇團體，在走向職業化過程中都曾考慮過選擇一些「有戲」的素材來進行編演。從當時流行的題材來看，「紅樓戲」、「聊齋戲」、「家庭戲」、「偵探戲」比較受觀眾歡迎。「紅樓戲」是春柳劇場創始的，《紅樓夢》中的許多情節故事本身就富有戲劇性，春柳劇場上演的《鴛鴦劍》、《王熙鳳大鬧甯國府》、《夏金桂自焚記》、《劉姥姥進大觀園》等劇，均是《紅樓夢》中引人入勝的片段。不難看出，新劇家們在營造戲劇性方面是有自己獨到的審美眼光的。

但是能發現這些劇材中蘊含豐富的戲劇性，並不代表能夠駕馭它、把握它。歐陽予倩根據「紅樓二尤」改編的兩部劇作《鴛鴦劍》、《王熙鳳大鬧甯國府》在情節處理上就欠火候，戲劇衝突的展開較為平淡，沒有經由鋪墊蓄勢、高潮的發展過程，故而缺少一定的懸念效應。但也有一些成功範例，例如，天虛我生根據《聊齋》中的尤庚娘故事改編的新劇《生死鴛鴦》，劇中主人公金誠中（金大用）與尤庚娘在逃避兵禍過程中，遭到了歹徒王十八的暗算，「戲」即由此展開，金誠中被王十八趕下水後，並未淹死，為尹仁員外所救，金誠中在發現其父母均死以後，以為庚娘必死無疑，遂復出而從戎。尤庚娘為王十八擄回家中，她佯裝屈從，智殺了王十八，後為王十九所追殺，情急之中跳河自殺，鄉人為其志所感動，厚葬之。其實庚娘並未淹死，當她從昏迷中醒來發現自己已在墓中，而此時有兩賊企圖盜墓，救了庚娘。金誠中功成名就，漸漸淡忘了往日的悲傷，即與為尹員外所救的王十八之妻唐柔娘結為夫妻。一日出遊時，偶與庚娘遭遇，夫妻終得團圓。金誠中「遇禍」、「被救」、「從戎」、「續弦」與尤庚娘的「遇禍」、「殺仇」、「獲救」、「團圓」這些「事件」是戲劇情節中的一個個環節，從第一幕的「寇驚」到最後一幕「團圓」，這些環節互相銜接，隨著戲劇衝突的不斷產生、戲劇情境的不斷變化，戲劇懸念不斷產生，《生死鴛鴦》這部劇作的戲劇性也不斷增強，從而使該劇具有了引人入勝的觀賞效果。

徐半梅創作的「言情新劇」《凱旋》，在構築劇作的戲劇性方面可算是新劇中的佼佼者。這部作品通過兩條線索來寫兩代人的感情糾葛。銀行家夏靜庵的養子夏心青與竇石翁傭人之女喜兒的愛情發展，成為作品的主線，而夏靜庵與四嫂之間的感情為隱在線索。夏心青與喜兒的愛情遭到來自門戶觀念的挑戰，心青的姑姑認為喜兒出身貧寒，欲將表妹許配給他；同時又經受著經濟的考驗，雖然夏靜庵與十八年前離散的情人重逢，但靜庵的銀行卻突然倒閉，給兩對剛剛沈浸在幸福之中的情人心理上蒙上些許陰影；悲喜交加之中，傳來喜訊，竇石翁的大筆財產使夏靜庵的銀行出現了轉機，於是危機消除，皆大歡喜。劇作自四嫂出場開始，戲劇懸念開始產生，在一波未平，一波又起，一波三折中，戲劇性得以加強。在這部作品中，戲劇衝突不再是表面化的正面衝突，人物心理動機對立和撞擊的強度及深度與以前的作品相比都有了很大的進步。

「所謂『戲劇性』，從實質上說，乃是戲劇藝術本質特性在作品中的表現。」❻庇考克更通俗地指出，所謂「戲劇性」「即有關一切突然的、驚奇的、騷動的和猛烈的事情，和一切有緊張特性的事件」❼。

❻ 譚霈生、路海波：《話劇藝術概論》，中國戲劇出版社，1986年版，第174頁。

「有緊張特性的事件」必然可以「引起感情反應」，自然也就會引起觀眾的「興趣」。進化團、春陽社的一些早期劇作，由於不注重對「戲劇藝術本質特性」的追求，所以許多作品並未引起當時民眾的廣泛關注。《孽海花》、《宦海潮》、《秋瑾》等劇，都存在這樣的問題：過於單純地展現某一外部行動，而忽視揭示產生行動的內心過程，割裂了「情境 — 內心 — 動作」三者之間的連鎖互動關係。而春柳社、南開新劇團所編演的劇作如《黑奴籲天錄》、《不如歸》、《家庭恩怨記》、《一元錢》、《一念差》、《新村正》等，其在戲劇性追求過程中的成功之處正在「情境 — 內心 — 動作」三者的有機統一。

總體而言，近代通俗戲劇對於戲劇性問題雖不能從理論上認識，但在具體的創作實踐中已有所感悟，並漸趨成熟。不過，近代新劇家更多地是從傳統戲劇而不是西方話劇那裏借鑒一些經驗，比如注重選擇一些新鮮、富有故事性、傳奇性的劇材進行創作，因此戲劇性更多地是從劇場外部就已確立，如果舞臺上能維持或追求更高層次的戲劇性，那麼這樣的劇作無疑是優秀之作了。

近代通俗劇舞臺戲劇性的癥結在於：劇作結構的鬆散、人物的雜亂、場次的繁多（有些劇作竟長達40多幕），造成了情節不夠緊湊，頭緒過多，主題得不到突出，節奏紊亂，很少能使情節、場景扣人心弦，即使像春柳社的《家庭恩怨記》、南開新劇團的《新村正》、《一念差》等也或多或少地存在著類似毛病。不過近代新劇對於話劇的戲劇性問題也有意識或無意識地做了一些嘗試。從近代新劇創作實踐來看，有兩種因素對於戲劇性的介入較為突出，一是新聞性，二是傳奇性。

---

❼ 庇考克：〈戲劇藝術論〉，顧仲彝《編劇理論與技巧》，中國戲劇出版社，1985年版，第94頁。

一、新聞性對戲劇性的介入

在近代戲劇創作中，有一種題材類型的創作很為熱門，在近代早期戲劇創作中也佔據了很大的比重，這就是「時事新劇」。「時事新劇」是戲曲改良的產物。早在19世紀下半葉的中國戲曲舞臺上就開始出現「素人演劇」。太平天國運動失敗後，在上海的戲園裏就上演過戲曲《鐵公雞》，寫的是太平天國與清軍之戰，直接將時事搬上舞臺，這齣戲很賣座，連演十幾場而不衰，反映了當時觀眾對時事新劇的興趣。19世紀90年代，上海發生了一樁殺人放火案，案犯是一個叫任順福的僕人，於是舞臺上出現了以社會新聞為題材的《任順福》，成為轟動一時的劇目。1900年南洋公學的學生演劇受改良戲曲的啟發，編演了時事新劇《六君子》、《經國美談》、《義和團》三部戲。此後南洋中學也演出了京劇腳本改編的新劇《張文祥刺馬》、《英兵擄去葉名琛》、《張廷標被難》、《監生一班》四部劇作。汪優游兄弟組織文友會也演出了《捉拿安德海》、《江西教案》。據朱雙雲《新劇史》記載，1911年秋徐半梅的社會教育團在上海謀得利戲園演出，演《鏡中影》、《猛回頭》諸劇，賣座寥寥，及演上海時事劇《徐仲魯》則觀者擁擠❽。那麼時事新劇為何會具有如此巨大的魅力呢?

威廉·阿契爾在談到「戲劇性與非戲劇性」時認為:「關於戲劇性的唯一真正確切的定義是：任何能夠使聚集在劇場中的普通觀眾感到興趣的虛構人物的表演。」❾貝克則認為：「戲劇性是能夠產生感情反應的東西。」❿我國學者譚霈生認為:「作為構成情境因素的『戲劇性』，

❽ 朱雙雲:《新劇史·春秋》，第17頁。

❾ 阿契爾:《劇作法》，北京：中國戲劇出版社，1964年版，第42頁。

❿ 貝克:《戲劇技巧》，餘上沅節譯，上海：上海戲劇學院，1961年編。

往往不取決於事件本身的嚴重程度，而要看它對人物關係及個別人物是否有真正的影響力和激發力，取決於它是否能對人物的內心世界激起強烈的回響，從而能夠產生由內到外的動作過程。『事件』作為『情節』中的一個環節，它的『戲劇性』也並不完全在於自身的嚴重程度，而是要看『情節』中所應該包括的心理內容。」⓫從阿契爾、貝克到譚霈生的觀點都突出了心理因素、情感因素在構築戲劇性方面的重要性。時事新劇在「普通觀眾感到興趣」、「產生感情反應」、「激起強烈的回響」等方面則早已超越了「虛構」故事本身。從審美心理與角度看，觀眾的注意與興趣有著密切的關係。興趣是客體的某些特徵引起審美主體注意的結果。「時事新劇」因為它所寫的是時事，而這些時事是在觀眾身邊所發生的，因此自然而然的，觀眾對特定的新聞資訊的關注與他的審美期待疊合在一起。而對於戲劇作品而言，能夠引起觀眾審美期待的手段是「懸念」。有人認為懸念是「戲劇中抓住觀眾的最大的魔力」⓬，有人認為：「引起戲劇興趣的主要因素是依靠懸念」⓭，貝克則把懸念看作是好劇本的重要條件之一。但「時事新劇」的劇本及其舞臺表現並不以這一戲劇性取勝。其成功的關鍵在「時事」二字上，也就是說，新聞性誘導了觀眾的審美欲望，喚起並保持了觀眾的審美熱情。觀眾關注的起初是事實，接著是演繹的事實即「故事」。「事實我知道，但戲是怎麼演的我不知道，需要看一看。」這是一種觀劇的普遍動機，「事實」是情節的素材，而觀眾對於戲劇中「事實」的想像、猜測，實際上說明戲劇性在情節的原始狀態就已存在。如果我們從整個戲劇流程來看的話，戲劇性早在大幕拉開前就已產生了。場外場前

⓫ 譚霈生、路海波：《話劇藝術概論》，第180頁。

⓬ 顧仲彝：《編劇理論與技巧》。

⓭ 同⓬。

「懸念」使大眾變成了觀眾。而離開新聞性因素，這種場前戲劇性也就不可能產生。

近代社會處在世紀之交的歷史轉折期，動蕩的時代、動蕩的社會促使人們去關心自己、關心他人的命運。從媒體上獲取新聞資訊是一種重要方式，但是，近代中國社會的大眾傳播事業是欠發達的。例如清末四大奇案，人們只能從一些野史、筆記獲得一些瞭解，但具體詳情並不很清楚。人們獲取資訊的渠道只有依賴口耳相傳的人際傳播，由於人際傳播過程中資訊的變異、乖誤，使得人們迫切需要瞭解事實真相和事實過程，有些時事已成為舊聞，但人們仍想瞭解其真相與過程。這樣，在當時能滿足人們這一心理的就是戲劇。戲劇舞臺能直觀地展示事件發生發展的全過程。

1919年元旦，張石川、張巨川昆仲又以民鳴社名義，在笑舞臺演出，起初上演《新青年》、《群鬼》、《曙光》等較有意義的作品，營業票房並不理想。直到秋季，上海連續發生幾起重大驚人案件，民鳴社利用機會，將這些案件改編成《蔣老五殉情記》、《淩連生殺娘》、《閻瑞生》，營業因此大盛，時人稱之「三生有幸笑舞臺」（「三生」，即指淩連生、閻瑞生及蔣老五的情人羅炳生）。

新聞性對戲劇性的介入，就是要把新聞這種誘發普遍關心的因素移注於戲劇之中，使戲劇性具有了更加豐富的內涵。構成新聞事件的價值要素取決於內容的新鮮性、重要性、接近性、趣味性等因素。首先，儘管有些內容，人們已有所瞭解，但以戲劇這樣一種特殊的「媒體」予以再「報導」以及這種再「報導」方式便具有了新義；其次，「報導」事實也往往是近代社會中發生的重大事情，無論是「張文祥刺馬案」、「楊乃武與小白菜案」，還是太平天國、義和團、戊戌政變，都是震驚全國的事件，都具有重要性；再次，《任順福》、《徐仲魯》都是上海發生的事件，這種在地理上、心理上的接近性，促成了當時上海市民觀看時事新劇的熱情；最後，觀劇本身在中國人生活中就是一件趣味性的活動，而戲劇內容的新聞性使這種趣味性大為提高。

王鐘聲、任天知、鄭正秋等近代新劇家，創作編寫的《張文祥刺馬》、《秋瑾》、《徐錫麟》、《黃花岡》、《竊國賊》、《蔡鍔》、《鄔烈士殉路》、《孫中山先生倫敦蒙難記》以及《楊乃武》、《義丐武七》、《股東歡迎梁總辦》、《丁葆貞除奸》等劇，都是演繹近代真人真事，這其中「虛構」佔了很大的比重，很多作品的「虛構」過於單純化、簡單化，因此僅靠舞臺表現來吸引觀眾是很困難的，因為它的戲劇性很不夠。顯然，能夠使觀眾湧進劇場的是新聞性因素。然而僅僅靠新聞性因素也不能使新劇維持長久，離開對於藝術情境、動作、衝突、懸念等基本戲劇性因素的追求只能導致戲劇本體的退化，從而丟失藝術追求的真正目標。新劇家們認識到新聞性對於產生戲劇吸引力的重要性，但卻忽視了劇場階段戲劇性對於激發觀眾審美欲望的重要性。劇場階段由新聞性構築的戲劇性已經中止，而讓位於情節的戲劇性、人物的戲劇性，因此對於通俗戲劇而言，情節的豐富、曲直，人物的生動形象，是戲劇性賴以生存的土壤。在眾多的「時事新劇」中，《張文祥刺馬》、《丁葆貞除奸》是新聞性戲劇性結合得較好的兩部作品。《張文祥刺馬》原為京劇腳本，1907年王鐘聲參照京劇腳本進行了重新改編。改編後的話劇劇本與原先的京劇腳本大不相同。京劇本共35場，從張樂行聚眾起義、張文祥打抱不平路救陳金威敘起，到張文祥被魁玉處死。場景發生了多次變化，劇中人物眾多而衝突的雙方卻不斷發生變化，張文祥刺殺馬新貽這條主線未得到突出，可以看出該劇是對新聞事實的平鋪直敘。王鐘聲的話劇《張文祥刺馬》則不同，首先他濃縮戲劇的內核，將張文祥、竇二虎與馬新貽之間，減去了京劇中的陳金威、黃英如、張樂行、石敬塘等人物以及反面人物雷德勝、勝保、師爺等，由於陳金威這一人物的減去，王鐘聲將馬新貽強佔陳妻的情節，調整為強佔竇二虎之妻，情節集中在「刺馬」的準備、失敗、成功這樣的事件過程中，時間設定為一晝夜，場景也相對集中在小客棧、馬府等幾處。王鐘聲的大刀闊斧的改動，使京劇腳本原本拖沓的戲劇結構變得緊湊起來，人物形象也變得鮮明起來：張文祥的俠肝義膽、竇二虎的粗獷魯莽、馬新貽的兇狠狡黠等都栩栩如生，戲劇衝突由張文祥等人遭馬手下的監視、小荷花遭辱、竇二虎被殺逐步推向高潮。生動而豐富的舞臺表現克服了京劇腳本鋪陳新聞事件而忽略戲劇性的缺點。

如果說新聞強調的是「新近發生的事實」的話，那麼新聞性介入戲劇性後，則要求戲劇作品主要著眼於揭示事件的內幕性，展示「幕後之謎」。《楊乃武》、《丁葆貞除奸》滿足了人們窺視新聞事件內幕的欲望。楊乃武冤案在當時可以說是家喻戶曉，婦孺皆知。但具體的起因、經過是怎樣的？人們不得而知。事件內幕即成為一種懸念，於是內幕如同剝筍一層層地暴露出來，內幕的展現不論它是精彩的還是不精彩的，都能具有很強的吸引力，這樣戲劇性就與新聞內幕交織在一起。促使人們觀看《楊乃武》劇的，一是其內幕性，二是該劇情節曲折，富有戲劇性。同樣，新劇家周天悲在表現丁葆貞智除安德海這一故事時也是努力把內幕性與戲劇性有機地統一起來。《丁葆貞除奸》(一名《安德海大鬧龍舟》)，從劇名上就可看出新劇家招徠觀眾的動機，顯然作者有意製造內幕性懸念，宮廷鬥爭的神秘，官場的腐敗、黑暗都極富內幕性，而人物行動、人物語言、人物之間的衝突、場景的變更則蘊含著豐富的戲劇性，內幕性加強了戲劇性，而戲劇性又使內幕性的展示更加生動、形象。英國戲劇理論家馬丁・艾思林在論述戲劇性時說：「關鍵在於，要使觀眾對情節和人物同時發生興趣。如果觀眾對人物不熟悉、不喜歡，因而不十分感興趣，那麼甚至最緊張的劇情也依然是沒有效果的，基本上是不會令人感興趣的。」⑭艾思林這裏所說的雖然是作為藝術創造範疇的「人物形象」和「戲劇情節」，但同樣也包括作為日常生活中的「人物」和「事件」。人們對作為素材的人物或事件的熟悉和關切，誘發觀劇興趣。內幕性與戲劇性的交融，既滿足了人們對新聞深度模式的追求意願，也滿足了人們的審美欲望。因此，近代新劇家的創作策略就顯得較為合理；由於內幕性因素承擔了部分吸引觀眾的使命，所以藝術的生動性、豐富性就不再顯得特別重要了。這是時事新劇擁有很好的觀眾市場的一個重要原因。

二、傳奇性對於戲劇性的介入

「甲寅中興」時期，鄭正秋、顧無為等人以《西太后》、《李蓮英》、《武松》、《花木蘭》、《貂蟬》相號召，一時觀者雲集。而這些劇作正是抓住了當時觀眾「極度的愛好新奇」⑮的心理特點。一般說來，人們往往都有一種本能的好奇心理，而多變的、新鮮的資訊對於人的神經中樞是一種強刺激，容易引起審美的注意。「人情厭常喜新」，為了充分挑起觀眾的審美興趣，就要求戲劇在內容方面推陳出新，出奇制勝。清代的戲劇家李漁就曾指出：「情事不奇不傳，文詞不警拔不傳。」⑯因此他主張「非奇不傳」⑰。傳奇性故事在一定程度上滿足了觀眾的好奇心，在觀眾的好奇心中，包含了他們對於世界、人生的興趣，包含著他們對事物的評判及對於未來的憧憬，也包含著他們各種需要外

---

⑭ 馬丁・艾思林：《戲劇剖析》，北京：中國戲劇出版社，1981年版，第43頁。

⑮ 朱雙雲：《初期職業話劇史料》，第13頁。

⑯ 李漁：《香草亭傳奇》序。

⑰ 李漁：《閑情偶寄》。

洩的情感。要使觀眾自願地走入劇場，就得強化作品的傳奇性，以使作品的戲劇行動不一般地等同於觀眾所司空見慣的生活。以傳奇性介入戲劇性是近代通俗戲劇吸引觀眾的一種有效策略。

《新茶花》是辛亥前後各劇團上演頻率較高的一部劇作。它講述妓女新茶花辛瑤琴從「墮劫、俠嫁、忍辱、屈身」到「竊圖報國」的一個富有傳奇色彩的故事。此劇就其結構而言，無甚驚人之處，但其吸引觀眾之處在於：一、茶花女故事，經過春柳社等劇團的搬演，已在觀眾中產生一定的影響，《新茶花》與《茶花女》之間存在著一段極有誘惑力的空間，各種奇妙的遐想都可以產生，因此《新茶花》一劇開演之前就具備了懸念性；二、妓女救國在當時宣傳革命、救國的各種劇目中可以說是新鮮的，新茶花如何被騙、如何遭受屈辱、如何竊圖救國，人們帶著諸如此類的疑問走進劇場，顯而易見，傳奇性不能不說是一個重要的誘因。

同樣，1913年由顧無為編演的《孫中山先生倫敦蒙難記》，在高度商業化的「甲寅」前後上演並擁有很多觀眾，可以說也是充分利用傳奇性來構築戲劇故事的。孫中山在倫敦遭到滿清爪牙的迫害以及逃離虎口等等經歷，民眾中有許多傳聞，辛亥革命後，這一史實已富有了傳奇色彩，因此編演這一劇目，極能吸引觀眾。該劇由於觀眾踴躍，引起了英巡捕房的恐慌，遂為英巡捕房所禁，幾經交涉始得重演。《兒女英雄傳》、《黃天霸》也是近代新劇舞臺上常見的劇目，而「俠女十三妹」、「黃天霸」的故事早已家喻戶曉，過去人們主要通過小說、戲曲或說書對這些故事有所瞭解，但以寫實的新劇來加以表演則聞所未聞，這使得劇作具有了一定的懸念性。人們對這些傳說故事本身就具有濃厚的興趣，是因為這些故事的傳奇色彩並未因熟悉而消除。我們看到上述諸劇與《十粒金丹》、《女偵探》、《風塵雙俠》等在構築劇作的戲劇性時均是把熟悉感、親切感或陌生感、新奇感有機地融合起來。一方面，擇「奇」而「傳」本身就先自孕有了戲劇性；另一方面，劇作家又不一味尋求新奇，而是努力尋找傳奇性與觀眾欣賞、選擇趣味之間的對應關係。「確實，完全確定的情境（無新奇、無驚奇、無挑戰）是極少引起興趣或維持興趣的。但是另一方面，當情境是過度複雜、新異、不定時，人也可能逃避到較少使人糊塗，甚至更少挑戰性的情境中去。」⑱克羅齊論述的這一「規則」，新劇家在實踐中客觀上已執行了。這也是《火浣衫》、《殺子報》之類「怪誕」、「離奇」的劇作不能長久搬演的主要原因。

傳奇性的傳說故事與觀眾長久禁閉性的懸念心境可以說是一拍即合，夢想重溫這些故事的觀眾在好奇心的驅動下湧入近代劇場，我們不難發現，戲劇性的部分工程已先於大幕的開啟而初步建築完成。傳奇性對戲劇性起著催熟、催生作用。

第二節　悲喜劇觀念的逐漸成型
——劇作者初具戲劇類型意識

中國傳統戲劇沒有悲劇、喜劇的概念，當然也就沒有嚴格意義上的悲、喜劇劃分。「大團圓」，自古以來成為中國人所津津樂道的傳統審美心理模式。20世紀初王國維最早在他所寫的〈紅樓夢評論〉中對此作了一個基本的美學概括：

---

⑱ 克羅齊等著：《心理學綱要》（下），北京：文化教育出版社，1981年版，第384頁。

> ……吾國人之精神，世間的也，樂天的也。故代表其精神之戲曲小說，無往而不著此樂天之色彩，始於悲者終於歡，始於離者終於合，始於困者終於享，非是而欲饜閱者之心，難矣。若《牡丹亭》之返魂，《長生殿》之重圓，其最著之一例也。⑲

中國傳統文化中的「圓滿」的審美心理曾束縛和制約了許多代劇作家的創作。20世紀初，隨著西方話劇藝術的傳入，人們開始對「大團圓」進行有意識的反叛。

近代知識分子由於受西方人本主義哲學的影響，在看待現實人生時，看到的往往是令人憂患的不完美之處。生活中發生的許多悲劇，使他們在藝術創造過程中不再「用瞞和騙，造出奇妙的逃路來」⑳，而敢於去正視那殘缺的人生、不完美的人生。然而此時人們寫悲劇，卻又對什麼是悲劇一無所知。當時一個最普遍而簡單的理解，悲劇即是讓人感到悲哀的劇，劇作滿足於使人傷感，能賺觀眾眼淚，即算達到目的。從一些劇作的類型「說明」中就可以看出來，當時新劇家關於悲劇的稱呼各式各樣，有「哀劇」、「慘劇」、「壯劇」、「哀情劇」等諸種稱呼，這些名稱只是對悲劇的一種表面化理解，從被標為「哀劇」、「慘劇」的劇作來看，大凡能引起觀眾同情心的故事，均可稱為悲劇。被標為「七幕壯劇」的《青年》講述了一個少年因父親賭博而被賣，最後復仇的故事。雖說該劇具有一定的悲劇性，但還不是真正的悲劇，主人公復仇的成功，實際是正劇的結局。這種混亂不僅表現在對悲劇概念的理解上，還表現在戲劇的舞臺表演上。有時為了吸引觀眾，不得不用一些滑稽小丑出來插科打諢，「志在令觀眾發笑」，全然不注意

⑲ 王國維：〈紅樓夢評論〉，《王國維遺書》，上海：古籍出版社，1983年版。

⑳ 魯迅：《墳・論睜了眼看》。

戲劇的悲劇氛圍的統一性和連貫性。即使是對新劇本質有所理解的新劇幹將李濤痕，其認識也存在一些問題：「雖有時悲劇中亦用二三滑稽人以作陪筆，萬不可過甚，否則反賓奪主矣。」㉑李濤痕的這一觀點，從傳統戲曲角度來看，無疑是金科玉律，但從話劇文學的悲劇原理來加以考察，就會發現其中的問題。亞里斯多德在系統總結古希臘悲劇藝術的實踐經驗時指出，悲劇「是對於一個嚴肅、完整，有一定長度的行動的摹仿……」、「情節既然是行動的摹擬，它所摹擬的就只限於一個完整的行動，裏面的事件要有緊密的聯繫，任何部分一經挪動或刪削，就會使整體鬆動脫節。要是某一部分可有可無，並不引起顯著的差異，那就不是整體中的有機部分」㉒。當人們從話劇本體藝術層面上對新劇的編演作進一步的體察後，發現集中、統一情調追求，在話劇中佔突出重要的位置。新劇理論家馬二先生在他的新劇理論系列文章《嘯虹軒劇話》中認為：「新劇以有骨幹為上，何謂骨幹為劇中主義所在；而前後情節雖極錯綜，此主義必須通體一貫，故曰骨幹，無骨士之居，縱極炫變化，亦不過成一種無謂之熱鬧而已。」㉓這裏所說的「骨幹」、「主義」，也許主要指的還是某種「思想」、「意識」之類，但它應包括戲劇情調、情境的「通體一貫」，因此，他們才會格外強調「喜劇悲劇之宜分」㉔，「是故新劇分類實以悲劇喜劇為最簡括而不可易也」。㉕寫悲劇要有悲劇美的追求，不然劇情會有「反賓奪主」的現象發生。也就是在這個時期，在話劇舞臺上出現了一些大體上遵循悲

㉑ 李濤痕：〈論今日之新戲〉，《春柳》第1年第1期。

㉒ 亞里斯多德：《詩學》。

㉓ 馬二：〈嘯虹軒劇話〉，《遊戲雜誌》第19期。

㉔ 同㉑。

㉕ 馬二：〈戲學講義〉，《遊戲雜誌》第9期。

劇規範創作的戲劇作品，如《故鄉》、《母》、《新村正》、《姊妹》、《法律》、《馮小青》等。

徐半梅（卓呆）較早對悲劇有所體驗，他創作的《故鄉》、《母》、《法律》在新劇文學界有著廣泛的影響。《故鄉》發表於1910年《小說月報》第4至6期上。作品不僅是中國最早的話劇作品之一，而且也是近代最早的悲劇之一。作品寫了一個美滿家庭合情合理的解體：主人公鄧憶南為生活所迫出海遇險，在一個無人的荒島上度過了10年野人般的生活，爾後遇救返鄉，其間他的妻子麗珠以為他已死，為了生存與這一家庭的好友孫侶甫結婚，當鄧憶南重新出現在世人面前時，一種不多見的「三角」關係擺在了作品主人公面前，悲劇降臨了。鄧憶南的悲劇可以看成是一個命運悲劇。他的出海、野人生活、妻子改嫁以及投海自盡，這一切似乎都是命中注定。但作品的真正價值在於，作者揭去了千百年來「瞞和騙」的面紗，讓人物面對、正視殘酷的現實，而不給任何可以調和的機會，這樣尖銳的矛盾衝突在無法調和的情況下，只能走向悲劇。《母》是一齣家庭悲劇，它講述近代社會道德崩潰對家庭帶來的危害和衝擊。我們可以看到，這部劇作與早期所謂的「悲劇」有了本質的不同。我們看到《青年》中的主人公的「自殺」缺乏產生悲劇性的根源，隨著「衝突」在「自殺」之前的終結，主人公的死就不再具備悲劇特性。而《母》中荔芬的死則是戲劇衝突發展的必然結果。當荔芬這樣一個純真的少年，看到父親與豔紫的真實嘴臉後，頓時面臨理想的破滅；自己敬重的父親，原來是一個「男盜女娼」之徒，而自己心目中的戀人也不過是一個妓女。在追求的「幻滅」面前，荔芬的死就具有了悲劇性，它體現了勞遜所說的「自由意志」與「社會必然性」之間矛盾衝突的不可調和性。《母》的悲劇類型意識非常強烈，悲劇性不僅是體現在荔芬身上，而實際上真正的悲劇人物是作為母親的靜枝。當她發現了平寶珊的所作所為之後，最擔心的是讓孩子們知道這一切，而隨著衝突不斷蘊積，「潘多拉的盒子」終於被打開，悲劇由此進入高潮。像《母》這樣情調統一、悲劇氛圍濃烈的作品在近代還不多見。

《母》發表於1916年的《小說大觀》第6期上，作品題下標明了「家庭劇」，它顯示了近代通俗劇的悲劇觀念已漸趨成熟。這在當時還是個別現象，徐半梅同年9月在《小說時報》上發表的《姊妹》、1918年發表於《小說新報》第10期上的《法律》，都在悲劇美學上達到了一個很高的境界。而在此之前的兩部劇作，劉半儂1914年發表於《中華小說界》的《戰後》、天嘯同年發表於《小說叢報》的《自由夢》，均是按悲劇模式創作出來，除了在舞臺性和戲劇性等方面有少許缺陷外，如果僅從文學角度加以審視的話，它們都比其他新劇更接近於話劇藝術本體，這顯然與作者比較清醒的戲劇類型意識不無關係。

與悲劇概念多少被人有意識地提升到美學境界中來審視相關，喜劇概念也被人從過去所不能有的立場上提出來加以釐定。早期新劇以「趣劇」、「滑稽新劇」、「滑稽戲」來稱呼「喜劇」。顯然是借用唐宋以來的傳統戲曲概念。雖然中國古代戲劇中總有一些小丑類的人物出來插科打諢，活躍舞臺氛圍，但中國古代沒有嚴格意義上的喜劇，只能說有喜劇因素而已。「舊劇無所謂喜劇，有諸自新劇始。」新劇倡導者認為：「喜劇非淫劇比也，觀喜劇則心暢，觀淫劇則心蕩。」㉖其實他們所找的理由並不足以說明喜劇的特質，倒是在作者對當時喜劇演員的批評中，讓我們看到了他們沒有完全說出來的潛在意向：「海上旦角幾無一善演喜劇者，於是演喜劇者莫不以丑角為之。」㉗喜劇演員並非

㉖ 公展：〈劍氣簫心室劇話〉，《新劇雜誌》第1期。

㉗ 同㉖。

是傳統戲曲中的丑角可比，反過來也可以說，喜劇也不是傳統戲曲中的插科打諢。以「突梯滑稽」「求悅乎里社」，「苟得婦孺一笑即為極其能事」㉘，並不是真正的喜劇。雖然他們對喜劇的最高奢望也不過是「寓莊於諧」而已㉙，除此之外，他們也說不出什麼了，但是他們能把喜劇與普遍的插科打諢分開，也就不容易了。

要擺脫唐宋滑稽戲、明清趣劇中的一味追求低層次的滑稽、油滑的做派殊非易事。從為數不多的喜劇作品來看，其中仍存在「胡鬧」的傾向。任天知編劇的《共和萬歲》有一場表現滿清逃官狼狽相的戲，在劇中本是極好內容，但是由於作者將它處理成鬧劇，作品的戲劇性受到很大的破壞，我們不妨再以其中的一段對話為例，來看看這種弊端：

道臺眾　大帥兩字，在宣統部禦極之初，就已通行督撫禁用，現在的大總統、大元帥、大督都，皆是階級取締，咱們現在都做了亡官，官場上稱呼應在取消之列，若說一概弟兄稱呼，在尊卑長幼上，沒有階級的取締，未免被文明人笑話。

藩　臺　在閣下意見應該怎麼稱呼？

知　府　我的愚見，督撫司道府，應分為五層，猶如曾祖父子孫五代的樣子，制臺稱曾祖，撫臺稱祖，司稱父，道稱子，府稱孫。

制臺眾　這一來，不是知府變了大眾的孫子了？

知　府　名稱所在，孫子就是孫子，什麼要緊。

㉘ 劇魔：〈喜劇與悲劇〉，《新劇雜誌》第1期。

㉙ 朱雙雲：《新劇史・半梅本紀》。

可以看到作者此處是用來諷刺滿清政府及其官僚的種種醜態的，但為了取悅觀眾，所設計的這種「滑稽」與劇作的整體格調不太統一。砧聲發表於1914年《中華小說界》第3卷第6期上的《廣告》，標明是「喜劇」，整個喜劇情節類似滑稽小品：派的烏摩開酒店後遇到了競爭，派就讓一美少年背後貼一紙條書曰：「吾今日飯於派的烏摩酒飯之店。」生意立刻轉好。第二天飯店生意復歸冷清。原來另一家飯店請該少年去吃飯，灌以烈酒，趁其酒醉不醒之際，將其抬至派的烏摩的店門口，把紙條復置於胸前，食客見其所吐污穢，故避而不入。派又作另一廣告，請肥瘦各二人，肥者在背上寫著：「吾飯於派的烏摩酒飯之店」，瘦者則寫「我則未也」。第二天生意爆滿，第三天以為還會有很多客人來，但卻門前冷落，因為與之競爭者，使手段賄賂了二位廣告人，將背上的文字交換了一下。這樣一個短劇，它具備了一定的喜劇性，但正如有些學者所指出的是「嘲諷有餘，蘊藉不足」㉚。「鬧劇」現象在當時較為普遍，當時上演較多的劇作《王老虎搶親》、《雙獅記》、《賣頭》等，都存在取悅觀眾的一些庸俗「搞笑」內容。

最早從事喜劇實踐的是徐半梅的社會教育團，他們所演的《誰先死》、《明盲目》、《遺囑》、《閨門訓》諸劇，「開趣劇之先河」㉛。《遺囑》是徐半梅翻譯的邁依休的劇作，發表於1910年的《小說月報》第1期。其後莎士比亞的《女律師》（也譯作《肉券》，即《威尼斯商人》）、弗雷澤的《戌獺》、賴賽氏的《驗心》、莫里哀的《守財奴》等劇均翻譯介紹進來。然而這五六年間所翻譯的喜劇作品並未對中國的喜劇創

㉚ 袁國興：《中國現代文學結構形態研究》，哈爾濱：黑龍江教育出版社，1993年版，第206頁。

㉛ 朱雙雲：《新劇史・春秋》，第17頁。

作產生多大的觸動。砧聲的《廣告》、瘦鵑的《外交術》、徐半梅的《煙囪》在喜劇的美學追求上，還存在許多膚淺粗陋的缺點，喜劇性在這些劇中未能充分展現。

近代通俗喜劇創作值得一提的有張冥飛的《文明人》、歐陽予倩的《運動力》、小嫋盡發僧的《新舊怪現狀》。《文明人》最初發表於《七襄》雜誌第1至第7期上，為六幕諷刺喜劇，他巧妙地嘲笑了某些自命為文明人的新派人物的言行。主人公賈人俊自以為留過洋，便認為自己思想最先進，最文明，他口口聲聲自由婚姻，然而當發現妻子與他人「有染」時，則無法忍受；他處處宣傳文明行為，卻終日泡在妓院，過著紙醉金迷的生活。劇中諸如賈人俊逼高齡老母上學的情節令人捧腹。可以看出張冥飛的這部劇作在構築戲劇性上很下了一番工夫，所以作品的喜劇特徵（喜劇人物、喜劇情節、喜劇構思等）都很強烈，表明它已是一部較為純正的類型意義上的喜劇了。

歐陽予倩的《運動力》是一部五幕喜劇，這部作品諷刺那些革命後暴發的「新貴」，「把當時一班活動的人物譏諷得一文不值。結果是鄉下人起來，把魚肉鄉民的紳士的房子燒了，重新舉出純潔的代表厲行村自治」㉜。作品中最顯著的特色是人物刻畫，作者將那些混跡於官場、投機革命的新貴們「運動」跑官的醜行活靈活現地描繪出來，強化了喜劇性格刻畫的極端化和漫畫化，實開中國現代話劇諷刺喜劇之先河。

取號為小嫋盡發僧的《新舊怪現狀》發表於《滑稽雜誌》1914年第2期上，作品以賈維新與甄守舊因觀點不同發生衝突構成情節。賈甄的衝突，實際上是新舊兩種文化的衝突，慣於用新名詞包裝自己的賈維新、抱殘守缺的甄守舊都是作者所要摒棄的，劇中當賈甄二人扭打

㉜ 歐陽予倩：《自我演戲以來》。

不解時，由挑糞的鄉下人出面解決，諷刺二人爭執的荒謬。這一諷刺喜劇以形象化的方式抨擊了維新變革時期的某些怪誕現象，從而「將那無意義的撕破給人看」。

許多近代劇作家都認識到喜劇應當「寓莊於諧」。春柳社創辦之初訂立的《春柳社演藝部專章》中就曾明確規定：「偶有助興會之喜劇，亦必無傷大雅，始能排演。」㉝近代戲劇家沈所一也指出：「我願劇界多生滑稽派人才，粉墨登場，寓名言至理於詼諧之中，以挽我社會頹唐之風，則不特新劇之幸，亦我國前途之幸也。」㉞時任《中華民報》編輯的管義華也從社會價值的高處來認識喜劇的作用。他說：「喜劇之關於戲劇前作至為遠大……然謂喜劇之難，十倍哀劇，人有疑之者，予不得不早論之。喜劇之在引人入善，與哀劇相等。然哀之入人易，且可由做作而來；喜劇平鋪直敘，全自性之自然，不可假借，妙在有含蓄，使人感動於不知不覺之中，而趨於為善。」㉟這也可以算是對喜劇功能特性的最早認識。在對喜劇創辦之始，認為喜劇的作用主要是「助興會」，所以劇中多滑稽小丑，多「無厘頭」的「搞笑」手法。但到了辛亥革命之時，情況又發生了變化，喜劇批判現實的功能開始產生，以《運動力》、《文明人》為代表。辛亥革命之後，新劇蒙上了黯淡色彩，春柳喜劇內容也發生了變化，由原先取材社會現實之作一變而為創作改編迎合社會低級趣味的作品。張冥飛的《雙獅記》、天虛我生創作的《風月寶鑒》等均在春柳劇場上演過。春柳社的情況在當時具有代表性。

㉝ 〈春柳社演藝部專章〉，阿英編《晚清文學叢鈔・小說戲曲研究卷》，第636頁。

㉞ 朱雙雲：《新劇史・雜俎》，第19頁。

㉟ 義華：〈戲劇雜談〉，《民權素》第2集（1914年）。

事實上，在解決既能使戲劇符合時代精神而又能迎合觀眾審美情趣的矛盾時，大多數新劇團體不能把握自己的方向。「甲寅」之後，得辛亥革命精神滋養而剛剛萌芽的近代喜劇價值觀念迅速崩潰，充斥舞臺的是《王老虎搶親》、《風月寶鑒》之類的「媚俗」趣劇。這一情況到「五四」前夕有所改觀，但同時也意味著必須重新建立喜劇審美體系。徐半梅發表於1918年《小說新報》第12期上的「趣劇」《煙囪》，讓人們看到近代通俗喜劇又從「媚俗」的泥潭中爬出來，劇作隱約透露著階級對立和勞資矛盾等取材於現實生活的內容，但作品的「喜劇性內涵」——笑卻未能充分體現出來。同年，慶霖發表於《小說新報》第9期上的《離合自由》，諷刺現實生活中一些人借「婚姻自由」而朝秦暮楚的行為，但人物形象的誇張性、漫畫性特徵未能得到充分體現。這說明近代對於喜劇本性特徵的探討還在摸索階段。

近代通俗喜劇創作實踐表明，人們已經初步形成一種喜劇觀念，即喜劇是以怪誕、誇張等形式來干預現實、批判現實、洩導人性、娛樂人心的一種工具，人們在「會心一笑」中領悟深刻的思想蘊含。

第三節　寫實戲劇的藝術學步
——從感性形態類比到理性形態追求

歐陽予倩認為:「中國初期話劇從日本間接學習了歐洲浪漫派戲劇的創作方法。」「中國的初期話劇間接直接受了日本新派劇很大的影響，有不少戲是從日本搬過來的，這些戲都帶著濃厚的浪漫主義色彩。」「所以初期話劇帶很重的浪漫主義氣息是很自然的。但是也正因為要反映那個時代的現實生活，表現在舞臺上的卻是要求形象的真實，是比較寫實的。」㊱這是歐陽予倩對整個通俗話劇創作的實際情況而言的。其實早在王鐘聲創辦通鑒學校時，對於話劇寫實主義特徵就開始於不知不覺間有所體悟。通鑒學校所演的第一部劇作是《黑奴籲天錄》，在這一劇作的演出過程中，王鐘聲用了佈景，這是滬上觀眾「初次看見」。及至演《迦茵小傳》，人們才對話劇的寫實特徵有了認識。徐半梅對此曾作記載：

> 開幕的一天，我正在樓上觀劇，旁邊坐的，就是春仙茶園的主人熊文通老伶工。我就回過頭去，問他：「戲好不好?」他回答的話很妙，他說：「這不能當他戲看，要當他真的事看才有趣。」我聽了，便作會心的微笑。……他們用象徵的舊戲眼光來看，那末戲者戲也，虛戈為戲，凡臺上一切，無非假戲假做。我的所謂戲，是直截痛快的描寫社會，樣樣要假戲真做。㊲

徐半梅這裏所說的「直截痛快的描寫社會」、「假戲真做」，正是道出了寫實戲劇的本質。近代通俗話劇學習寫實主義是全方位的，從不知話劇為何物，把話劇理解為發表「言論」的劇，到否定寫意、象徵因素而突出其假戲真做的特徵，這有一個質的飛躍。從舞臺表演看，早期的學生演劇到通鑒學校以前的戲劇只學到了西洋戲劇最簡單、最皮毛的東西——分幕和佈景。通鑒學校以後，才「像了話劇的型」㊳。汪優游在談到進化團的演出時說：「此時的新劇，的確比『學生戲』進步得多了，他底特色有三點：（一）廢除鑼鼓；（二）分幕；（三）佈景。」㊴

㊱ 歐陽予倩：〈談文明戲〉。

㊲ 徐半梅：〈中國話劇誕生史話〉，《雜誌》，第15卷第2期，1945年5月。

㊳ 同㊲。

這些還只是說到了當時舞臺的一些表面的東西，其實此時進化團的演出，已經摸到了話劇表演幻覺化、寫實化的基本特點。春柳社以及新民、民鳴的一些演員，在體驗角色方面，還是很下了番工夫的。歐陽予倩說：「有些演員為著演某種角色的確下了不少工夫去研究，例如王無恐、陸笑吾演道士，就真的請道士來做一次道場，花錢向他們學會了念咒、敲擊法器，所以他們一上臺，觀眾一看就發出驚奇的笑聲說：真像！真像！還有些角色，如妓女、流氓、巡捕、算命先生、鴉片煙鬼、拆白黨等等，他們的語調、語氣、職業的習慣動作，真是極細微的地方都體會到了。」這是中國戲劇較早的「體驗派」表演藝術嘗試。從這裏也可以看出，一些戲劇家的創作活動還是相當嚴肅的。在當時注重通過形體類比真實生活，已難能可貴了，像這樣認真從事戲劇創作的不乏其人。《鞠部叢刊・品菊餘話》載：「海上做工老生二人，一即俊貴卿，一即潘月樵也……月樵固富有思想者，演戲一本劇情，體貼之真，表情之切，一一胥入骨裏。」近代從事新劇表演的新劇家都認識到話劇是「以真情出之」。新劇家汪優游在談到表演的「寫實」特徵時說：「演新劇者須事事求合情理，扮某甲則己身某甲，串演某事即身歷其境。演者苟以真情出之，看客無有不被其撼動之。」㊵話劇的舞臺表演和動作都必須是生活化、世俗化的，必須符合生活的真實邏輯。所謂「以真情出之」，就不僅僅是追求外在動作的肖似，還應當包含了對劇中人物真情實感的體驗。陶報癖在〈余之新劇觀〉等文中，提出演員體驗角色「須若身入其境」、「親握其人」，認為：「欲求其描摹之逼真、神情之逼肖，不外演者之心理，以劇字置之意外，須若身入其境。」㊶演員的角色意識的形成，經歷了一個摸索、體驗過程，新劇創

㊴ 汪優游：〈我的俳優生活〉。

㊵ 仲賢：〈新劇叢談〉，朱雙雲《新劇史・雜俎》，第30頁。

始初期類似朱雙雲生吞蠟燭之類的笑話層出不窮。而《不如歸》、《空谷蘭》、《恨海》諸劇，由於扮演主人公的演員初步形成角色意識，把握到了角色的真情實感，所以能夠產生很好的劇場效果。

近代新劇嘗試寫實戲劇還表現在舞臺道具、佈景的使用上。王鐘聲的春陽社在上海蘭心戲院首演《黑奴籲天錄》，其成就徐半梅概分為兩點：「王鐘聲只介紹了兩件事給觀眾：（一）戲是分幕的……（二）臺上是用佈景的。」這表明新劇開始向舊劇體制告別。及至鄭正秋辦新民社，對佈景、道具的設計更為講究，為了適應話劇的表演體制，鄭正秋改造了上海舊戲舞臺，用高薪聘請日本畫師設計佈景。《空谷蘭》等劇之所以能吸引觀眾，除了情節內容以外，與逼真的舞臺場景設計也不無關係。以當時的觀眾水準，還不能從舞臺幻覺中間離出來，所以普遍的情形是「當他真事看」[42]。

南開新劇團把編演新劇看作是件很嚴肅的事，「佈景也極講究」[43]。從1914年所演《恩怨緣》的劇照可以看出，山影雪景，歷歷在目，而《一念差》、《一元錢》諸劇樓臺庭院悉與現實生活無異。《一元錢》第一幕佈景，劇中人推窗一望，明月當空，觀眾宛如見到真景，驚歎不已。《新村正》一劇佈景尤為奇特，觀眾讚歎：「如真天然，而鮮麗之色蓋有加焉。」[44]用佈景製造一種幻覺效果，產生情景交融的意境，使劇情更為感人。確實收到了「輔以背景而情益肖」[45]之效。

南開新劇團以更為開闊的視野，放眼世界劇壇找差距，汲營養，

---

[41] 《繁華雜誌》第4期，1914年。

[42] 徐半梅：〈中國話劇誕生史話〉（下），《雜誌》第15卷第3期，1945年6月。

[43] 胡適：〈談南開新劇〉，《南開話劇運動史料》，第425頁。

[44] 李德溫：〈記國慶本校新劇之佈景〉，《南開話劇運動史料》，第410頁。

[45] 周恩來：〈吾校之新劇觀〉。

判明前進的方向。他們說：「東之歐美，不啻幼稚，去新劇之真情神遠矣。」㊻中國的新劇，源自歐美話劇現實主義傳統，所謂「新劇之真精神」，當然是指歐美現實主義話劇，當時譯為「寫實主義」的「真精神」。他們嚮往與追求的正是「寫實主義」戲劇。1916年南開校慶之際，當深受歐美影響的現代獨幕劇《醒》（張彭春創作）問世時，他們不禁歡呼：「歐美現代所時興之寫實劇，Realism將傳佈於吾校。」㊼他們是怎樣在紛紜變幻的世界戲劇大潮中抉擇去取，明確了「寫實主義」的方向的？周恩來的《吾校之新劇觀》一文具體地闡述了這個問題。

《吾校之新劇觀》最初發表在南開《校風》1916年9月第38–39期上。全文共分兩部分：第一部分，「新劇之功效」。講新劇「開民智，進民德」的社會教育作用，批判舊戲「導淫毀俗」的弊害，在當時是有進步意義的；但對新劇社會功能的過分誇大，卻又落入一般新劇理論的窠臼了。第二部分，「新劇之派別」。主要考察歐美戲劇的種類和潮流，藉以認識「吾校」和社會上的新劇所處之地位，倡導「寫實主義」，是文章的精華部分與核心所在。

作者在對歐美戲劇的考察中，首先注意到悲劇、喜劇和感動劇等戲劇種類的區分，繼之介紹了自古迄今歐美戲劇潮流所經歷的三個時期：古典主義、浪漫主義和寫實主義。其中，著重介紹了「現代寫實劇」。他說：「現代寫實劇者，乃最近七八十年戲曲，其意在不加修飾而有自然實際及客觀之趣味。此種劇旨，更為銳進而成空前之發達。惟現代寫實劇時代，發生兩大潮流：其一表現極端之理想主義，其二偏於極端之寫實主義。」應該說，作者介紹的歐美戲劇類別和潮流沿革並不全面，如崛起於19世紀末和20世紀初歐美劇壇的象徵主義、表現

㊻ 李福景：〈京師觀劇記〉，《敬業》第4期，1916年4月。

㊼ 〈校聞·新劇籌備〉，南開《校風》第38期，1916年9月18日。

主義等現代派思潮就沒有提及，這不能不說是一個缺憾。但如此比較系統地介紹歐美戲劇類別和潮流，傳播世界先進戲劇文化觀念，確是中國初期戲劇理論史上少見的。特別值得注意的是，作者在介紹歐美戲劇潮流時所流露出來的戲劇美學觀念與傾向。他所傾心和嚮往的，乃是「不加修飾而有自然實際及客觀之趣味」的「寫實主義」戲劇。作者之所以看重「寫實主義」戲劇，一則因為「此種劇旨，更為銳進而成空前之發達」，是現代先進的戲劇潮流；二則是「吾校」（南開學校）有成功的「寫實主義」的新劇實踐，對其優長與功效有較深的感受與體會；而尤其不容忽視的是，作者「改良社會」的「純正宗旨」與宏大抱負。在他看來，「寫實主義」戲劇那種「不加修飾而有自然實際及客觀之趣味」，可以「感昏聵」，「化愚頑」，「開民智，進民德」，使神州古國「或竟一躍列強國之林」。可見，他傾心和嚮往「寫實主義」戲劇，當然有他個人的審美理想與旨趣，但這又是同他對中國國情和變革現實需要的思考密切聯繫在一起的。《吾校之新劇觀》的真正理論價值和審美價值，就在於介紹和傳播歐美戲劇文化觀念時的那種立足中國社會現實抉擇去取的明敏眼光與自我意識。「今先言吾校新劇，於種類上已佔其悲劇感動劇位置；於潮流中已佔有寫實劇中之寫實主義。」若社會間所演之新劇，所謂「悲劇」、「喜劇」、「感動劇」，「觀者時流淫佚，傷風敗化云耳」，都難以入於純正新劇之類別；至若按之以潮流，「則不僅寫實主義不得望其項背，即浪漫、古典二主義，亦不能若舊戲之饒有神味也」。作者可謂高屋建瓴，洞燭入微，分析批判，切中肯綮，從而認清「吾校」、我國新劇現狀，明確「寫實主義」的方向。作者寫道：「吾之主旨，又非純求合乎歐美之種類潮流，特大勢所趨，不得不資為觀覽，取捨去留，是在吾人之自擇耳。」倡導新劇的「寫實主義」，正是作者的「主旨」之所在。南開新劇團的寫實主義理論，較為集中地從當時的劇作中表現出來。《新村正》是較為典型的寫實主義劇本。這部作品以代表農民和新興中產階級利益的人物李壯圖與土豪地主買辦之間的矛盾衝突來揭示當時的社會現實，反映了辛亥革命的不徹底和封建反動勢力對新生進步力量的扼殺。這部作品上演之後，很快獲得廣泛好評，這裏不妨引一段當時的劇評：

> 《新村正》把社會上的一切罪惡，一切痛苦，都完完全全的表現出來，絕沒有一點修飾，這就是重實際。編劇的人，用冷靜的頭腦、精細的眼光，去觀察社會，將他的事實一樁一樁的寫下來，讓人去細想，自己不加一點批評，這就是客觀的批評。㊽

劇作成功地塑造了李壯圖與反面人物吳紳的形象。李壯圖的年輕而富有銳氣，吳紳的陰險狡猾，都栩栩如生。作品中的語言也有著濃郁的生活氣息，語言能符合人物身分、性格，說一人，肖一人。如紳士、買辦、官僚、富商、女僕、無賴等全用不同的口吻。即使是相同身分的人物，也能從對話中顯示出不同的個性。下面我們看《新村正》裏四個豪紳的一段對話：

> 吳：魏大爺在這等著，人家是忙的。大家贊成辦，趕快簽字！
> 　　【吳將合同取去，置几上】
> 王：吳二爺，咱們這事很要緊，我們總得仔細想想，若是鬧出個差錯來，誰擔待得起呀！
> 馮：還是那句話，我說得推敲推敲。
> 吳：同你們幾位辦事，真不容易，要吃魚，又嫌腥，一點決斷

㊽ 高秉庸：〈南開的新劇〉，《南開話劇運動史料》。

也沒有。咱們要是害怕，從前就不該上外國公司借款。早不害怕，這會兒沒法子啦，又想起害怕來啦，這不是可笑嗎？你們幾位要是不贊成我的主意，由著你們幾位自己辦；公司要錢，你們想法子還，要是鬧出個差錯來，你們負責任，沒我的事。【吳起立，魏亦隨之起】這不是經理嗎？你們愛怎麼辦怎麼辦！

周：【起立】親家，別著急，事情商量著辦，請坐。魏大爺也請坐。【吳、魏、周均原座】

趙：得啦，諸位別再說啦！吳二爺要是一不管，咱們誰辦得了？據我看，咱們趕緊畫押吧！【起立，向吳前】來，我先畫！

從這段對話可以看出馮、王二紳的膽小怕事，趙紳的爽直豪橫，周翁的善良軟弱，吳紳的狡詐陰險。有些對話不僅能表現性格、體現主旨，而且富有風趣的哲理性。如《一元錢》中孫慧娟與田媽、田媽與孫思富的對話；《一念差》中葉中誠與王守義的對話，都有著其廣泛的生活基礎，是從生活中提煉出來的。從這裏我們可以看到，南開新劇團無論是劇材的選擇，人物形象的塑造，語言形式、佈景道具的設計，均達到了一個相當的高度，在近代話劇實踐中具有一定的超前性。

近代通俗戲劇的寫實主義觀念的形成，經歷了一個逐步完善的過程。開始階段，人們不能區分中西戲劇體系的本質差異，寫實、寫意混為一談，有些劇團在演《張文祥刺馬》一劇時，人物對著後臺喊「馬來！」上場仍走「急急風」的臺口。當然，這種不倫不類的情況，與新劇受改良戲曲影響不無關係。新劇被廣泛演出之後，特別是一些新劇家在觀摩了西方話劇之後，已經能夠從對話劇「寫實性」的感性形態上的類比，進入到一種理性形態的追求。「五四」以前的新劇實踐，經過了兩次蟬蛻：第一次是話劇從「文明新戲」中脫身出來，摒棄了舊劇的虛擬化、程式化；第二次是話劇從外在形式的類比進入到對「寫實性」戲劇的自覺營造。前者以春柳社、春陽社的作品為代表，後者以南開新劇團的作品為代表。尤其重要的是，南開新劇團的話劇實踐和美學追求雖然還缺乏一定的理論深度，尚未觸及戲劇美學的根本，但卻為「五四」以後的現代戲劇打下了良好的基礎。

第六章　通俗戲劇藝術形態的嬗變（下）

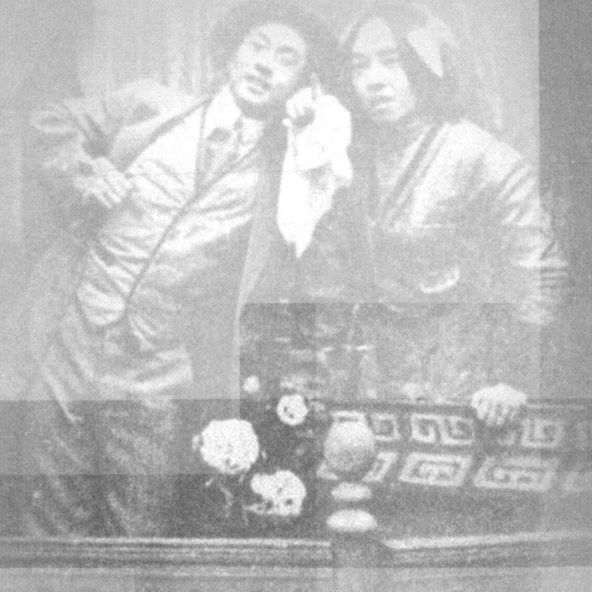

第一節　批判功能與娛樂功能的消長
——價值標準決定了相應的藝術形式

陳佩忍、汪笑儂在《二十世紀大舞臺》的《招股啟並簡章》中聲明:「同人痛念時局淪胥，民智未迪，而下等社會猶如睡獅之難醒，側聞泰東西各文明國，其中人士注意開通風氣者，莫不以改良戲劇為急務，梨園子弟，遇有心得，輒刊印新聞紙，報告全國，以故感化迅捷，其效如響。吾國戲劇本來稱善，幸改良之事茲又萌芽，若不創行報紙，佈告通國，則無以普及一般社會之國民，何足廣收其效，此《二十世紀大舞臺》之所由發起也。」他們宣稱:「本報以改惡俗，開通民智，提倡民族主義，喚起國家思想為唯一之目的。」❶

這番話，雖意在說明辦刊的動機和刊物的宗旨，不啻為「改良戲劇」的響亮宣言。這裏的二點尤為值得注意：一方面他們是從「痛念時局淪胥」出發，而不是僅僅從戲劇或文藝本身出發，提出「改良戲劇」的。他們要讓戲劇參加到挽救國家、民族這一歷史洪流中去；另一方面，他們感到救國必須喚醒「下等社會」這一廣大社會階層，而進行啟蒙教育、開通民智的最直接、最有效、最迅速、最普及的工具就是戲劇。在《論戲劇之有益》一文中，陳佩忍更是把戲劇與「民黨」的革命活動聯繫在一起:「綜而論之：專制國中，其民黨往往有兩大計劃，一曰：暴動，二曰：秘密，二者相為表裏，而事皆鮮成。獨茲戲劇性質，頗合兩大計劃於其中。苟有大俠，獨能慨然捨其身為社會用……隨俗嗜好，徐為轉移，而潛以尚武精神，民族主義一一振起而

❶　《二十世紀大舞臺》第1期。

發揮之，以表厥目的。」❷三愛（陳獨秀）在《論戲曲》中對那種認為戲劇無補於世的觀點作了批駁，認為「不入戲園則已耳，苟其入之，則人之思想權未有不握於演戲曲者之手矣」❸。把戲劇與控制「思想權」聯繫起來。很多當時的新劇實踐者在參加戲劇活動初始時的動機均是希望通過戲劇能達到批判社會現實，針砭時弊的目的。

進化團派的戲劇觀念，認為戲劇是宣傳革命的工具，宣傳功能幾乎就是進化團對戲劇的全部認識，然而客觀上進化團的戲《血蓑衣》、《新茶花》、《血淚碑》等在為辛亥革命造輿論的同時，也控訴了不合理的社會制度。《黃金赤血》控訴了娼妓制度、買賣人口行為的罪惡；《孽海花》、《宦海潮》等則是揭露清末官場腐敗、黑暗的作品。進化團解體後，它的批判現實的風格並未退出歷史舞臺，相反卻在其他演出團體那裏得到較好的繼承，即使是新民社、民鳴社早期創作中仍然保持著對社會不良習俗風氣的批判姿態。

1913年是新劇的一個轉捩點。這一年任天知進化團的戲在上海舞臺遭遇到前所未有的困境，而「天知派」言論隨著辛亥革命的結束也漸漸失去了其魅力。上海的新劇呈現出一時的沈寂。在這一年的秋天，新民影片公司解體，鄭正秋為解決影片公司職員的出路問題，於是組織了「新民新劇社」演於蘭心大戲院。鄭正秋一開始即以家庭生活為戲劇題材，立即轟動起來，觀者如雲。民鳴社、啟明社見有利可圖也開始演家庭劇。新民社所演的家庭劇既有中國題材也有外國題材，如《空谷蘭》、《梅花落》是根據包天笑所譯的外國小說改編的，這兩部戲不牽涉政治問題，是純粹的家庭生活題材，說的都是貴族家庭悲歡離合的故事。在當時很受男女觀眾的歡迎。

❷ 《二十世紀大舞臺》第1期。

❸ 三愛：〈論戲曲〉，《新小說》第2卷第2期。

這時上海舞臺上表現出質的轉變，首先體現在家庭劇的內容性質上，春柳社、進化團均有家庭題材的戲上演。春柳的家庭劇往往是透過家庭看社會，社會批判的味道很濃；進化團的家庭劇中主人公總要跳出家庭的悲歡離合，與革命發生關係。這兩派的悲喜劇的情節處理上有脫離生活真實和本民族文化特點之處，如《恨海》、《家庭恩怨記》等劇中解決家庭問題的方式常以人物的自殺來結局，就不符合我國觀眾文化心理需要，這種處理不自然、不恰當，但正如歐陽予倩所說，他們的「態度是嚴肅」的。這兩派對家庭劇藝術功能的設定有相似之處，前者是藝術的批判社會，後者是以戲劇形式批判政治制度。

新民社、民鳴社將戲劇娛樂功能強調到了極致，其觀劇階層發生了變化，原先只有文化人或愛好新劇的人作為觀眾基礎，現在則主要是普通市民。由於表現內容變化，觀眾中一般市民特別是家庭婦女、姨太太之流人數迅速增加。濃重的市民氣息，使戲劇藝術沈降為通俗文化。《三笑姻緣》故事在普通民眾中早就已家喻戶曉，編演者看中的是其喜劇性，能使觀眾在開懷大笑中獲得精神放鬆；同樣《珍珠塔》、《雙珠鳳》這樣的彈詞故事，編演者看中的一方面是批判嫌貧愛富的惡風，能在觀眾中引起共鳴，另一方面是其故事富有趣味性；而看中《妻黨同惡報》、《殺子報》的是其驚險恐怖；看中《火浣衫》、《馬介甫》的則是情節離奇。《惡家庭》在這些作品中可以說是一個典型代表。這部戲是鄭正秋的得意之作，為了使這部戲富有內容，他將此前所寫的《苦丫頭》、《奶娘怨》合併在一起，劇作從主人公卜靜丞發財後不認母親、妻子、兒子開始展開戲劇衝突；卜母帶著兒媳、孫子和一個丫頭阿蓬去找卜靜丞，卜靜丞拒不相認，後勉強收留她們，但卻常加以虐待。丫頭阿蓬表示不平，與他理論，竟被他打至半死，幸遇一鄉下老人相救才保住了性命。這一切都是卜靜丞的小妾，妓女出身的新梅從中搞的鬼。誰知一波未平一波又起，卜靜丞雇了一個女傭名叫小妹（有夫之婦），她禁不住靜丞的威逼利誘，被靜丞誘姦——靜丞曾利誘小妹的翁姑和丈夫，但小妹被姦後，靜丞非但一個錢不給，還指使新梅罵她勾引主子。小妹被逼外出想自殺，遇到一個老訟師黃老先生，為她設法報仇。訟師知道阿蓬在鄉下老家，他一方面讓丫頭阿蓬的父親向靜丞要女兒，一方面叫小妹藏起來，讓小妹的丈夫向靜丞要妻子。靜丞不得已出錢講和了事。

新梅和卜靜丞的酒肉朋友曾懷仁私通，為靜丞的母親看見，告訴靜丞，靜丞不聽，以此引得新梅大鬧，卜母只得帶著兒媳孫子回鄉。她們回鄉以後，新梅和她的心腹錢媽商議，讓錢媽的養女蓉花假裝挨了打罵，求卜母保護，卜母留她住下，錢媽便去告卜母拐帶，牽涉阿蓬的父親黃老老、救阿蓬的鄉老，和那個老訟師三人一同入獄。卜母以年老保釋，黃老老死在監裏。阿蓬、小妹還有鄉老的女兒二寶想聯名上訴，路上遇見了投河自殺的蓉花——原來新梅怕蓉花洩露秘密，想把她賣到遠方為娼，蓉花知道了，逃出門去想自殺，恰好遇見阿蓬等三人，便把新梅的陰謀告訴了她們。恰好有欽差路過，便去喊冤，靜丞被革職下獄。新梅趁機和曾懷仁捲逃，中途遇強盜被殺。卜母以愛子之故為靜丞百計營謀，靜丞得以出獄，一病不起，臨死十分後悔，一連叫著：「我對不起媽媽。」他的兒子宜男以悲傷幾至失明，幸得阿蓬看護，卜母做主讓他們成了夫婦。

在這部戲中，滿足娛樂性的通俗化因素全具備了：「家庭問題、兇殺、色情（姦情）、訴訟、悔過、大團圓等。」這裏不難看出，鄭正秋對觀眾心理中普遍存在的窺視欲望的洞察。一般說來人們對於司空見慣的情形，總是熟視無睹，缺乏觀察興趣，而對他們沒有見過或見得不多的情景，則始終保持著一睹為快的觀賞要求。這就是窺視欲望新奇感的特質。同時，這種情景在展現過程中還需達到一定的廣度和力度，從而使觀眾產生並維持一定的興奮熱點，其內心的窺視欲望自會得到某種滿足。這種窺視的心理既是生理性的，在一定程度上滿足人們感官刺激的需要；又是社會性的，是認知世界的精神需要，具有一定的合理性。鄭正秋及其同仁們對此有著深刻的理解。像《惡家庭》中的私生活情景、獄情，《西太后》中的宮庭秘史，《恨海》中的煙館生活等等都是普通民眾所好奇的，所以一上演即受到歡迎。

從鄭正秋等人所編劇目來看，他們並非一味尋求低級趣味，對一些政治問題、社會問題多少還有些興趣，在他們的筆下，正義感構成了其價值判斷的基礎。家庭戲《空谷蘭》如此，偵探戲《狸貓換太子》也是如此，可見娛樂性不是戲劇藝術沈降的藉口。真正的優秀通俗戲劇也應當具有很強的社會批判性。「甲寅中興」時期，戲劇團體間的惡性競爭，使戲劇把滿足小市民的低級趣味需要當作第一要義，結果導致了通俗劇變成庸俗劇。由此看來，通俗戲劇要想有生命力，必須從適應觀眾心理走向改造觀眾心理。

注重娛樂性使得新劇在表演形式上也有些走樣，例如幕外戲的形式。話劇作為歐洲的藝術形式，歷來有分幕演出的傳統，但在當時，除春柳社沿用這一傳統外，其他劇團差不多都演「幕外戲」。幕外戲是一些營利劇團考慮中國觀眾的觀劇習慣想出來的辦法，因為換景的時間過長，觀眾等待不耐煩，所以幕與幕之間的幕外演一小段過場戲，把幕與幕之間情節加以說明，或扮滑稽、或打背躬、或武戲開打，這樣做的目的是有充足的時間讓舞臺上人員換道具、佈景。這一做法在當時對於推廣新劇是起了很大作用的，可以說，自從有了新劇，中國戲曲舞臺也發生了變化；在舞臺上掛一個二道幕，在幕前做過場戲，自然也就是從新劇的幕外戲發展而來的。所以歐陽予倩認為新劇是外來的品種在中國土地上生成出來的藝術形式。儘管新劇接受了分幕的形式，但實際上有許多都是比照中國舊劇的分場方法來分幕的，這很難說就是話劇的進步。

陳大悲認為，文明新戲之所以墮落，很大程度上是過早地商業化、職業化的結果。因為要謀利、要賣座，就必須迎合觀眾心理，也就愈來愈俗不可耐了。所以，陳大悲全力提倡「愛美的」(Amateur)戲劇，即非職業戲劇。五四前夕，要求戲劇擺脫胡鬧狀態，重新關注現實問題的呼聲越來越高，戲劇很快又回到其正確的軌道上來。

第二節　劇本的創作與改編

對於劇本重要性和認識始於春柳社的戲劇，但是真正的戲劇創作卻是始於進化團。春柳社在日本演出《黑奴籲天錄》、《茶花女》時，只是把戲劇作為一種藝術實踐的興趣，「在那時他們或者尚未有改革中國戲劇的決心，與具體的計劃，或者還是一時的興趣，所以任天知邀春柳社回國的時候，他們不十分歡迎他的意見，結果是拒絕了不來。」❹在劇本創作上春柳社沒有本土化的計劃。而進化團雖有改革戲劇的宏志，卻對西方的話劇形式缺乏整體的瞭解，但不管怎麼說進化團還是創作了一些屬於自己的劇本。任天知在寫《黃金赤血》和《共和萬歲》時，對西洋話劇的劇本體制並不完全瞭解，只能說中西合璧。春柳劇場上演的劇目共計約81個，但真正自己創作而又寫成完整劇本的卻只有陸鏡若的《家庭恩怨記》。南開新劇團在1917年以前創作了一些優秀的劇本，此後便沒有新劇本出現，其編劇方式也很特別，先由師生想故事，有了故事後再進行分幕，然後物色角色人選，角色安排好後，

❹ 洪深：《中國新文學大系・戲劇集導言》。

劇中臺詞隨排隨編，迨劇已排好，詞亦編完，編完後再請善於詞章者加以潤色。❺南開新劇團較有影響的劇本有《一念差》、《醒》、《一元錢》、《新村正》等。在1917年以後南開新劇團也出現了「劇本荒」。此時，除了反覆演上幾部戲外，其他則以翻譯劇本為主。新民社、民鳴社作為商業劇團，起初也有劇本創作，鄭正秋就寫過許多家庭戲劇本。由於近代演劇的商業性質，加上缺乏演技，所以不得不經常更換戲的內容，趕排新戲賣錢，來不及寫完整的劇本，不可能有准綱准詞，只能用「幕表」的形式來處理。其弊端早已被演劇實踐所證實。

值得一提的是風行於近代演劇團體中的改編劇本現象。當時流行的改編劇本有以下幾種形式：

一、根據外國小說改編劇本，大多數是由林琴南翻譯，由商務印書館出版的小說，約八、九部。如《迦茵小傳》、《蘭因絮果》、《黑奴籲天錄》、《茶花女》、《鴛盟離合記》等。

二、根據中國古典小說改編劇本，大多數是從《紅樓夢》、《水滸》、《聊齋誌異》取材。「紅樓戲」有《鴛鴦劍》、《寶蟾送酒》、《饅頭庵》、《王熙鳳大鬧甯國府》、《夏金桂自焚記》等；「水滸戲」有《花和尚魯智深》、《武松》、《逼上梁山》、《豹子頭》、《宋江》等；「聊齋戲」有《恒娘》、《馬介甫》、《仇大娘》、《生死鴛鴦》、《田七娘》、《小翠》、《珊瑚》等。

三、根據彈詞改編的新劇。最早的嘗試者為汪優游、王無恐、凌憐影、朱悲世、張冶兒等，他們一到上海，在新劇無出路、無新內容之時，「別闢蹊徑」，從當時流行的彈詞中尋找素材，《三笑姻緣》、《珍珠塔》、《果報錄》等之所以很受歡迎是因為彈詞內容是觀眾所熟悉的。

---

❺ 陸善枕：〈南開新劇團史略〉，《天津益世報》，1935年12月8日。

四、根據通俗小說改編的新劇。近代通俗小說如鴛鴦蝴蝶派小說《恨海》、《王梨魂》、《梅花落》等。

在從小說到戲劇劇本的改編過程中，不難看出改編者在內容選擇上所動的腦筋，從這些改編作品來看，體現了這樣的一些特點，一雖使改編基本忠實原著，卻能在忠實原著基礎上進行再創造；二是選擇具有傳奇性、趣味性內容加以改編，突出其觀賞價值。紅樓戲《晴雯補裘》是歐陽予倩、張冥飛根據《紅樓夢》小說第52回「勇晴雯病補孔雀裘」改編的。劇本注重人物形象塑造，小說裏的晴雯被姊妹們譏為「爆炭」，這是說她性情暴躁，嘴皮子尖刻，從不饒人。劇本既寫出其剛烈的性格，忠實了原著，同時又寫出晴雯作為普通女孩子，溫柔賢慧的一面，把她對寶玉內心愛慕卻表面譏諷的微妙心理表現出來。《寶蟾送酒》是馮叔鸞根據小說第9回「送果品小郎驚叵測」和第14回「縱淫心寶蟾工設計」改編的。小說裏，寶蟾是個不乾淨的使女，不但為夏金桂引線，也還想為自己穿針，是個否定人物。改編在戲裏，便變成了一個無拘無束、天真爛漫的少女，她純真善良，沒有絲毫不淨的念頭，許多行動都出於她的機靈、天真、正派和淘氣。歐陽予倩賦予這部作品較濃的喜劇色彩。

《空谷蘭》是1913年前後最受歡迎的作品，這是根據包天笑所譯英國同名小說改編的。在對這部作品改編過程中，編劇考慮到這是一部西方故事，要使其內容符合中國文化，就必須對其情節作一些變動，原作是寫男女主人公因種種誤會而導致彼此感情遭受挫折的故事，而改編成《空谷蘭》劇本後，把女主人公紉珠對愛情忠貞不渝，成為賢妻良母的故事突出成為主線。同樣在改編《血淚碑》、《合浦珠還》、《恨海》等劇也能針對當時民眾的文化心理，如《恨海》重點放在描寫鴉片的毒害，突出其社會意義；《血淚碑》在表現善惡有報的主題下突出其傳奇色彩。

近代通俗新劇的改編，是對原著內容和形式的開掘、調節，是一種再創造，在對戲劇主題、人物、情節、語言等的調節中，做到了「立主腦」、「密針線」，既尊重了原著，也照顧了觀眾的審美需要和觀賞取向。總體來看，這種改編首先注重了原著的可改編性，大多數改編者把社會效果較好的、能傳達道德感化、懲惡揚善思想的故事內容作為改編素材的首選。這類改編劇作被實踐證明很能引起普通民眾的心理共鳴。如《濟公》的劫富濟貧、懲惡除邪；《馬介甫》的勸人為善、嫉惡如仇；《珍珠塔》的抨擊勢利庸俗的世風惡俗等，都有著一定的積極意義，反映了當時人們的某種社會心理和願望。

其次，這類改編注重了故事情節的完整、緊湊。通俗戲劇只有故事性強才能吸引觀眾，提高可看性。小說、彈詞往往敘述的時間跨度大，不適宜舞臺表演。通俗新劇的編寫者往往自覺不自覺地按照西方戲劇「三一律」原則，選取情節故事相對集中、有衝突、有懸念的小說、彈詞片段加以改編。例如《武松》就是截取《水滸》中的一個片段，戲劇衝突是在武松、潘金蓮、西門慶之間展開的，由於戲劇性很強，因此也就有了很高的觀賞性。

再次，近代新劇的改編促成戲劇編導對戲劇性的尊重，從當時期刊所刊載的根據《聊齋》、《水滸》內容改編的劇本來看，戲劇性明顯增強，已經擺脫了舊劇的影子。天虛我生根據《聊齋》中的《庚娘》改編的《生死鴛鴦》雖有十幕戲，但情節跌宕起伏，高潮迭起，「準情酌理，美善兼盡，而於本事仍無抵觸」❻。在這部戲中故事懸念一環緊扣一環，引人入勝，劇中金大用兵亂中與妻子尤庚娘失散後，在尹員外的撮合下與唐柔娘成親，尤庚娘輾轉磨難，後終於找到了他。改

❻ 汪醒民：〈生死鴛鴦〉題記，《遊戲雜誌》第8期，1913年。

編的高明之處在於，將金大用夫妻相見所面對的尷尬場面，設置為戲劇的高潮，復又以難題的解決作為大團圓的結局。歐陽予倩改編自《紅樓夢》的《饅頭庵》是一齣愛情悲劇，原小說僅在第15、16回描寫了兩人在饅頭庵的相戀和幽會，以及秦鍾不慎得了風寒，回家病重而死。智慧在小說中交代不多，因此，改編難度較大。歐陽予倩在劇中增加了智慧的戲，並突出了秦鍾與父親、智慧與秦鍾、智慧與寺廟、官府的衝突，使這一悲劇的戲劇性得到加強。

當然，通俗新劇改編雖有一些成功之處，但整體而言，還存在許多不足，有些改編作品只考慮到情節的趣味，不注重「立主腦」、「密針線」，以致於很多內容格調低下，如「黃天霸」題材的戲大多宣揚的竟是奴才哲學。有些改編過於拘泥於小說原貌，以致於頭緒繁多，內容拖沓，天寶宮人改編自東亞病夫同名小說的《孽海花》竟將小說中的結構原封不動地搬進劇本，讓人有雲縈霧繞難理頭緒的感覺。至於對改編的認識，以及理論的自覺則是在十多年後，朱雙雲在談及歷史劇改編時說：「寫歷史劇，一方面固然要顧到史實，一方面更不能不顧到這史實有沒有戲劇的演出性。」❼甲寅前後缺乏的正是這樣一種認識。

第三節　近代通俗戲劇的模式化

從新劇舞臺所反映的情況來看，通俗劇創作走向模式化已是非常突出的問題，編戲尤其是幕表戲變得非常容易，因為只要模仿幾種常見的模式即可編戲。第一種最常見的模式是所謂第三者破壞家庭關係造成家庭悲劇。這一模式正如詹姆斯・L・史密斯所說，其「簡單易行

❼ 朱雙雲：《碧血黃花・演出說明》，北京：中國戲曲編刊社，1940年版。

的公式」是：「找一個天真無邪的男人和一個無人保護的女人來，這兩個人均是極為可敬的……然後便用你所能想出的一切障礙來妨礙他們：壞人迫害他們，讓他們的命運多舛，把他們拋進一個敵對的世界裏，並使他們的生命時刻受到威脅……到了最後，在敗局似乎無可挽回之際，卻讓男女主人公反敗為勝。讓壞人失算，讓倒運變得福星高照，實質性的危險得以克服，而美德最終得到了無窮歡樂的報償。」[8]史密斯的這一說法點出了情節劇「善勝惡敗」模式的普遍性。民國初年社會動盪，許多官僚、買辦、軍閥、地主生活荒淫無度。引發家庭問題也是一個普遍現象。

在近代新劇舞臺上，《空谷蘭》、《惡家庭》、《家庭恩怨記》、《母》、《火浣衫》等均是這一類型的戲。這一模式下的作品一個很明顯的特徵是劇作都有貫串始終的尖銳複雜的戲劇衝突，起初家庭很太平，由於男主人公發跡或具有社會地位，移情他人，由此引發矛盾。往往在戲的上半部分代表善的一方處於劣勢，受到代表惡的一方的壓制，最後真相大白，代表惡的一方最終受到懲罰。在《空谷蘭》中代表善的一方是紉珠，而代表惡的一方是「第三者」柔雲。而在《惡家庭》中，代表善的一方是卜母、卜妻，而代表惡的一方則是新梅、錢媽。在《家庭恩怨記》中，代表惡的一方是小桃紅、李簡齋，而代表善的一方則是重生、梅仙。在這些作品中，惡者本身是社會上的渣滓——妓女，可見在人物設計上體現了傳統文化的塑型作用。這種情節模式在「甲寅中興」時期被廣泛使用，《尖嘴姑娘》、《姊妹》、《鴛盟離合記》等皆是沿著這一模式來寫的。

第二種常見的情節模式是「可憐姨太太」。這是家庭戲的一種類型。這一模式先設定一個「悍婦」是悲劇根源，那悍婦通常由婆婆、嫂嫂、

---

[8] 詹姆斯·L·史密斯：《情節劇》，第22頁。

太太等充當，而所謂姨太太形象，並不一定專指姨太太，通常是家庭中處在弱勢地位的女性，她們又往往集美貌、賢妻、知書達理、忍讓等傳統女性美於一身，在與家中「悍婦」的衝突中，她們受盡淩辱，最終鬱悶而死。她們的悲劇往往會博得人們的同情。《馮小青》、《離恨天》、《胡寶寶》、《雙淚落君前》、《可憐姨太太》均是這一模式炮製出來的。

第三種常見的情節模式是「貧困書生得中高官，意外致富改變命運」，這類作品通常都由《說部》改編，針對嫌貧愛富的世俗心態而寫的。《珍珠塔》、《火燒百花台》、《一元錢》是其典型的代表，劇中的矛盾衝突在窮書生與勢利的親戚與朋友之間展開，在勢利親戚、朋友前倨而後恭的變化中抨擊了炎涼世態。《珍珠塔》故事在民間早已廣泛流傳，方卿在窮困落魄時遭姑母白眼、嘲罵，一旦金榜題名，姑母又一反常態大加恭維，它反映了當時的一種世態。這一模式常以因果報應作為解決問題的鑰匙，書生金榜題名，商人驟發橫財，窮者發跡騰達，而見利忘義者終於受到惡報或社會輿論的譴責。

當然，近代通俗劇的模式還不僅限於以上幾種，事實上上述幾種常見模式是一種顯模式，大多數通俗劇創作存在一種隱模式，例如，「甲寅」前後較為流行的宮廷戲，多數為展示宮廷內的神秘而把表現的中心放在宮廷人物的男女私情上，而不觸及重大的政治事件，要不然就是《捉拿安德海》一類的喜劇、鬧劇，這是辛亥革命後，百姓對滿清宮廷所作的一種平民化觀照。再如，一些偵探劇如黃天霸戲、十三妹戲以及水滸戲、紅樓戲在選材及編織情節方面均有內在隱模式的存在，僅黃天霸戲，流行的八部戲均是以智勇雙全的黃天霸戰勝綠林草寇而告終。水滸戲集中在兩部分，一部分是寫武松與潘金蓮故事，以潘金蓮淫殺武大開始，以武松替兄報仇結局；另一部分則分別表現

《水滸》中梁山好漢行俠仗義，打敗貪官、惡霸，被逼上梁山的過程。紅樓戲中通常讚賞或批判，基本上沿用家庭劇的套路：情感的產生、障礙、悲劇的結局，以奇、亂、悲為主調，《饅頭庵》中秦鍾與尼姑的愛情，是奇特的類型；《夏金桂自焚記》則是典型的亂；《晴雯補裘》則是典型的悲。紅樓戲中的三種主調也是三種模式，具有代表性。

模式化的通俗戲劇與早期新劇有著文化上的區別，我們不難發現，《社會鐘》、《故鄉》等劇中的自殺情節與《美人心》、《鶯兒》等劇中的「革命+戀愛」模式明顯不是本土文化的產物，這類模式隨著新劇模仿期的結束和辛亥革命的過去而漸漸失去其市場，與此同時，新劇服務目標也由政治化轉向商業化，新劇觀眾也由社會各界人士轉向以少奶奶、姨太太為主的市民階層，這些觀眾在文化水準、經濟能力、休閒時間等方面有著充分的保障，他們的需求促成了戲劇表現模式的轉移。

上海開埠以後，資本主義的社會經濟生活方式已經形成，一些資本主義社會的文化消費方式也正在滬上逐漸形成，暴力色情傾向的文化產品也應運而生，這些文化產品沒有特別的內容，均是以乖張、奇特的故事來刺激人的感官。新民社、民鳴社這些團體正是看準這一市場而以模式化的戲劇作品站穩腳跟的，他們為了要賺錢，不得不經常換戲，創新無疑是不適應形勢需要的，因此劇本的結構、情節、矛盾衝突乃至人物語言均以固定形式表現出來，這種模式化十分徹底，以致於在角色分派上也體現出來，朱雙雲根據新民、民鳴等劇社演出的實際情況，把各類角色大致區分為激烈、莊嚴、寒酸、瀟灑、風流、哀豔等十四個派別，這種分派方法實際上是使演員的表演走向了公式化、程式化。

走向模式化的通俗新劇，對中國話劇的發展是有百害而無一利。

陳大悲對新民社、民鳴社為迎合普通市民心理的做法作了深刻的剖析：

> 因為群眾縱欲，新劇家就把「文學大家」編的「鴛鴦蝴蝶派」小說大批的販上舞臺去當劇本演，請劇中的「佳人」與那拆白式的「才人」在後花園裏私定終身，「交換指環」，「贈珠塔、釵鈿、盤費」，「跪倒塵埃吻手」。因為群眾多迷信，新劇家就從低劣舊小說中去搜尋出「善有善報，惡有惡報」的材料來，提倡他們的「神權萬能」。因見社會上好殺的空氣很盛，新劇家就專心採取謀殺妓女與毒殺親夫的事實來做材料，恨不得教一個個看客都修練成功許許多多的閻瑞生與張欣生。因為群眾富有復古性，新劇家就編出《乾隆皇帝下江南》來，每天請這個劇中的皇帝打幾個「抱不平」給人家看，教人盼望真命天子出來，把這社會平一平，教人追念那「皇恩浩蕩」。❾

陳大悲的這番話，雖然言辭激烈了一些，但基本上反映了當時的實際情況。

---

❾ 陳大悲：〈中國的新劇還沒迎合群眾心理嗎?〉，《曙光》第2卷第3號。

結束語：現代大眾戲劇對於通俗戲劇的超越

「五四」時期，一些從事通俗戲劇的劇作家認識到了當時話劇存在的許多弊端。汪仲賢是「五四」時期勇於探索的劇壇「驍將」，他在上海組織上演《華倫夫人之職業》的演出失敗後，終於認識到，中國目前觀劇界中「眼界高者」究屬少數，大多數還是一般「俗人」。「我們借演劇底方法實行通俗教育，本是要去開通那班『俗人』的啊，如果去演那種太高的戲，把『俗人』統統趕跑了，只留下幾位『高人』在劇場裏面拍手掌『繃場面』，這是何苦來!」他認為今後的努力方向應是：「我們演劇不能絕對的去迎合社會心理；也不能絕對的去求知識階級看了適意。拿極淺近的新思想混合入極有趣味的情節裏面，編成功教大家要看底劇本，管教全劇場底看客都能情情願願，從頭至尾，不打哈欠看他一遍。」基於這種認識，他創作了《好兒子》，在他看來，這是一部「適應一般看客的眼光」、「事實明瞭」、「意義淺顯」的劇本❶。《好兒子》是一部家庭戲，但與以往家庭劇相比有了很大的進步。當時一位叫雪的評論家著文指出：《好兒子》是一部描寫不良社會現實與傳統的家庭制度逼人去做犯法勾當的戲。「這個獨幕劇在舞臺上演來雖只四十分鐘，可是感人的力量真大，包括的問題真多哩！在這篇劇本裏，我們看見舊家庭制度的殺人不見血，社會經濟制度的逼人為惡。……像這樣的掘出社會的靈魂，把它呈現於我們眼前的劇本，確是今日的劇界不多見的。」❷

早期戲劇理論家宋春舫針對「五四」時期的「主義化」傾向，提出「非主義」的觀點，他甚至要求人們放棄西洋的「問題劇」，而去採用脫離生活、曲折熱鬧的「善構劇」（即「佳構劇」、通俗劇）形式，認為劇本「不獨迎合社會少數人之心理也，而尤當迎合多數人之心

❶ 以上引文均見汪仲賢：〈好兒子〉，《戲劇》第1卷第6號，1921年10月。

❷ 雪：〈戲劇協社的三齣獨幕劇〉，《文學周報》第152期，1924年12月15日。

理」❸。陳大悲在「五四」前曾從事過大量的通俗劇創作，「五四」時期他創作了《幽蘭女士》、《英雄與美人》、《維持風化》等作品，深受觀眾歡迎，可是這些作品不能完全與「五四」時代精神合拍。向培良說他的作品是「官感底刺激，趣味底創造」❹。確實，《英雄與美人》一劇沿用舊通俗劇的做法，「他不斷用妓院的情形、愚傻的人、兵變、手槍、情話、孌婉、陰謀、奇特的設計、自殺和殺人、懺悔這一些激起感覺底情趣的東西來刺激觀眾，把觀眾放在驚奇、疑猜和快意中」，「教訓、警戒、恐嚇這三分子隨處都在這一派的劇本裏可以發現。淺薄的社會主義思想，加上官感的趣味，這就是他們劇本的主要成分」❺。顯然，向培良是從「五四」時代精神的要求來審視陳大悲這個人及其作品的。也有與向培良看法不同的，獨見在看了《英雄與美人》之後，則發現其情節「非常緊湊！他的會意，非常玄妙！」他認為：「《英雄與美人》意在宣佈英雄與美人的死刑，從頭至尾，處處描摹英雄與美人的齷齪！在暴露英雄與美人的醜態！可以使觀眾曉得英雄所以成其為英雄，美人所以成其為美人，原來是那麼一回事，可以減少崇拜英雄與美人的信仰……」❻

這一時期的通俗劇作品尚有陳大悲的《文武香球》，劉觀瀾、劉觀海兄弟的《惡家庭》，蒲伯英的《道義之交》、《闊人的孝道》等，這些作品或揭露舊家庭、舊婚姻制度的罪惡，或抨擊炎涼世態，或諷刺虛偽的孝道……都在當時劇壇產生了較好的影響。

---

❸ 宋春舫：〈中國新劇劇本之商榷〉，見《宋春舫訪劇》第一集，中華書局，1923年版。

❹ 向培良：《中國戲劇概評》，上海：泰東書局，1928年4月，第25頁。

❺ 同❹。

❻ 獨見：〈看了《英雄與美人》之後〉，見《晨報副刊》，1921年12月7日。

「五四」運動以後，中國話劇運動有了新的發展。當時很多人在總結近代戲劇的利弊得失時，得出一個結論，認為中國戲劇不能走職業化道路，因為職業劇團易受商業劇場的支配，不可能自由追求藝術。而認為走「愛美劇」──非職業的戲劇道路才是中國戲劇發展的方向。從事愛美劇運動的中堅分子，他們嚮往歐洲近代劇，接受了現實主義創作方法，系統全面地介紹了易卜生、蕭伯納等作家作品，以革新的姿態倡導科學的現實主義。初期話劇實踐中形成的中國化傳統隨之也被否定了。

20年代以後熊佛西、陳大悲的「大眾戲劇」、「農民戲劇」雖然是試圖使戲劇走通俗道路，但終究不是原初意義上的通俗戲劇，而是歐陽予倩所講的貼近群眾的為工農大眾服務的戲劇。「五四」新文學運動之所以不能深入下層民眾，其原因即在作品形式上難以為民眾接受，因此要實現文學的大眾化、通俗化，就必須將舊形式當作大眾文化水準與覺悟程度發展現階段所僅有的大眾形式，在與現實性內容的結合中加以揚棄，促其蛻變。這是當時大眾文藝的總體傾向。茅盾指出：「20年來舊形式只被新文學作者所否定，還沒有被新文學所否定，更沒有被大眾所否定。……新文學作者所當引以為懼的，倒是新文學的老停滯在狹小的圈子裏。所以大眾化是當前最大的任務。事實已經指明出來：要完成大眾化，就不能把利用舊形式這一課題一腳踢開完全不理！一腳踢開是最適當不過的，然而大眾也就不來理你。文章下鄉、文章入伍要是仍舊穿了洋服，舞著手杖，不免是自欺欺人而已。」❼茅盾要把通俗化與質的提高結合起來。

抗戰期間，適應著一般民眾對戲劇的需求，通俗戲劇的編演特別活躍：在傳統的戲曲形式之外，街頭劇、遊行劇、燈劇、儀式劇、活

❼ 茅盾：〈大眾化與利用舊形式〉，《文化陣地》第1卷第4期。

報劇、報告劇、群眾歌頌劇、綜合宣傳劇、田間劇等各種名目的戲劇樣式，也在努力向著「通俗」這一要求靠近。這些新型通俗劇種的湧現，使這轟轟烈烈的大時代的行進更加有聲有色。另外，「孤島」時期，上海一度曾有通俗新劇重新繁榮的跡象，一批作品如《秋海棠》、《稱心如意》、《弄假成真》等在當時形成一個通俗劇創作的高潮。

當時好些戲劇團體，都十分注意通俗新劇的編演。譬如國立劇專在它編印的《國立戲劇專科學校一覽》中即有這樣的記述：

> 本校負有推行社教之特殊任務，一切設施，均以教導民眾為中心，歷年以來，對於公演劇本之選擇，大都以此為準則。抗戰開始以後，所演劇本，類皆屬於抗戰宣傳，收效甚大……
>
> 在今天的現實社會情況下，根據當年的時代背景，是不是可以創作一些街頭廣場上演出呢？完全可以。譬如我們就可以編導一個以揭發賣假藥而坑害群眾生命而最後這個賣假藥者被公安人員帶去派出所審查的戲來演出。還可以編導一個「倒爺」在街頭上進行投機倒把活動而被「群眾」識破的戲在街頭上演出而教育群眾。就以現在的社會背景來看，以街上「偶發事件」為戲劇題材的東西還是很多。總之，街頭劇的特點，就是它的內容要與時代精神合拍。❽

這段「題外話」，或許可以作為我們進一步思考抗戰中發育起來的通俗戲劇藝術和社會生活的關係之參考吧。

歐陽予倩把通俗話劇視為中國話劇的一個流派❾。本體意義上的

---

❽ 洪深：《抗戰十年來中國的戲劇運動與教育》，北京：中華書局，1948年4月版。

通俗戲劇以娛樂消遣為第一目的，教育批判功能是次要目的。從這一點上來看，現代話劇中的「街頭劇」、「活報劇」，從本質說是大眾宣傳戲劇，並不是本體意義上的通俗戲劇。在整個現代通俗戲劇中，通俗喜劇的出現無異是綻放了一朵奇葩。它既不是傳統的舊形式，也不是移植的歐美文藝形式，而是一種獨具創意的嶄新的藝術形式，帶有通俗戲劇色彩。亦諧亦莊；即通俗，又能雅；既能上大都會舞臺，亦能捨去繁複道具之助「下鄉入伍」；更令人叫絕的是，它的活力至今未有稍減！育才學校演出的《啷格力》，鍾鋤雲的《李仙娘》，丁洪等的《抓壯丁》等，都產生了極其廣泛的影響，在藝術「質」的提高和通俗化程度上都是完美的結合。

值得一提的是流行於抗戰時期的一種喜劇形式——諧劇。諧劇的創造者是當時只有20多歲的四川青年王永梭。當國立戲劇學校內遷入川時，他在這所學校裏接受了較為系統的戲劇教育。1939年，他在劇本《賣膏藥》創作中創造了一種新穎的戲劇形態，並親自加以表演。這種新穎的藝術樣式使普通觀眾與戲劇界專家均產生了極大的興趣，這給了他莫大鼓舞。從此，他一發而不可收，按著《賣膏藥》的路子，接連寫出了《扒手》、《趕汽車》、《化緣》、《茶館圖》、《喝酒》等膾炙人口的劇作；而在這一過程中，諧劇的一些基本特徵也隨之固定下來了。

諧劇演出中，出場的只有一位主要人物，其他的在場人物都是虛擬的；作者通過主人公與這些虛擬人物的對話交流，表現出他們之間的相互關係與矛盾衝突，從而展開作品主題。它關注現實生活，取材於人們所見所思的世情世態，又集喜劇、相聲、漫畫之長，採用通俗而幽默的表現形式(特別是運用了俗白而風趣的四川方言)，寓莊於諧，

❾ 歐陽予倩：〈談文明戲〉。

故一般文化程度不高的老百姓也喜聞樂見。

生活時時給藝術家以啟示，生活本身甚至就蘊含著許多初始的戲劇形態。從王永俊諧劇處女作《賣膏藥》的題材選取與他在這一劇作中首次採取的獨特表現方法來看，可以發現，作者如何從這種啟示中獲得了藝術創造的靈感。

《賣膏藥》是王永梭諧劇諸作中最逼似生活原態的一種。這個作品素材本身具備的種種特點，為王永俊的諧劇藝術提供了絕好的創造機緣。

賣膏藥是人們習見的一種跑江湖的糊口行當。為了混得一口飯吃，以此為「業」者，除了須會耍弄一些簡單的把戲之外，尚須善於揣摩大眾心理，習得伶牙俐齒，如此方能引動看客掏錢。扯開場子之始，賣藥者面對的只是一個潛在的對話群體；他們當中，有性別、年齡、身分等種種的不同，賣藥者必須從他們想看熱鬧這共同的一點出發，引出話題，同時還得密切捕捉他們的種種反應，隨時更新話題。賣藥者之能滔滔不絕說下去，觀眾之能久聽而不厭者，全賴這種逐步建立起來的心理交流以及賣藥者流暢熨貼、生動俏皮的語言本身的魅力。而王永梭的《賣膏藥》所採取的表現形式，恰恰切合了題材的這些特點。他筆下那些沈浮於市民社會中的各色人物，都在劇本中獲得了一個表現的機會；他們在這一特定時間被啟動起來，於多元的交流中充分顯示了個人與社會群體生存的環境和心理狀態。

《扒手》一劇，是要洗去社會潑在窮人頭上的污水，抗議社會在物質與精神上對窮人的殘酷掠奪。考慮到扮演了「扒手」這一社會角色的窮人所處的非人化的地位，作者為主人公挑選的第一個語境是：深夜空無一人的廣場上與阿彌陀佛石像的對話。將石像加以擬人化，作為想像中唯一公正的交談物件，在它面前倒出滿腹冤屈，這種行為方式本身的荒謬就說明了社會的荒謬。而在第二個語境中，「扒手」的對話者已是一夥拷問他的警察和店老闆了。在這裏，「扒手」的驚恐瑟縮和辛酸憤懣得到了最充分的表露，極為鮮明地表現了認定「窮比偷還有罪」的社會對窮人的迫害。

在《趕汽車》裏，作者由「衣食住行」的「行」字為社會畫了另一角度的速寫。作者所選取的車站與公共汽車，是八方乘客匯集的場所，也是種種傳聞、議論、牢騷與種種爭執、通融密集纏雜之處。劇中出現的這位乘客面對的是：以票謀私、不負責的車站售票員，猖獗橫行的票販子，不斷拋錨的破汽車和見慣不驚的司機，以及吃盡苦頭而無比焦灼憤怒的同行乘客。這些「人物」在他身邊不斷轉換，他的交談也就具備了各種內容，折射出周圍的各色心態。他時而振奮，時而憤懣，時而慶幸，又時而沮喪，最後終於陷入絕望。於是，在主人公與虛擬客體的多元交流中，一幅「行路難」的朽敗社會形象便立體地呈現在人們面前了。

而《茶館圖》一劇則是用了「茶館」這一中國社會最能表現閒暇和無所事事的場所來刻畫某些人空虛無聊的精神狀態——閒人們在這充分閒暇化了的場所裏便生出了無限多的說閒話的機會。劇中這位「職業」茶客，絞盡腦汁從茶館和茶友身上尋找話題以引發「宏論」。他研究廁所、研究麻將、解析「茶」字，無一不透著無聊，然而他偏偏又要把這無聊裝扮起來。最有意思的是，他為了顯示自己的高雅，扯出曹禺的名劇《北京人》大談特談，意欲借此謬托知音，然而他最為激賞並引為同調的卻是劇中人那番關於喝茶的妙論。這構成了絕妙的反諷。

由於現代戲劇肩負著反帝反封建的歷史使命，其創作被納入了時代的總的命題之中，崇高的主題取代了普泛的人道主義立意，使得近代戲劇獲得了超越的機會。同時近代戲劇的職業化嘗試也為現代戲劇通俗戲劇的發展提供了寶貴的經驗教訓。50年代以後老舍創作的《茶館》、《龍鬚溝》等、田漢創作了《白蛇傳》、楊紹萱創作了《新天河配》等，都可以看作是通俗劇的餘韻，此後，通俗劇在極「左」思潮影響下又走上了庸俗政治學的道路，教訓深刻。

附　錄

中國近代通俗戲劇劇目索引（公開發表的部分）

001　《一元錢》，七幕劇，嚴范孫編，收入王衛民編《中國早期話劇選》，中國戲劇出版社1989年版。

002　《一念差》，五幕劇，南開新劇團集體創作，收入王衛民編《中國早期話劇選》。

003　《一縷麻》，六幕劇，陸鏡若、歐陽予倩根據包天笑同名小說改編，劇本見鄭正秋《新劇考證百齣》，中華圖書集成公司1919年版，《古今戲劇大觀》，（上海）中外書局1921年版。

004　《一女三婚》，悲劇，作者不詳，《新劇雜誌》第1期。

005　《二小姐家庭革命記》，民鳴社創作，《新劇雜誌》第1期。

006　《十姐妹》，六幕喜劇，張冥飛編劇，載《古今戲劇大觀》，中外書局1921年版。

007　《人面桃花》，六幕劇，歐陽予倩編劇，《戲雜誌》第9期。

008　《九州鐵》，春柳劇場創作，《劇場月報》第1卷第2號。

009　《九命奇冤》，貴陽達德學校根據吳沃堯同名小說改編，《繁華雜誌》第5期。

010　《三門街》，古裝本戲，李星樓等據同名小說改編，載《古今戲劇大觀》。

011　《三台遺恨》，九幕劇，又名《邱菽園毀家救國》，見王衛民編《中國早期話劇選》。

012 《大好頭顱》，四幕滑稽劇，包天笑原譯，張冥飛編，《劇場月報》第1卷第2、3期連載。

013 《大蘇黃魂》，一旅編，《振華五日大事記》1907年第2期。

014 《義婢》，鄭正秋編《新劇考證百齣》，中華圖書集成公司1919年4月版。

015 《廣告》，一幕喜劇，砧聲編，《中華小說界》第3卷第6期。

016 《亡國大夫》，七幕劇，歐陽予倩、張冥飛編，《古今戲劇大觀》，（上海）中外書局1912年版。

017 《小不忍》，敬廣編，《中華小說界》第1卷第12期。

018 《小翠》，六幕劇，龍蒲生編，鄭正秋《新劇考證百出》。

019 《馬介甫》，許伏民編，鄭正秋《新劇考證百出》。

020 《不如歸》，十幕悲劇，馬絳士譯編，王衛民《中國早期話劇選》。

021 《王老虎搶親》，十一幕劇，《傳統劇目彙編・通俗話劇》第7集，上海文藝出版社1959年版。

022 《王熙鳳大鬧甯國府》，六幕劇，歐陽予倩編，鄭正秋《新劇考證百齣》。

023 《尤三姐自刎》，歐陽予倩編，《快活世界》第1卷第4期。

024 《中山狼》，八幕劇，張冥飛編，《古今戲劇大觀》。

025 《中山被難》，鄭正秋編，《古今戲劇大觀》。

026 《中媾》，小鳳述編，《七襄》第2、3、4、5、8期連載。

027 《父之過》，抱器室主編，《梨影雜誌》第1、2、3、4、5期連載。

028 《長生殿》，象予氏編，《娛閑錄》第2卷1、2、3期連載。

029 《烏江》，二幕史劇，吳我尊編，《春柳》第5期。

030 《風塵雙俠》，七幕劇，張冥飛編，鄭正秋《新劇考證百齣》。

031　《風流果報》，十一幕劇，松風、伯神編，《新劇考證百齣》。

032　《風箏誤》，藥風社集體創作，《新劇考證百齣》。

033　《文明人》、六幕喜劇，張冥飛編《七襄》第1、2、3、5、7期連載。

034　《火裏情人》，蘇曼殊，馬絳士、鄭正秋合編，《新劇考證百齣》。

035　《火燒百花台》，七幕劇，方一也筆錄，《傳統劇目彙編・通俗話劇》第一冊，上海文藝出版社1959年版。

036　《雙節義》，作者不詳，《娛閑錄》第13、14、15、16、17、18、19、20、21、22期連載。

037　《雙孀記》，勖哉編，《小說時報》第31期。

038　《雙淚落君前》，四幕劇，沈文奎編，《傳統劇目彙編・通俗話劇》第6集。

039　《雙淚碑》，七幕劇，張冥飛編，《新劇考證百齣》。

040　《雙獅記》，八幕喜劇，張冥飛編，《新劇考證百齣》。

041　《打嚴嵩》，滑稽劇，民興社編，《古今戲劇大觀》。

042　《玉如意》，十四幕劇，胡恨生口述，《傳統劇目彙編・通俗話劇》第4集。

043　《玉魚緣》，七幕劇，小髭，《新劇考證百齣》。

044　《玉堂春》，古裝劇，編劇者不詳，《古今戲劇大觀》。

045　《末日》，悲劇，蟄庵、包天笑編，《中華小說界》第2卷第7、8期連載。

046　《未了緣》，七幕悲劇，張冥飛編，《新劇考證百齣》。

047　《石家莊》，十五幕劇，鄭正秋編，《新劇考證百齣》。

048　《歸夢》，九幕劇，鄭正秋編，《傳統劇目彙編・通俗話劇》第3集。

049 《田七郎》，八幕劇，歐陽予倩編，《新劇考證百齣》。

050 《田小辮子》，五幕喜劇，松風編，《新劇考證百齣》。

051 《外交術》，滑稽新劇，周瘦鵑編，《小說月報》第9卷第7、8期連載。

052 《生死因緣》，九幕劇，燕士編，《新劇考證百齣》。

053 《生死鴛鴦》，天虛我生編，《遊戲雜誌》第8、9期連載。

054 《生別離》，八幕悲劇，馬絳士編，《新劇考證百齣》。

055 《白手印》，二幕喜劇，據外國劇本改譯，作者不詳，《新劇考證百齣》。

056 《白牡丹》，二幕喜劇，許嘯天編，《新劇雜誌》第1期。

057 《五華山》，悅義編，《通俗雜誌》第1、2期連載。

058 《馮小青》，九幕劇，謝桐影、葉文英、陸美雲口述，《傳統劇目彙編・通俗話劇》第4集。

059 《蘭因絮果》，七幕劇，陸鏡若編，《新劇考證百齣》。

060 《母》，二幕家庭劇，卓呆（半梅）編，《小說大觀》第6期。

061 《老夫妻》，陳衡哲編，《新青年》第5卷第4期。

062 《老婆熱》，二幕喜劇，春柳劇場編，《新劇考證百齣》。

063 《西鄰鬥毆》，寓意短劇，新樹編，《餘興》第5期。

064 《共和萬歲》，十二幕劇，任天知編，王衛民編《中國早期話劇選》。

065 《秦嫡奇冤》，八幕劇，張冥飛編，《新劇考證百齣》。

066 《尖嘴姑娘》，鄭正秋編，《新劇考證百齣》。

067 《光緒與珍妃》，十一幕劇，武太虛、周天悲口述整理，《傳統劇目彙編・通俗話劇》第5集。

068 《同命鴛鴦》，藥風社編，《新劇考證百齣》。

069　《同室操戈》，藥風社編，《新劇考證百齣》。

070　《肉券》，新民社編，《新劇考證百齣》。

071　《自由夢》，哀劇，天嘯編，《小說叢報》1914年第1–4期。

072　《血手印》，《古今戲劇大觀》。

073　《血蓑衣》，八幕劇，陸鏡若、張冥飛、任天知編，《傳統劇目彙編・通俗話劇》第5集。

074　《多情之英雄》，十一幕劇，嘯天生意譯，《小說月報》第2卷第1期。

075　《劉姥姥進大觀園》，七幕劇，松風編，《新劇考證百齣》。

076　《安德海大鬧龍舟》，七幕劇，周天悲編，《傳統劇目彙編・通俗話劇》第5集。

077　《異母兄弟》，六幕劇，陸鏡若、吳我尊，《新劇考證百齣》。

078　《奸臣腦》，庶莊編，《娛閑錄》第23期。

079　《孫知事被擄》，短劇，新樹編，《餘興》第5期。

080　《馴悍》，據莎士比亞《Taming of the Shrew》(《馴悍記》) 改編，《新劇考證百齣》。

081　《紅妝俠士》，五幕劇，吳我尊編，《新劇考證百齣》。

082　《楊乃武》，十九幕劇，作者不詳，《傳統劇目彙編・通俗話劇》。

083　《聲聲淚》，六幕劇，百罹影吾編，《梨園》第8期。

084　《芙蓉屏》，十二幕劇，沈儂影口述，《傳統劇目彙編・通俗話劇》第7集。

085　《花月香城記》，八幕劇，馬絳士編，《新劇考證百齣》。

086　《花和尚魯智深》，九幕劇，燕士編，《新劇考證百齣》。

087　《芳草怨》，五幕劇，吳我尊編，《新劇考證百齣》。

088　《蘆中人》，七幕劇，張冥飛、馬絳士編，《新劇考證百齣》。

089 《李三娘》，十二幕劇，張恨儂憶述，《傳統劇目彙編・通俗話劇》第7集。

090 《李太白》，多幕歷史劇，闇夫編，《戲劇叢報》第1、2期。

091 《報紙案》，短劇，志道編，《進化》第1卷第1期。

092 《報恩圓》，十一幕劇，松風編，《新劇考證百齣》。

093 《求幸福》，二幕警世新劇，雁冰（茅盾）編，《學生雜誌》第5卷第10、11期連載。

094 《求婚廣告》，滑稽短劇，煙橋編，《餘興》第22期。

095 《財虜悔》，劉萋青編，《小說海》第3卷第6、7、8期連載。

096 《呈貢慘劫略本》，愛吾編，《文星》第1期。

097 《吳先生》，據英國劇改編，作者不詳，《新劇考證百齣》。

098 《男歟女歟》，八幕劇，馬絳士、張冥飛編，《新劇考證百齣》。

099 《私熟觀》，趣劇，含茹編，《餘興》第23期。

100 《餘興癡》，三幕趣劇，作者不詳，《餘興》第22期。

101 《沈剝皮》，七幕喜劇，龍蒲生編，《新劇考證百齣》。

102 《邱麗玉》，蘧蘧編，《新劇考證百齣》。

103 《社會鐘》，五幕劇，陸鏡若改編，收入王衛民編《中國早期話劇選》，中國戲劇出版社1989年版。

104 《張文祥刺馬》，十一幕劇，王鐘聲編，《中國近代文學大系・戲劇卷》，上海書店1996年版。

105 《青年》，壯劇，周瘦鵑編，《中華小說界》第1卷第7、8期連載。

106 《青泥蓮花記》，五幕悲劇，冥飛編，《新劇考證百齣》。

107 《林肯》，學校劇，堅瓠編，《學生雜誌》第1卷第1、2期連載。

108 《松柏緣》，八幕劇，蔣蝨影編，《小說月報》第9卷第1、2、3、4、5、6期連載。

109 《賣國奴》，鄭正秋編，《新劇考證百齣》。

110 《鳴不平》，獨幕劇，王鐘聲編，《新劇考證百齣》。

111 《姊妹》，家庭短劇，卓呆編，《小說時報》第28期。

112 《知足不辱》，警世新劇，鄭申華編，《婦女雜誌》第4卷第2期。

113 《俠女奇緣》，十五幕愛情劇，藍欣禾編，《快活世界》第1期。

114 《金不換》，五幕劇，吳我尊編，《新劇考證百齣》。

115 《金錢祟》，五幕劇，管義華編，《快活世界》第2期。

116 《周媽》，記事短劇，鳳蔚編，《餘興》第5期。

117 《夜未央》，鄭正秋編，《良心》第1、2期連載。

118 《妾斷腸》，九幕劇，伯神編，《新劇考證百齣》。

119 《龐淑宜》，九幕劇，松風編，《新劇考證百齣》。

120 《龐靜宜》，九幕劇，松風編，《新劇考證百齣》。

121 《炊黍夢》，姚鵷雛編，《春聲》第1期。

122 《河伯取妻》，馬炳煜編，《小說月報》第6卷第3期。

123 《波蘭女之自由夢》，曾傑編，《留美學生季報》第2卷第4期。

124 《治安圖》，三幕劇，悲觀編，《餘興》第22期。

125 《空心大老倌》，三幕劇，含寒編，《餘興》第22期。

126 《空谷蘭》，七幕十三場劇，包天笑據英人小說改編，《傳統劇目彙編·通俗話劇》第6集。

127 《弦高犒師》，白雲詞人螻道子編，《小說月報》第6卷第3期。

128 《居庸關》，作者不詳，《娛閑錄》第22期。

129 《迦茵小傳》，九幕悲劇，張冥飛編，《新劇考證百齣》。

130 《終生大事》，獨幕喜劇，胡適編，《新青年》第6卷第3期。

131 《經國美談》，時事新劇，曾蘭編，《娛閑錄》第5–13期連載。

132 《孟子齊人章》，三幕劇，含寒編，《餘興》第22期。

133 《盂蘭會》，馬炳煜編，《小說月報》第6卷第3期。

134 《珊瑚》，八幕劇，松風編，《新劇考證百齣》。

135 《珍珠塔》，八幕劇，蔣四編，通俗話劇整舊分會整理，《傳統劇目彙編·通俗話劇》第1集。

136 《故鄉》，悲劇，卓呆編，《小說月報》第1卷第4–6期連載。

137 《故鄉愁》，新派劇，（德）希曼士地曼著，瘦蝶、葭外譯，《民口雜誌》第2卷第9–11期連載。

138 《茶花女》，八幕劇，歐陽予倩編，《新劇考證百齣》。

139 《殘疾結婚》，悲劇，嘯天生根據內容意譯，《小說月報》第2卷第5–8期連載。

140 《威廉退爾》，馬君武編，《大中華雜誌》第1卷第1–6期連載。

141 《戰後》，悲劇，劉半儂編，《中華小說界》第3卷第1、2期連載。

142 《蝦蟆王》，四幕劇，佑民編，《餘興》第8期。

143 《貴人與犯人》，六幕劇，方一也口述本，《傳統劇目彙編·通俗話劇》第6集。

144 《罵卓》，作者不詳，《娛閑錄》第24期。

145 《秋海棠》，六幕悲劇，歐陽予倩編，《新劇考證百齣》。

146 《逃兵》，喜劇，叔良編，《小說海》第3卷第12期。

147 《孿生兄妹》，作者不詳，《新劇考證百齣》。

148 《恒娘》，新民社編，《新劇考證百齣》。

149 《恨海》，七幕劇，歐陽予倩、馬絳士編，《傳統劇目彙編·通俗話劇》第3集。

150 《活佛升天》，新民社編，《新劇考證百齣》。

151 《美人心》，奇情新劇，嘯天生根據內容意譯，《小說月報》第2卷第2、3期連載。

152 《美人劍》，七幕劇，陳大悲編，《小說月報》第8卷第2、3期連載。

153 《美人黥背記》，俠情新劇，笠民、鐵柔編，《劇場月報》第1卷第1–3期連載。

154 《祖國》，悲劇，（法）柴爾時著，《小說月報》第8卷第5、6期連載。

155 《真假娘舅》，獨幕喜劇，陸鏡若編，《新劇考證百齣》。

156 《鶯兒》，哀情新劇，嘯天生根據內容意譯，《小說月報》第3卷第1–5期連載。

157 《惡家庭》，連合十本悲劇，鄭正秋合併幕表戲《苦丫頭》、《奶娘怨》而成，《新劇考證百齣》。另有劉觀海、劉觀瀾合編八幕同名作品，載1922年《小說月報》第1期。

158 《賈大少爺》，七幕喜劇，松風編，《新劇考證百齣》。

159 《夏金桂自焚記》，七幕劇，馬二先生編，《俳優雜誌》第1期。

160 《熱淚》，四幕劇，（法）薩特著，卓呆譯，《小說大觀》第7期。

161 《豹子頭》，十一幕劇，陸鏡若編，《新劇考證百齣》。

162 《愛》，百高編，《民鐸》第1卷第5期。

163 《愛之花》，八幕劇，泣紅譯編，《小說月報》第2卷第9–12期連載。

164 《愛情之試驗》，三幕劇，馬二先生編，《新劇考證百齣》。

165 《胭脂夢》，皖江憂國士編，《安徽俗話報》第18期。

166 《鴛鴦劍》，歐陽予倩編，《劇場月報》第1期。

167 《鴛鴦剪發》，歐陽予倩編，《劇場月報》第1期。

168 《鴛鴦離合記》，十幕劇，張冥飛編，《新劇考證百齣》。

169 《高麗閔妃》，二十八幕劇，張冥飛編，《新劇考證百齣》。

170 《離合悲歡》，羽白等編，《小說旬報》第2、3期連載。

171 《煙民鏡》，作者不詳，《娛閑錄》第3、4期連載。

172 《煙精歸天》，裕編，《中外小說林》1908年第3期。

173 《煙囪》，趣劇，卓呆編，《小說新報》第4卷第12期。

174 《煙官陳情》，軒胄編，《振華五日大事記》第3期。

175 《浮雲》，六幕劇，歐陽予倩編，《新劇考證百齣》。

176 《浪子回頭》，十六幕劇，陳大悲編，《新劇雜誌》第1、2期。

177 《浪裏鴛鴦》，九幕劇，陸鏡若、張冥飛編，《新劇考證百齣》。

178 《家庭恩怨記》，七幕悲劇，陸鏡若編，《中國近代文學大系・戲劇卷》，另見王衛民《中國早期話劇選》。

179 《誰謂茶苦》，家庭劇，傑雲編，《通俗周報》第2–6期連載。

180 《扇》，天浪生編，《民鐸》第1卷第4期。

181 《弱女救兄記》，六幕劇，俠花編，《小說月報》增刊。

182 《陶子堯》，七幕喜劇，松風編，《新劇考證百齣》。

183 《驗心》，社會劇，（英）賴塞氏著，瘦鵑譯，《小說大觀》第4期。

184 《黃鶴樓》，十三幕劇，進化團編，王衛民《中國早期話劇選》。

185 《黃金赤血》，八幕劇，任天知編，王衛民《中國早期話劇選》。

186 《黃金塔》，喜劇，獨譯，《娛閑錄》第16期。

187 《梅花落》，作者不詳，范石渠《新劇考》第1集，北京：中華圖書館，1914年版。

188 《假親王》，外交新劇，倫父編，《東方雜誌》第12卷第6–8期連載。

189 《烹飪學》，滑稽短劇，今醋編，《新劇雜誌》第10期。

190 《情中正》，作者不詳，《娛閑錄》第5–12期連載。

191 《漁家女》，七幕悲劇，陸鏡若編，《新劇考證百齣》。

192　《寄生花》，八幕劇，龍蒲生編，《新劇考證百齣》。
193　《墮溷花》，七幕喜劇，張冥飛編，《新劇考證百齣》。
194　《婚變》，八幕劇，鄭正秋編，《傳統劇目彙編・通俗話劇》。
195　《博愛團》，十場哀情劇，掬泉編，《新劇雜誌》第2期。
196　《晴梅》，八幕悲劇，松風編，《新劇考證百齣》。
197　《晴雪》，八幕悲劇，松風編，《新劇考證百齣》。
198　《晴雯》，六幕劇，張冥飛，馬絳士編，《新劇考證百齣》。
199　《黑奴籲天錄》，五幕劇，曾孝谷編，《新劇考》。
200　《黑籍冤魂》，新舞臺編，《中國近代文學大系・戲劇卷》。
201　《遺囑》，趣劇，邁依休著，卓呆譯，《小說月報》1910年第1期。
202　《魯智深》，作者不詳，《古今戲劇大觀》。
203　《童子鍼砭》，警世新劇，《婦女雜誌》第2卷1–5期。
204　《善惡》，社會悲劇，周瘦鵑編，《小說月報》第9卷第2期。
205　《催眠術》，六幕劇，陸鏡若編，《新劇考證百齣》。
206　《像話》，作者不詳，《新劇考證百齣》。
207　《新不如歸》，十幕劇，陸鏡若編，《新劇考證百齣》。
208　《新生死板》，作者不詳，《中國白話報》第1–3期連載。
209　《新戲迷傳》，四幕喜劇，張冥飛編，《新劇考證百齣》。
210　《新村正》，五幕劇，南開新劇團編，《春柳》第6–8期連載。
211　《新黃粱夢》，九幕劇，龍蒲生編，《新劇考證百齣》。
212　《癡兒孝女》，七幕悲劇，陸鏡若、張冥飛編，《新劇考證百齣》。
213　《慈母血》，七幕劇，龍蒲生編，《新劇考證百齣》。
214　《蝴蝶夢》，八幕悲劇，張冥飛、馬絳士編，《新劇考證百齣》。
215　《醒》，獨幕劇，張仲述編，南開《英文季報》1916年12月18日。
216　《燕支井》，七幕劇，包天笑編，《小說大觀》第1期。

217 《鏡中花》，九幕劇，懺紅編，《新劇考證百齣》。

218 《賣頭》，滑稽名劇，作者不詳，《劇場月報》第1卷第2號。

219 《宦途冰冷》，軒胄編，《振華五日大事記》第2期。

220 《鏡妖記》，軒胄編，《振華五日大事記》第5–10期連載。

221 《恨海春秋》，亞魂編，《振華五日大事記》第5–10期連載。

222 《股東歡迎梁總辦》，股東一份子編，《振華五日大事記》第40期。

223 《妓俠》，量拙排演，《中外小說林》1907年第4–8期，1908年第3期連載。

224 《旗民訴苦》，莊編，《中外小說林》1908年第11期。

225 《秋閨怨》，莊編，《中外小說林》1907年第14期。

226 《奈何天》，九幕劇，莊編，《中外小說林》1907年第15–18期，1908年第1、2、5、7、8期連載。

227 《張督辭官》，裕編，《中外小說林》1908年第10期。

主要參考文獻

王夢生著:《梨園佳話》,上海:商務印書館,1915年版。

周劍雲編:《鞠部叢刊》,上海:上海交通圖書館,1918年版。

朱雙雲著:《新劇史》,上海:新劇小說社,1914年版。

范石渠著:《新劇考》(第1集),北京:中華圖書館,1914年版。

鄭正秋編:《新劇考證百齣》,北京:中華圖書集成公司,1919年版。

朱雙雲著:《初期職業話劇史料》,重慶:獨立出版社,1942年版。

歐陽予倩著:《自我演戲以來》,上海:神州國光社,1939年版。

徐半梅著:《話劇創始期回憶錄》,北京:中國戲劇出版社,1957年版。

中國話劇研究會:《中國話劇運動五十年史料集》,北京:中國戲劇出版社,1958年版。

夏家善等編:《南開話劇運動史料》,天津:南開大學出版社,1984年版。

張庚編:《中國近代文學大系・戲劇卷》,上海:上海書店,1996年版。

洪深主編:《中國新文學大系・戲劇集》,上海:良友圖書公司,1935年版。

曹聚仁著:《聽濤室劇話》,北京:中國戲劇出版社,1985年版。

中國社科院文學所編:《中國近代文學百題》,北京:中國國際廣播出版社,1989年版。

包天笑著:《釧影樓回憶錄》,香港:香港大華出版社,1971年版。

鄭逸梅著:《清末民初文壇軼事》,上海:學林出版社,1981年版。

陳白塵、董健主編:《中國現代戲劇史稿》，北京：中國戲劇出版社，1989年版。

葛一虹主編:《中國話劇通史》，北京：文化藝術出版社，1990年版。

蘇關鑫編:《歐陽予倩研究資料》，北京：中國戲劇出版社，1989年版。

田本相、焦尚志編:《中國話劇研究概述》，天津：天津古籍出版社，1993年版。

康保成著:《中國近代戲劇形式論》，廣西：灕江出版社，1991年版。

丁羅男著:《中國話劇學習外國戲劇的歷史經驗》，北京：中國戲劇出版社，1983年版。

田本相主編:《中國現代比較戲劇史》，北京：文化藝術出版社，1993年版。

後　記

這是我的博士後研究報告，主體完成於1997年，此後由於教學以及忙於生活瑣事等原因，擱置了較長時間。後來經大陸與臺灣等地一些朋友鼓勵與催促，才於今年勉強完稿。的確，說勉強完稿一點也不過分。慌忙之中結束寫作，使得有些該探討的問題還未來得及作深入的研究探討，留下許多遺憾。讀者讀到的書中比較流暢、舒緩的部分，那多半是我做博士後研究時寫的，那時精力相對集中，雖然也免不了時下青年人的心浮氣躁，但一坐進圖書館的古籍部，就有一種回歸學術的感覺。在博士後出站報告的鑒定材料上有關專家寫了許多溢美之辭，但我覺得最切合實際的還是「資料詳實」四個字，這是對我幾年來勞動的一種簡單肯定。我在教學中一談到相關內容，就有信手拈來、如數家珍的感覺。我為那些散在於近代各種文獻中價值珍貴的材料無人問津而惋惜，也為自己能找到它們而激動。披沙撿金的過程是艱辛的，我曾經先後十多次往來各地圖書館。不常見的劇本和相關的評論文字不太容易找到，有的藏在北京圖書館、有的藏在上海圖書館、南京圖書館，往往為了一兩篇文章就得出差一次，查到後發現又沒有多少價值，每當此時，只有苦笑而已。

這部《中國近代通俗戲劇》並非是一部從提出問題到解決問題的專論著作，或者是一部按時間順序敘寫的「史」書，它只是從通俗文學角度和立場對近代通俗戲劇進行史的爬梳、對某些現象和問題作一種獨自的思考。我的做法是史論結合，以論述主。1899–1919年20年的戲劇實踐是我國話劇的源頭，怎一個「否」字了得？有人認為那是蓋棺論定的沒什麼價值的東西，這種虛無主義態度一開始也曾影響我，但當我進入這一領域時卻發現，問題遠沒有那麼簡單。話劇創始期中國戲劇藝人所作的掙扎，為後來的戲劇創作提供了許多可貴的經驗教訓，這些經驗教訓很值得總結。我只是就事論事，原原本本寫來，以寬容的心態給通俗戲劇史上的人和事以一個合理的評價。我自以為突破了一些框框，我擔心會鑽入另一種形式的框框，可能主觀的痕跡會很重。

寫作中，博士後工作導師范伯群教授、朱棟霖教授等都曾給予悉心指導和鼓勵，田本相教授也提供了一些有益的建議。我的妻子王世嫻女士曾多次協助去南京圖書館查閱資料，並謄抄部份書稿。在此向他們表示衷心的謝忱。在眾多讀書人為出版自己的成果而仰天長歎時，我有幸得到臺灣三民書局董事長劉振強先生的熱情支援，正是他及東大圖書出版公司編輯先生們的無私幫助，才使這本小書得見天日。還有許多學界朋友給予本人以支援和幫助，在此也一併致謝。同時也歡迎學界同仁對拙作提出批評、指正。

陳　龍

2000年10月

滄海叢刊書目（一）

國學類

中國學術思想史論叢（一）～（八）	錢　　穆　著
現代中國學術論衡	錢　　穆　著
兩漢經學今古文平議	錢　　穆　著
宋代理學三書隨劄	錢　　穆　著
論戴震與章學誠 ——清代中期學術思想史研究	余英時　著
論語體認	姚式川　著
論語新注	陳冠學　著
西漢經學源流	王葆玹　著
文字聲韻論叢	陳新雄　著
入聲字箋論	陳慧劍　著
楚辭綜論	徐志嘯　著

哲學類

國父道德言論類輯	陳立夫　著
文化哲學講錄（一）～（六）	鄔昆如　著
哲學：理性與信仰	金春峰　著
哲學與思想	王曉波　著
哲學與思想 ——胡秋原選集第二卷	胡秋原　著
內心悅樂之源泉	吳經熊　著
知識・理性與生命	孫寶琛　著
語言哲學	劉福增　著
哲學演講錄	吳　　怡　著
日本近代哲學思想史	江日新　譯
比較哲學與文化（一）、（二）	吳　　森　著
從西方哲學到禪佛教 ——哲學與宗教一集	傅偉勳　著
批判的繼承與創造的發展 ——哲學與宗教二集	傅偉勳　著

「文化中國」與中國文化　傅偉勳　著
——哲學與宗教三集
從創造的詮釋學到大乘佛學　傅偉勳　著
——哲學與宗教四集
佛教思想的現代探索　傅偉勳　著
——哲學與宗教五集
中國哲學與懷德海　東海大學哲學研究所主編
人生十論　錢　穆　著
湖上閒思錄　錢　穆　著
晚學盲言（上）、（下）　錢　穆　著
愛的哲學　蘇昌美　著
邁向未來的哲學思考　項退結　著
逍遙的莊子　吳　怡　著
莊子新注（內篇）　陳冠學　著
莊子的生命哲學　葉海煙　著
墨家的哲學方法　鍾友聯　著
韓非子通論　姚蒸民　著
韓非子析論　謝雲飛　著
韓非子的哲學　王邦雄　著
法家哲學　姚蒸民　著
中國法家哲學　王讚源　著
二程學管見　張永儁　著
王陽明　張君勱　著
——中國十六世紀的唯心主義哲學家　江日新　譯
王船山人性史哲學之研究　林安梧　著
西洋百位哲學家　鄔昆如　著
西洋哲學十二講　鄔昆如　著
希臘哲學趣談　鄔昆如　著
中世哲學趣談　鄔昆如　著
近代哲學趣談　鄔昆如　著
現代哲學趣談　鄔昆如　著
思辯錄　勞思光　著
——思光近作集
中國十九世紀思想史（上）、（下）　韋政通　著
存有・意識與實踐　林安梧　著
——熊十力體用哲學之詮釋與重建

先秦諸子論叢	唐端正 著
先秦諸子論叢（續編）	唐端正 著
周易與儒道墨	張立文 著
孔學漫談	余家菊 著
中國近代新學的展開	張立文 著
從哲學的觀點看	關子尹 著
中國死亡智慧	鄭曉江 著
後設倫理學之基本問題	黃慧英 著
道德之關懷	黃慧英 著
異時空裡的知識追逐——科學史與科學哲學論文集	傅大為 著

宗教類

天人之際	李杏邨 著
佛學研究	周中一 著
佛學思想新論	楊惠南 著
現代佛學原理	鄭金德 著
絕對與圓融——佛教思想論集	霍韜晦 著
佛學研究指南	關世謙 譯
當代學人談佛教	楊惠南編著
從傳統到現代——佛教倫理與現代社會	傅偉勳主編
簡明佛學概論	于凌波 著
修多羅頌歌	陳慧劍譯註
禪　話	周中一 著
佛家哲理通析	陳沛然 著
唯識三論今詮	于凌波 著

應用科學類

壽而康講座	胡佩鏘 著

社會科學類

憲法論叢	鄭彥棻 著
憲法論集	林紀東 著
憲法論衡	荊知仁 著

國家論	薩孟武 譯
中國歷代政治得失	錢 穆 著
先秦政治思想史	梁啟超原著 賈馥茗標點
當代中國與民主	周陽山 著
我見我思	洪文湘 著
釣魚政治學	鄭赤琰 著
政治與文化	吳俊才 著
中華國協與俠客清流	陶百川 著
世界局勢與中國文化	錢 穆 著
海峽兩岸社會之比較	蔡文輝 著
印度文化十八篇	糜文開 著
美國社會與美國華僑	蔡文輝 著
日本社會的結構	福武直原 著 王世雄 譯
文化與教育	錢 穆 著
開放社會的教育	葉學志 著
從通識教育的觀點看 ——文明教育和人性教育的反思	何秀煌 著
大眾傳播的挑戰	石永貴 著
傳播研究補白	彭家發 著
「時代」的經驗	汪 琪、彭家發 著
新聞與我	楚崧秋 著
書法心理學	高尚仁 著
書法與認知	高尚仁、管慶慧 著
清代科舉	劉兆璸 著
排外與中國政治	廖光生 著
中國文化路向問題的新檢討	勞思光 著
擺盪在兩岸之間： 戰後日本對華政策（1945～1997）	何思慎 著
立足臺灣，關懷大陸	韋政通 著
開放的多元社會	楊國樞 著
現代與多元 ——跨學科的思考	周英雄主編
臺灣人口與社會發展	李文朗 著
財經文存	王作榮 著

財經時論	楊道淮 著
經營力的時代	青龍豐作 著 白龍芽 譯
宗教與社會	宋光宇 著
唐宋時期的公園文化	侯迺慧 著
中國古代游藝史 ——樂舞百戲與社會生活之研究	李建民 著

史地類

古史地理論叢	錢穆 著
歷史與文化論叢	錢穆 著
中國史學發微	錢穆 著
中國歷史研究法	錢穆 著
中國歷史精神	錢穆 著
中華郵政史	張翊 著
憂患與史學	杜維運 著
與西方史家論中國史學	杜維運 著
清代史學與史家	杜維運 著
中西古代史學比較	杜維運 著
歷史與人物	吳相湘 著
歷史人物與文化危機	余英時 著
共產國際與中國革命	郭恒鈺 著
共產世界的變遷 ——四個共黨政權的比較	吳玉山 著
俄共中國革命祕檔（一九二〇～一九二五）	郭恒鈺 著
俄共中國革命祕檔（一九二六）	郭恒鈺 著
聯共、共產國際與中國（1920～1925） 第一卷	李玉貞 譯
民族主義與近代中國思想	羅志田 著
抗日戰史論集	劉鳳翰 著
盧溝橋事變	李雲漢 著
歷史講演集	張玉法 著
老臺灣	陳冠學 著
臺灣史與臺灣人	王曉波 著
清史論集	陳捷先 著
黃　帝	錢穆 著
孔子傳	錢穆 著

宋儒風範　董金裕 著
弘一大師新譜　林子青 著
勤工儉學的發展　陳三井 著
精忠岳飛傳　李安 著
鄭彥棻傳　馮成榮 著
張公難先之生平　李飛鵬 著
唐玄奘三藏傳史彙編　釋光中 編
一顆永不隕落的巨星　釋光中 著
新亞遺鐸　錢穆 著
困勉強狷八十年　陶百川 著
困強回憶又十年　陶百川 著
我的創造・倡建與服務　陳立夫 著
我生之旅　方治 著
逝者如斯　李孝定 著
結網編　黃清連 著

語文類

文學與音律　謝雲飛 著
中國文字學　潘重規 著
中國聲韻學　潘重規、陳紹棠 著
魏晉南北朝韻部之演變　周祖謨 著
詩經研讀指導　裴普賢 著
莊子及其文學　黃錦鋐 著
管子述評　湯孝純 著
離騷九歌九章淺釋　繆天華 著
北朝民歌　譚潤生 著
陶淵明評論　李辰冬 著
鍾嶸詩歌美學　羅立乾 著
杜甫作品繫年　李辰冬 著
唐宋詩詞選——詩選之部　巴壺天 編
唐宋詩詞選——詞選之部　巴壺天 編
清真詞研究　王支洪 著
苕華詞與人間詞話述評　王宗樂 著
優游詞曲天地　王熙元 著

月華清	樸　月　著
梅花引	樸　月　著
元曲六大家	應裕康、王忠林　著
四說論叢	羅　盤　著
紅樓夢的文學價值	羅德湛　著
紅樓夢與中華文化	周汝昌　著
紅樓夢研究	王關仕　著
紅樓血淚史	潘重規　著
微觀紅樓夢	王關仕　著
中國文學論叢	錢　穆　著
牛李黨爭與唐代文學	傅錫壬　著
迦陵談詩二集	葉嘉瑩　著
西洋兒童文學史	葉詠琍　著
一九八四	George Orwell原著 劉紹銘　譯
文學原理	趙滋蕃　著
文學新論	李辰冬　著
文學圖繪	周慶華　著
分析文學	陳啟佑　著
學林尋幽 ——見南山居論學集	黄慶萱　著
與君細論文	黄慶萱　著
中西文學關係研究	王潤華　著
魯迅小說新論	王潤華　著
比較文學的墾拓在臺灣	古添洪、陳慧樺編著
從比較神話到文學	古添洪、陳慧樺主編
現代文學評論	亞　菁　著
現代散文新風貌（修訂新版）	楊昌年　著
現代散文欣賞	鄭明娳　著
葫蘆・再見	鄭明娳　著
實用文纂	姜超嶽　著
增訂江皋集	吳俊升　著
孟武自選文集	薩孟武　著
藍天白雲集	梁容若　著
野草詞	韋瀚章　著
野草詞總集	韋瀚章　著

李韶歌詞集	李　韶　著
石頭的研究	戴　天　著
寫作是藝術	張秀亞　著
讀書與生活	琦　君　著
文開隨筆	糜文開　著
文開隨筆續編	糜文開　著
印度文學歷代名著選（上)、(下）	糜文開編譯
城市筆記	也　斯　著
留不住的航渡	葉維廉　著
三十年詩	葉維廉　著
歐羅巴的蘆笛	葉維廉　著
移向成熟的年齡 ——1987～1992詩	葉維廉　著
一個中國的海	葉維廉　著
尋索：藝術與人生	葉維廉　著
從現象到表現 ——葉維廉早期文集	葉維廉　著
解讀現代・後現代 ——文化空間與生活空間的思索	葉維廉　著
紅葉的追尋	葉維廉　著
山外有山	李英豪　著
知識之劍	陳鼎環　著
還鄉夢的幻滅	賴景瑚　著
大地之歌	大地詩社　編
往日旋律	幼　柏　著
鼓瑟集	幼　柏　著
耕心散文集	耕　心　著
詩與禪	孫昌武　著
禪境與詩情	李杏邨　著
文學與史地	任遵時　著
女兵自傳	謝冰瑩　著
抗戰日記	謝冰瑩　著
給青年朋友的信（上)、(下）	謝冰瑩　著
冰瑩書柬	謝冰瑩　著
我在日本	謝冰瑩　著
大漢心聲	張起鈞　著

人生小語（一）～（九）　何秀煌　著
人生小語（一）（彩色版）　何秀煌　著
記憶裡有一個小窗　何秀煌　著
回首叫雲飛起　羊令野　著
康莊有待　向陽　著
湍流偶拾　繆天華　著
文學之旅　蕭傳文　著
文學邊緣　周玉山　著
文學徘徊　周玉山　著
無聲的臺灣　周玉山　著
種子落地　葉海煙　著
向未來交卷　葉海煙　著
不拿耳朵當眼睛　王讚源　著
古厝懷思　張文貫　著
材與不材之間　王邦雄　著
劫餘低吟　法天　著
忘機隨筆——卷一・卷二・卷三・卷四　王覺源　著
過客　莊因　著
詩情畫意——明代題畫詩的詩畫對應內涵　鄭文惠　著
文學與政治之間——魯迅・新月・文學史　王宏志　著
洛夫與中國現代詩　費勇　著
老舍小說新論　王潤華　著
交織的邊緣——政治和性別　康正果　著
還原民間——文學的省思　陳思和　著
窗外有棵相思　逯耀東　著
出門訪古早　逯耀東　著

藝術類

音樂人生　黃友棣　著
樂圃長春　黃友棣　著
樂苑春回　黃友棣　著

樂風泱泱　黃友棣 著
樂境花開　黃友棣 著
樂浦珠還　黃友棣 著
音樂伴我遊　趙琴 著
談音論樂　林聲翕 著
戲劇編寫法　方寸 著
戲劇藝術之發展及其原理　趙如玲 著
與當代藝術家的對話　葉維廉 著
藝術的興味　吳道文 著
根源之美　莊申編著
扇子與中國文化　莊申 著
從白紙到白銀（上）、（下）
——清末廣東書畫創作與收藏史　莊申 著
畫壇師友錄　黃苗子 著
水彩技巧與創作　劉其偉 著
繪畫隨筆　陳景容 著
素描的技法　陳景容 著
建築鋼屋架結構設計　王萬雄 著
建築基本畫　陳榮美、楊麗黛 著
中國的建築藝術　張紹載 著
室內環境設計　李琬琬 著
雕塑技法　何恆雄 著
生命的倒影　侯淑姿 著
文物之美
——與專業攝影技術　林傑人 著
清代玉器之美　宋小君 著

～涵泳浩瀚書海　激起智慧波濤～